近现代国际关系史研究

第二十四辑

徐 蓝 主编

图书在版编目（CIP）数据

近现代国际关系史研究. 第24辑 / 徐蓝主编. —— 北京：世界知识出版社，2024.12. ——ISBN 978-7-5012-6880-1

Ⅰ．D819

中国国家版本馆CIP数据核字第2025537JV4号

责任编辑	狄安略　吴江玲
责任出版	赵　玥
责任校对	陈可望

书　　名	**近现代国际关系史研究（第二十四辑）** Jinxiandai Guoji Guanxishi Yanjiu（Di-ershi'si Ji）
主　　编	徐　蓝
出版发行	世界知识出版社
地址邮编	北京市东城区干面胡同51号（100010）
网　　址	www.ishizhi.cn
电　　话	010-65233645（市场部）
经　　销	新华书店
印　　刷	北京盛通印刷股份有限公司
开本印张	787毫米×1092毫米　1/16　17$\frac{5}{8}$印张
字　　数	280千字
版次印次	2024年12月第一版　2024年12月第一次印刷
标准书号	ISBN 978-7-5012-6880-1
定　　价	78.00元

版权所有　侵权必究

学术顾问：徐天新　张宏毅

主　　编：徐　蓝

学术委员会（以姓氏拼音为序）：

陈　恒　崔　丕　戴超武　韩东育　胡德坤
梁茂信　梁占军　刘北成　刘德斌　钱乘旦
沈志华　史桂芳　时殷弘　王立新　王晓德
武　寅　邢广程　邢来顺　徐　蓝　张倩红
张顺洪　赵学功

编辑委员会（以姓氏拼音为序）：

董灏智　杜　平　范宏伟　韩志斌　梁　志
刘子奎　刘作奎　王　华　吴文成　谢国荣
姚百慧　岳秀坤　昝　涛　翟　韬　詹　欣
张　杨　张勇安

编辑部：

岳秀坤　姚百慧　王　超　王一哲　刘清源
董　雨

本辑执行编辑：岳秀坤　王一哲

目　录

编者按语　　　　　　　　　　　　　　　　　　　　　　　　　　　1

专题论文：美国对外关系史的新视野

诺曼·皮尔森档案与冷战时期美国学海外传播的解读　　　石可鑫　5

19世纪上半叶美国捕鲸业与美国打开日本国门行动的肇始

　　　　　　　　　　　　　　　　　　　　　　　　许翔云　31

开辟新的跨大西洋政治空间——德国社会民主党与美国核冻结
　　运动的对话与合作　　　　　　　　　　　　　　范继敏　49

从严厉走向宽容：美国对德经济政策的转变探析（1944—1947）

　　　　　　　　　　　　　　　　　　　　　　　　葛云硕　68

情感话语与战后初期美国在菲律宾的文化冷战　　　　杜禹铭　94

越战梦魇后的希望：1976年美国革命200周年纪念和美国
　　国际形象的重塑　　　　　　　　　　　　　　　欧倚天　123

评论

试析约翰·加迪斯冷战起源观中对美苏责任认知的变化

　　　　　　　　　　　　　　　　　　　　　　　　刘彦伊　151

冲突之道：托克维尔与詹姆斯·布莱斯眼中的美国政治冲突

　　　　　　　　　　　　　　　　　　　　　任姝欢　170

档案文献

电影档案在美国对外关系史研究中的运用——以美国玛格丽
　特·赫里克图书馆资源为例　　　　　　　王一哲　189
德纳姆关于远东布尔什维主义的备忘录（1920年4月）
　　　　　　　　　　　　　　　夏小雨　岳秀坤 译　204

书评

评A. G. 霍普金斯《美利坚帝国：一部全球史》　涂铭　229

评马克·舍克《向世界宣战：跨国暴力如何重塑全球秩序》
　　　　　　　　　　　　　　　　　　　　苏学影　241

评大卫·普莱斯《冷战骗局：亚洲基金会与美国中央情报局》
　　　　　　　　　　　　　　　　　　　　弯昱天　246

评陈冠任《美国在东亚的冷战海图：主权、地方利益与国际
　安全》　　　　　　　　　　　　　　　　朱浩然　253

评达伦·纽布里《冷战时期的摄影外交：美国新闻署与非洲》
　　　　　　　　　　　　　　　　　　　　邹晓天　260

稿约　　　　　　　　　　　　　　　　　　　　　269

Table of Contents

Editor's Note   1

Special Issue: New Perspectives on U. S. Foreign Relations History

Interpreting the Norman Holmes Pearson Paper: Archival Insights into the Global Spread of American Studies during the Cold War   Shi Kexin   5

American Whaling in the First Half of the Nineteenth Century and the Origins of the Naval Expedition to Japan   Xu Xiangyun   31

Opening a New Transatlantic Political Space: The Dialogue and Cooperation of the Social Democratic Party of Germany with the U. S. Nuclear Weapons Freeze Campaign   Fan Jimin   49

From Strict to Lenient: Analysis on the Transition in U. S. Economic Policy towards Germany (1944–1947)   Ge Yunshuo   68

Sentimental Discourses and the U. S. Cultural Cold War toward the Philippines in the Early Postwar Era   Du Yuming   94

Hope after the Nightmare of the Vietnam War: The Celebration of the American Revolution Bicentennial in 1976 and the Remaking of America's International Image   Ou Yitian   123

Review Articles

An Analysis of the Evolution in John Lewis Gaddis's Perceptions of U. S. and Soviet Responsibilities in the Origins of the Cold War   Liu Yanyi   151

Conflict and Democracy: Tocqueville and James Bryce on American Political Conflicts   Ren Shuhuan   170

Historical Sources and Archives

The Use of Film Archives in the Study of U. S. Foreign Relations History: A Case Study of the Resources from the Margaret Herrick Library .... Wang Yizhe 189

Denham's Memorandum Respecting Bolshevism in the Far East (April 1920) .... Tran. by Xia Xiaoyu and Yue Xiukun 204

Book Reviews

Review of A. G. Hopkins' *American Empire: A Global History* .... Tu Ming 229

Review of Mark Scheck's *War on the World: How Transnational Violence Reshapes Global Order* .... Su Xueying 241

Review of David H. Price's *Cold War Deceptions: The Asia Foundation and the CIA* .... Wan Yutian 246

Review of Chen Guanren's *America's Cold War Chart in East Asia: Sovereignty, Local Interests, and International Security* .... Zhu Haoran 253

Review of Darren Newbury's *Cold War Photographic Diplomacy: The U. S. Information Agency and Africa* .... Zou Xiaotian 260

Notice to Contributors 269

编者按语

近年来，美国对外关系史研究呈现出跨学科、跨国化发展的新趋势。学者们日益关注美国如何通过文化、电影、音乐等软实力手段影响国际社会，并探讨美国如何利用历史记忆和公共外交重塑其全球形象。同时，非西方视角和本土化研究的兴起，使学者们能够从亚非拉等地区的立场出发，探讨这些地区如何在各自的文化和社会背景中接受、适应甚至重新定义美国的政策与影响。这些研究揭示了美国对外关系在不同地域和文化中的多样性与复杂性。由此，学术界逐渐超越了传统政治外交的单一视角，以更为综合的方式解读美国在全球舞台上的复杂影响力。

本期专栏主题为"美国对外关系史的新视野"，汇集了围绕美国对外政策中文化、经济和政治互动等问题的研究内容，展示了美国在不同历史阶段如何通过多样的手段塑造和影响全球格局。专题论文包括 6 篇。其中石可鑫通过对诺曼·皮尔森私人档案的研究，还原了国际美国学学界的交往经历；许翔云探讨了 19 世纪美国捕鲸业活动中对日本形象的构建，揭示了经济活动与文化互动的交织关系；范继敏和葛云硕分别考察了 20 世纪 80 年代联邦德国社会民主党与美国核冻结运动之间的跨大西洋交流，以及第二次世界大战后美国对德国的经济政策，深入剖析了美国在全球政治格局中的政策演变；杜禹铭聚焦于第二次世界大战后美国在菲律宾展开的文化冷战活动及其如何运用"情感话语"争夺话语权；欧倚天同样关注文化与意识形态领域的冷战，探讨了美国如何策划和成功举办美国革命 200 周年庆典，并借此实现国家形象的重塑。

在"评论"栏目中，刘彦伊深入分析了约翰·加迪斯的冷战起源观，揭示了他对美苏"冷战责任"的认知变化，其既是美国外交史学思潮变迁的反映，也受到了国际局势变化的影响；任姝欢以托克维尔与布莱斯为对照，分析了他们对美国政治冲突的观察，揭示了美国民主如何在内部冲突中寻求平衡与秩序。

在"档案文献"栏目中，王一哲以美国电影档案为例，详细展示了专业性质的档案资源如何应用于美国的对外关系史研究，为研究者提供了新的方法和视角。此外，本期选译的档案史料是俄国革命之后，英国情报官员杰弗里·C.德纳姆撰写的东亚共产主义运动的多篇报告之一，由夏小雨、岳秀坤译出。

在书评部分，我们精选了对 A.G. 霍普金斯的《美利坚帝国：一部全球史》、大卫·普莱斯的《冷战骗局：亚洲基金会与美国中央情报局》等重要著作的评论，作者们从帝国、外交、情报、摄影等不同角度进行了解读，反映了美国对外关系史研究的新进展。

本期专号由首都师范大学历史学院王一哲老师主持组稿，作者均为青年学者或在国内外求学的博士、硕士研究生。希望这些文章和评论能够在一定程度上反映国内外美国对外关系史研究的前沿动态，从多元视角解析美国对外关系的历史经验及其复杂性。

编者

2024 年 12 月 3 日

专题论文：美国对外关系史的新视野
Special Issue: New Perspectives on U. S. Foreign Relations History

诺曼·皮尔森档案与冷战时期美国学海外传播的解读*

石可鑫**

摘　要　21世纪以来，美国官方档案与私营基金会报告在中国的冷战史研究，尤其是美国外交史研究中得到了较为充分的运用。相较之下，相关私人档案尚未得到有效发掘。得益于美国高校图书馆对数字化工作的重视，研究者已可通过诸如耶鲁大学美国学系主任诺曼·皮尔森等知名美国学者的私人档案，揭示冷战语境下个人行为体参与美国国际教育与文化交流活动的形式，并还原国际美国学学界的交往历程。基于广阔的时代背景，同时结合美国官私组织文件，私人档案相对微观的视角不仅能够弥补官方叙事的不足，还可回应美国学海外传播的核心议题。然而，在注意到私人档案研究价值的同时，亦须避免研究碎片化等问题。

关键词　诺曼·皮尔森；私人档案；美国学；冷战；知识传播

美国学（American Studies）诞生于20世纪20—30年代，最初是美国历史学者与文学史家反思高等教育主题非美国化、高校地方主义盛行和人文教育学科隔离的产物。① 此后，美国学逐渐拓展成一门综合运用人文学科与

---

*　本文系国家社科基金青年项目"冷战时期美国学在亚洲的传播与影响研究"（项目批准号：23CSS023）的阶段性成果，并受到"2023年度国家资助博士后研究人员计划"（GZC20230453）的资助。

**　石可鑫，福建师范大学社会历史学院讲师。

①　关于美国学的学术发展史，参见张涛：《美国学运动研究》，商务印书馆，2004。

社会科学研究方法，对美国文明发展史进行跨学科研究的领域。冷战揭幕后，美国政府与私营基金会基于美国学的学科特质，认定其具有宣扬美国价值观和抵御共产主义思想传播的双重功效，因而积极向外国高校推广美国学相关教席、组织学术论坛与组建研究机构。用美国中部美国学协会（Mid-America American Studies Association）主席理查德·霍维茨的话来说，仅从数量上看，冷战时期美国学的海外传播就理应成为"特别丰富的研究领域"。[1]

长期以来，国内外学界的相关研究多以美国政府解密档案和私营基金会报告为基本史料。通过诸如国会文件集、《国务院公报》（The Bulletin of the Department of State）、教育与文化事务局（Bureau of Educational and Cultural Affairs）报告、海外奖学金委员会（Board of Foreign Scholarship）年报、国际教育与文化事务咨询委员会（Advisory Commission on International Educational and Cultural Affairs）报告、美国新闻署报告，以及私营基金会年报等材料，研究者围绕冷战意识形态对抗，以及知识传播中的"美国中心"和"文化帝国主义"现象展开论述，倾向于认为美国学的海外传播是美国在智识领域打造"世界领袖"身份的重要手段，并最终加深了全球知识权力的不平衡状态。[2]

然而，现有历史叙事囿于私人档案的种种限制，难以展现作为个体的美国学者在参与美国国际教育与文化交流活动，以及沟通外国学者等方面的积极作用。近年来，国内已有学者撰文，呼吁在研究中注重对私档的发

---

[1] Richard P. Horwitz, "Preface," in *Exporting America: Essays on American Studies Abroad*, ed. Richard P. Horwitz (New York: Garland Publishing, 1993), p.X.

[2] 相关论述参见：Richard P. Horwitz (ed.), *Exporting America: Essays on American Studies Abroad*; Inderjeet Parmar, *Foundations of the American Century: The Ford, Carnegie, and Rockefeller Foundations in the Rise of American Power* (New York: Columbia University Press, 2012); Natalia Tsvetkova, *Failure of American and Soviet Cultural Imperialism in German University, 1945–1990* (Leiden: Brill, 2013); [日] 松田武：《战后美国在日本的软实力——半永久性依存的起源》，金琮轩译，商务印书馆，2014。

掘和利用，以充实冷战的社会文化场景。① 有鉴于此，本文以知识"外史"② 为研究取向，立足耶鲁大学拜内克珍本与手稿图书馆（Beinecke Rare Book and Manuscript Library）的数字化资源，从该校美国学系负责人诺曼·霍姆斯·皮尔森（Norman Holmes Pearson）私人档案的微观视角出发，揭示美国学者在美国学海外传播活动中的作用，并对皮尔森同各国美国学家（Americanist）③ 之间的交往进行史学还原，以丰富关于冷战时期美国知识外交等宏观议题的探讨。

一、诺曼·皮尔森生平及其私人档案的获取

1909 年，诺曼·皮尔森（图1）出生于美国马萨诸塞州加德纳的富裕家庭。其父切斯特·P. 皮尔森（Chester P. Pearson）从商，亦是加德纳首任市长，因此"家中常有银行家、商界精英与政治人物来往"。④ 1928 年秋，皮尔森考入耶鲁大学，计划攻读经济学专业。大三学年，皮尔森凭借一篇围绕纳撒尼尔·霍桑学院生活而作的论文获"亨利·斯特朗美国文学奖"（Henry Strong Prize for American Literature），从而将学术兴趣转向美国历史与文化。1931 年，耶鲁大学英语系教师斯坦利·T. 威廉姆斯（Stanley

---

① 张杨：《美国私档的发掘和利用——还原冷战的社会文化场景》，《冷战国际史研究》2019 年第 2 期。

② 这一概念源自科学史研究中的"内史"（Internal History）与"外史"（External History）之争。从总体上看，"内史论"主张科学知识的发展自成逻辑，是超然于社会的；"外史论"则强调文化、政治、经济、宗教及军事等外因的作用。冷战时期美国学的海外传播说明，美国的国际教育政策同样对知识、学科体系的建构具有相当影响。

③ 在美国官方文件中，Americanist 专指从事美国学研究的学者。《富布赖特-海斯法》规定，美国政府应积极"培育与支持美国学在世界的发展，设立关于美国历史、政府、经济、语言、文学及所有与美国文明和文化相关的教授职位、讲师职位，支持域外美国学研究机构、课程和研讨会的建立与召开"，并"赞助他国美国学家来到美国从事美国学研究"。参见：Mutual Educational and Cultural Exchange Act of 1961, 87th Congress, 1st Session, Report No. 1197, September 15, 1961, U. S. Congressional Serial Set, pp. 2-3。

④ Robin W. Winks, *Cloak & Gown: Scholars in the Secret War, 1939-1961* (New York: William Morrow and Company, Inc., 1987), p.250.

T. Williams）与历史系教师拉尔夫·H. 加布里埃尔（Ralph H. Gabriel）共同创设本科生课程"美国思想与文明"，成为美国学扎根美国高等教育体系的标志。皮尔森报名并参加了第一堂课。① 1932 年，皮尔森自耶鲁大学毕业，获文学学士学位。此后，皮尔森前往欧洲游学，以大四学生身份进入英国牛津大学，于 1934 年再获学士学位，并在德国度过了两个学期。1941 年，皮尔森在威廉姆斯的指导下成为耶鲁大学史上第三位美国学博士学位获得者，最终留校任教。

图 1　诺曼·皮尔森个人照

资料来源："Pearson, Norman Holmes (alone)," undated, *Norman Holmes Pearson Papers*, Box 258, Yale Collection of American Literature, Beinecke Rare Book and Manuscript Library, p. 1。

---

① Greg Barnhisel, "Searching for a Spy," ANZASA Online, September 30, 2019, https：//anzasablog.wordpress.com/2019/09/30/searching-for-a-spy/. 一般认为，"美国思想与文明"是美国高等教育史上的第一门美国学课程。皮尔森在评价加布里埃尔时，即尊其为"耶鲁大学美国学之父"（Founding Father of American Studies at Yale），参见：James H. Ottaway, Jr., "Gabriel Will Retire after Noted Career in American Studies: Nationally Known Author, Teacher to Continue Work on Series about Recent U. S. Civilization," *Yale Daily News*, Vol. LXXIX, No. 60 (November 27, 1957), p. 1。

第二次世界大战改变了皮尔森的学术轨迹。他先是在1942年底被耶鲁校友唐纳德·唐斯（Donald Downes）招募至战略情报局（Office of Strategic Services）工作，后于1943年协助成立并领导了位于伦敦的战略情报局X-2反情报部门。在同英国特别情报部门（British Special Intelligence）的合作中，X-2除帮助揪出所有潜伏在英国的德国秘密特工外，还揭露了敌方在莫桑比克的特工网络。1944年，皮尔森负责战略情报局的"艺术掠夺项目"，追回大量纳粹战利品，同时在保护与修复意大利艺术品等方面发挥联络作用。① 由于贡献突出，皮尔森先后获美国自由勋章（Medal of Freedom）、挪威圣奥拉夫一等骑士勋章（Order of St. Olav, Knight's Cross），以及法国认可勋章（Médaille de la Reconnaissance Française）和荣誉军团勋章（Légion d'honneur, Chevalier）。

战争结束后，皮尔森返回耶鲁大学重掌教鞭，于1947年被任命为美国学系本科生部首任主任，1951年升为副教授，1962年晋升为教授，1963年起任美国学系主任，② 逐步将耶鲁大学美国学系打造为具有国际影响力的学系。此外，皮尔森还兼任美国学协会（American Studies Association）会刊《美国季刊》（*American Quarterly*）编委会成员，并于1968年当选协会主席。1975年11月5日，皮尔森病逝，享年66岁。为表纪念，美国学协会为其追授第一届博德奖（Bode Prize），并将奖项更名为博德-皮尔森奖（Bode-Pearson Prize）；③ 由于皮尔森是在韩国参加学术活动时患病，因而汉城大学将该校美国学研究所（American Studies Institute）书库命名为诺曼·H. 皮尔

---

① 在《耶鲁每日新闻》发布的讣告中，仅提及皮尔森在战略情报局担任"文职人员"，这显然是不全面的。参见："Literary Expert Pearson Dies at Age 66 after Long Illness," *Yale Daily News* (November 7, 1975), p. 1.

② 1957—1963年，美国学系主任职位空缺，皮尔森以研究生部主任身份主持日常工作，是美国学系实质上的掌舵者。

③ "Norman Holmes Pearson: 1909-1975," *American Studies International*, No. 2 (Winter 1975), p. 50. 博德奖是为纪念美国学协会首任主席卡尔·博德（Carl Bode）所设。据美国学协会官网上的信息，博德-皮尔森奖主要颁发给"为美国学奉献终生的协会成员"。参见："About the Carl Bode-Norman Holmes Pearson Prize," American Studies Association, https://www.theasa.net/awards/asa-awards-prizes/carl-bode---norman-holmes-pearson-prize。

森图书馆（Norman H. Pearson Library），以怀念皮尔森对韩国美国学的推动。

皮尔森私人档案目前保存于耶鲁大学拜内克珍本与手稿图书馆。该校本科生蒂莫西·纳夫塔利（Timothy Naftali）① 与皮尔森的同事、历史学教授罗宾·W. 温克斯（Robin W. Winks）曾分别利用这批档案，完成毕业论文《耶鲁博士学位，战略情报局与中央情报局：谢尔曼·肯特、诺曼·皮尔森与美国情报职业的发展》② 和专著《斗篷与长袍：秘密战争中的学者们，1939—1961》，这些研究成果较为完整地复原了皮尔森的战略情报局生涯。根据温克斯的说法，皮尔森档案共计 39 盒，包括皮尔森中学时期的记录、游记、家庭通信，以及服务战略情报局期间留下的人事档案、报告、笔记、日记、简报与照片，但仅有 2 盒档案"同文学相关"。③ 2016 年，学者安妮特·迪博（Annette Debo）通过分析皮尔森同格特鲁德·斯坦（Gertrude Stein）、玛丽安·摩尔（Marianne Moore）和希尔达·杜立特（Hilda Doolittle）等作家的通信，认为皮尔森是塑造战后美国现代主义文学经典的幕后推手。④ 2020 年，杜肯大学英语系教授格雷格·巴恩黑塞（Greg Barnhisel）获美国国家人文基金会（National Endowment for the Humanities）6 万美元资助，并将此笔资助费用于为皮尔森撰写传记。目前，巴恩黑塞已将部分内容发表于澳大利亚-新西兰美国学协会（Australian and New Zealand American Studies Association）官网及会刊《澳大利亚美国学研究》（*Australasian Journal of American Studies*）等之上，并综合运用了皮尔森私人档案、美国国会图书馆、澳大利亚国家档案馆档案与口述资料，试图经由皮尔森的个人经历，

---

① 纳夫塔利先后执教于弗吉尼亚大学、夏威夷大学与耶鲁大学，2007 年起任理查德·尼克松总统图书馆与博物馆（Richard Nixon Presidential Library and Museum）馆长。

② 论文题目中的谢尔曼·肯特（Sherman Kent）是耶鲁大学历史学教授，1942 年加入战略情报局，在研究和分析部（Research and Analysis Branch）任职。冷战时期，肯特撰写了《战略情报对美国世界政策的影响》（*Strategic Intelligence for American World Policy*），并在 1950 年同哈佛大学历史学教授威廉·L. 兰格（William L. Langer）一道组建中情局国家评估办公室（Office of National Estimates），共领导该部门达 15 年之久。

③ Robin W. Winks, *Cloak & Gown: Scholars in the Secret War, 1939-1961*, p. 519.

④ 参见：Annette Debo, "Norman Holmes Pearson, Canon-Maker," *Modernism/Modernity*, No. 2 (April 2016), pp. 443-462.

揭示战后美国政府部门、基金会和学术界共同编织的文化霸权网络。①

然而，上述著作大多强调皮尔森在第二次世界大战期间的反情报工作经历，认为这一"秘密身份"是观察美国高校与国家安全机构互相合作的重要窗口。巴恩黑塞在《寻找间谍》一文中指出，皮尔森的"许多同事与学生推测，皮尔森在20世纪60年代就是一名特工，是中情局影响外国学生、知识分子和舆论塑造者的重要环节"。② 实际上，皮尔森同样利用"公开身份"，即作为耶鲁大学美国学系领导者，深度介入冷战时期美国学的海外传播。正是得益于如皮尔森、卡尔·博德、梅勒·柯蒂（Merle Curti）与梅里尔·延森（Merrill Jensen）③ 等美国学家的参与，美国学才得以在20世纪后半叶成为一项"大型的跨国事业"。④

耶鲁大学已对部分皮尔森个人资料进行数字化处理。⑤ 拜内克珍本与手稿图书馆将皮尔森档案分为"通信，1839—1976年""编辑及其他工作，约19世纪80年代—1975年""著作，1929—1975年""研究和教学文件，1851—1978年""职业文件，1929—1983年""照片及微缩胶卷，约1909—1975年""印刷品，1889—1975年""个人文件，1888—1975年"与"教学用品，1852—

---

① 参见：Greg Barnhisel, "Norman Holmes Pearson and American Studies in Australia: America's Cold War Public-Private Partnership," *Australasian Journal of American Studies*, No. 2 (December 2023), pp. 3-32; Greg Barnhisel, "Searching for a Spy," ANZASA Online, September 30, 2019, https://anzasablog.wordpress.com/2019/09/30/searching-for-a-spy/; Greg Barnhisel, "The Chevalier and the Commahunter: Norman Holmes Pearson Edits Modernism," Post 45, July 17, 2024, https://post45.org/2024/07/the-chevalier-and-the-commahunter/。

② Greg Barnhisel, "Searching for a Spy," ANZASA Online, September 30, 2019, https://anzasablog.wordpress.com/2019/09/30/searching-for-a-spy/. 巴恩黑塞最初为皮尔森传记拟定的题目为《教授即间谍：美国文学家诺曼·霍姆斯·皮尔森生平》（*The Professor Was a Spy: A Biography of Norman Holmes Pearson, American Literary Scholar*）。

③ 博德在卸任美国学协会主席后，曾于1957—1959年在美国驻伦敦大使馆任文化官员，直接推动了英国美国学的成长。柯蒂是一位具有全球影响力的美国学家，曾在英国、印度、联邦德国与南斯拉夫等国讲学，其著作《美国思想的成长》（*The Growth of American Thought*）获普利策奖。延森主要关注美国学在东亚及南亚地区的发展状况，出席了多场大型跨国美国学论坛。

④ Richard P. Horwitz, "Preface," in *Exporting America: Essays on American Studies Abroad*, p.X.

⑤ 网址为：https://archives.yale.edu/repositories/11/resources/1856。

1945年"等十大主题。进入"数字资源"（Digital Material）类目，研究者无须登录任何账号，即可下载"Benet, William Rose, 1936-1951""Edwards, Adeline Badger, 1957"与"H. D.（Hilda Doolittle），1947-1958"等32项专题。其中，"Spiller, Robert Ernest, 1940-1965"含皮尔森同宾夕法尼亚大学美国学项目负责人史毕乐关于编辑《美国文学史》（Literary History of the United States）的通信；① "Columbia University, Seminar in American Civilization, 1962-1965"涉及哥伦比亚大学美国文明论坛的研讨细节；"American Studies"收录有皮尔森、拉尔夫·H. 加布里埃尔、大卫·波特（David Potter）和理查德·刘易斯（Richard Lewis）任耶鲁大学美国学系主任期间的年度报告及通信；"United States. Department of State, 1952-1973"中则是关于美国国务院外交学院（Foreign Service Institute）外交政策高级研讨会（Senior Seminar in Foreign Policy）的资料，皮尔森曾受邀讲授美国文学。

直接关联美国学海外传播的专题如下。第一，"Skard, Sigmund, 1947-1974"，共60份档案。西格蒙德·斯卡德是挪威美国学的创始人，这部分内容包括皮尔森与斯卡德围绕富布赖特项目、青年学者成长、跨国学术活动进行的通信。第二，"Fulbright Scholarship, 1950-1975"，共108份档案，藏有皮尔森同联合研究委员会会议委员会（Conference Board of Associated Research Council）② 下属机构国际人员交流委员会（Committee on International Exchange of Persons）③ 的美国学咨询委员会（Advisory Committee for American Studies）之间的通信，主要讨论如何利用富布赖特项目推广美国学。第三，"American Council of Learned Societies, 1947-1975"，共173份档案，保存了皮尔森任美国学术团体理事会④美国学咨询委员会顾问期间的通信及各类文

---

① 《美国文学史》的学术及社会意义，参见庄陶：《美国学运动和美国文学史写作》，《外国语言文学》2009年第1期。史毕乐是美国学协会的第三任主席，任期为1954—1955年。

② 下称会议委员会。会议委员会于1944年由社会科学研究理事会（Social Science Research Council）、美国学术团体理事会和国家科学院（National Academy of Sciences）附属机构国家研究理事会（National Research Council）联合成立，目的是讨论各学术机构共同关心的问题，并为协同合作提供建议。

③ 1948年2月，会议委员会组建国际人员交流委员会，用于服务富布赖特项目。

④ 下称学术理事会。

件，涉及委员会工作会议议程，以及福特基金会资助学术理事会美国学海外传播项目的缘起和运作程序等。

由此可见，如果说"反情报"是第二次世界大战赋予皮尔森的标签，那么"美国学"则是解读其战后人生轨迹的独特视角。从私人档案出发，皮尔森将安置外国学者视为促进耶鲁大学美国学系发展的重要方向，极大地提高了美国学在国际学术界的能见度；而作为美国政府及民间学术团体的顾问，皮尔森不仅参与了美国学海外传播项目的政策制定，还借此同一批外国美国学家建立起联系，进而推动了国际美国学学术网络的构建。凡此种种，均说明皮尔森在冷战时期美国学的海外传播过程中占据重要地位。

二、皮尔森档案中的美国学海外传播活动实例

利用皮尔森档案，研究者能够深入剖析美国学在美国政府部门及私营基金会资助下的海外传播历程。此处试以富布赖特项目与福特-学术理事会项目为例进行说明。

（一）皮尔森档案中的富布赖特项目

在富布赖特项目中，会议委员会下属的国际人员交流委员会负责资深学者（Senior Scholars）的筛选工作。20世纪60年代初，国际人员交流委员会任命了一个美国学咨询委员会，职责为"掌握各地区美国学发展状况的一手材料，通过外国高校的反馈，尽可能满足它们提出的资金、人员或图书资料请求"。① 根据皮尔森档案，皮尔森与加州大学英语系教授莱昂·霍华德（Leon Howard），以及曾任联邦德国波恩美新处文化专员的弗吉尼亚大学哲学系教授刘易斯·M. 哈蒙德（Lewis M. Hammond）为委员

---

① Commission on Human Resources of National Research Council, *Stewards for International Exchange*: *The Role of the National Research Council in the Senior Fulbright-Hays Program*, *1947–1975* (Washington, D. C.: National Academy of Sciences, 1976), pp. 24-25.

会"特别顾问"。①

档案显示,美国学咨询委员会执行秘书特斯滕·W. 拉塞尔（Trusten W. Russell）常就富布赖特学者的安置问题求教皮尔森。1963 年,法国学者米歇尔·卡乔拉-安弗罗尔（Michel Katchoura-Anfrol）获富布赖特项目资助。由于咨询委员会和卡乔拉-安弗罗尔在目标高校的选择上存在分歧,拉塞尔特别就此询问了皮尔森。② 根据个人简历、申请书（图 2）与法国大使馆的三份评价,皮尔森最终出于以下两个原因推荐哥伦比亚大学为访学目的地：其一,从学术研究的角度看,哥伦比亚大学新闻学师资力量强大,适合卡乔拉-安弗罗尔完成申报的课题"出版、广播与电视对美国公众舆论的影响"；其二,从实践的角度出发,当地商业电视台与第 13 频道则是观察美国传媒业实际运作的绝佳案例。③ 国际人员交流委员会工作人员多琳·吉（Doreen Gee）同样困惑于韩国学者李伯亨（Bo Hyung Lee）的目标高校,亦曾致信皮尔森询问耶鲁大学的师资和图书资源是否适合其从事美国废奴

---

① "List of Participants, Meeting of February 8–9, 1963," undated, *Norman Holmes Pearson Papers*, Box 43, pp. 1-2. 这份档案显示,委员会成员有延森、密歇根州立大学的拉塞尔·B. 奈（Russel B. Nye）、马里兰大学的奥布里·C. 兰德（Aubrey C. Land）、西北大学的欧内斯特·塞缪尔斯（Ernest Samuels）和华盛顿大学的马克斯·萨维尔（Max Savelle）。史毕乐、美国学协会执行秘书查尔斯·E. 鲍维（Charles E. Boewe）与学术理事会美国学项目主任理查德·唐纳（Richard Downar）为顾问。

② "Additional Candidates in American Studies from France," April 22, 1963, *Norman Holmes Pearson Papers*, Box 43, pp. 1-9. 卡乔拉-安弗罗尔出生于 1935 年 3 月,受法国国家广播电视台的大力推荐,曾录制一档关于富布赖特项目的广播节目。拉塞尔形容他是"重要的青年记者"。早在 1963 年 3 月 21 日,另一位执行秘书弗朗西斯·A. 杨（Francis A. Young）已就此问题咨询过委员会成员,皮尔森在 4 月 22 日的回复中给出了宾夕法尼亚大学和布兰迪斯大学两个选项。但就在皮尔森复信当天,拉塞尔又一次提出了卡乔拉-安弗罗尔的安置问题。参见："Request for Advice on Academic Program to Be Planned for Scholars from France under Its Program on American Studies," March 21, 1963, *Norman Holmes Pearson Papers*, Box 43, pp. 1-3; "Norman H. Pearson to Trusten W. Russell," April 22, 1963, *Norman Holmes Pearson Papers*, Box 43, pp. 1-2。

③ "Norman H. Pearson to Trusten W. Russell," April 24, 1963, *Norman Holmes Pearson Papers*, Box 43, p. 1. 在此之前,皮尔森已为另外五名法国美国学家的安置问题作出答复。

运动研究。①

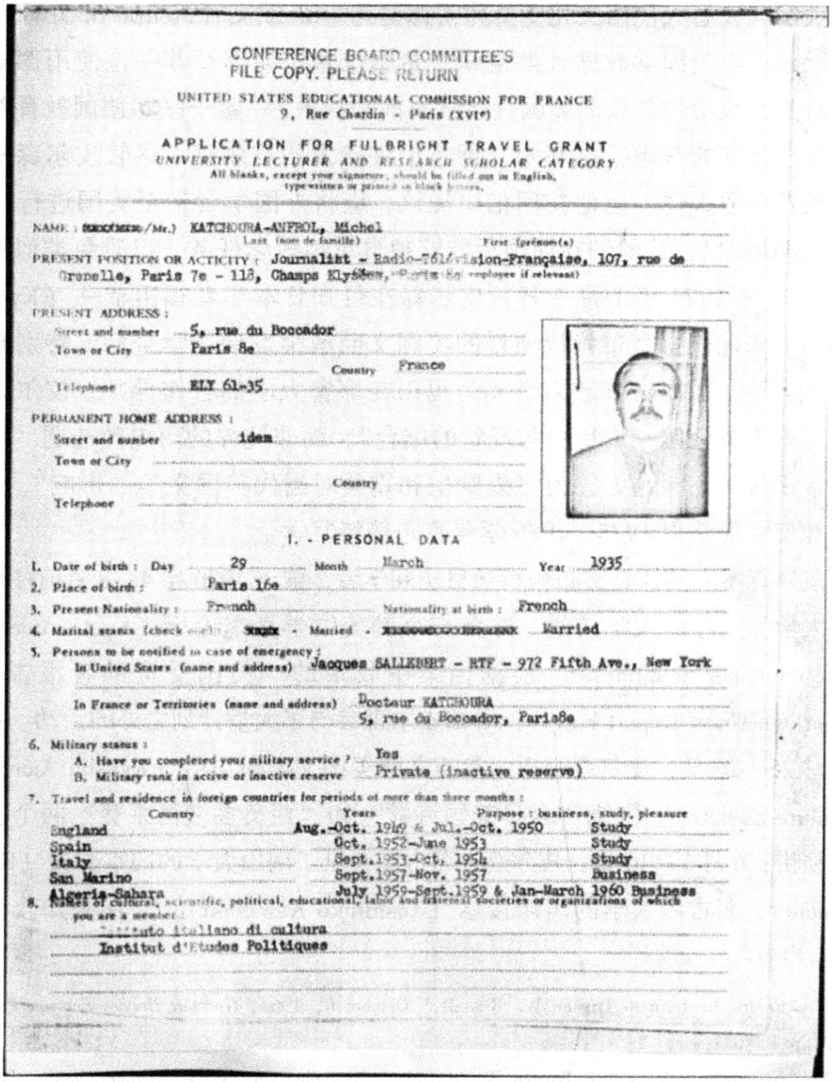

CONFERENCE BOARD COMMITTEE'S
FILE COPY. PLEASE RETURN

UNITED STATES EDUCATIONAL COMMISSION FOR FRANCE
9, Rue Chardin - Paris (XVIe)

APPLICATION FOR FULBRIGHT TRAVEL GRANT
UNIVERSITY LECTURER AND RESEARCH SCHOLAR CATEGORY
All blanks, except your signature, should be filled out in English, typewritten or printed in black letters.

NAME : (XXXXXXX/Mr.) KATCHOURA-ANFROL, Michel
Last (nom de famille) First (prénom(s)

PRESENT POSITION OR ACTICITY : Journalist - Radio-Télévision-Française, 107, rue de Grenelle, Paris 7e - 118, Champs Elysées, Paris 8e employee if relevant)

PRESENT ADDRESS :
Street and number 5, rue du Boccador
Town or City Paris 8e
Country France
Telephone ELY 61-35

PERMANENT HOME ADDRESS :
Street and number idem
Town or City
Country
Telephone

I. - PERSONAL DATA

1. Date of birth : Day 29 Month March Year 1935
2. Place of birth : Paris 16e
3. Present Nationality : French Nationality at birth : French
4. Marital status (check one) : XXXX - Married - XXXXXXXXXXXXXXXX Married
5. Persons to be notified in case of emergency :
   In United States (name and address) Jacques SALLEBERT - RTF - 972 Fifth Ave., New York
   In France or Territories (name and address) Docteur KATCHOURA
   5, rue du Boccador, Paris8e
6. Military status :
   A. Have you completed your military service ? Yes
   B. Military rank in active or inactive reserve Private (inactive reserve)
7. Travel and residence in foreign countries for periods of more than three months :

Country	Years	Purpose : business, study, pleasure
England	Aug.-Oct. 1949 & Jul.-Oct. 1950	Study
Spain	Oct. 1952-June 1953	Study
Italy	Sept.1953-Oct. 1954	Study
San Marino	Sept.1957-Nov. 1957	Business
Algeria-Sahara	July 1959-Sept.1959 & Jan-March 1960	Business

8. Names of cultural, scientific, political, educational, labor and fraternal societies or organizations of which you are a member :
   Istituto italiano di cultura
   Institut d'Etudes Politiques

图2　拉塞尔信中所附卡乔拉-安弗罗尔的申请书

---

① "Doreen Gee to Norman H. Pearson," June 12, 1972, *Norman Holmes Pearson Papers*, Box 43, p. 1. 早在1955年，美国新闻处就曾选派李伯亨赴康奈尔大学攻读美国历史，但其最终未能获得学位证书。

推荐学者是皮尔森影响咨询委员会决策的另一途径。1964年10月6日，美国驻波恩大使馆文化专员弗雷德里克·B. 欧文（Fredric B. Irvin）因埃尔朗根大学美国学教席长期空缺，希望拉塞尔能够举荐一位使用德语授课，且具有政治学背景的美国社会学家前来执教。① 鉴于联邦德国教育部已有取消该教席的考虑，拉塞尔立即将信件转发给皮尔森。尽管皮尔森最终未能推荐合适人选，但他在回信中提议，应将外国学者带至美国进行"强化和长期培训"，让他们在回国后能够独自承担教学任务，以避免类似事件再次发生。② 1974年1月7日，皮尔森在得知日本学者福田恭一（Kyoichi Fukuda）未能获得富布赖特项目的美国文明教师发展奖学金后，特别鼓励其再度申请，并提出自己愿意成为福田在耶鲁大学的合作导师。皮尔森点明，咨询委员会偏好"历史与现状的结合"，而非纯粹的历史类选题，因而建议福田将研究课题更替为"爱默生和霍桑对当代美国文学的影响"。③ 最终，福田如愿获得1975—1976学年富布赖特奖学金。

皮尔森本人同样是富布赖特项目访问学者，曾于1970年4—8月前往日本京都大学和同志社大学访学，并参与京都美国学夏季论坛（Kyoto American Studies Summer Seminar）④。根据档案中收录的"美国受资助者报告表"（American Grant Report Form），可知皮尔森参与了大量计划之外的活动。1970年4月25—26日，皮尔森赴福冈参与九州美国文学研讨会（Kyushu American Literature Society），围绕"今日美国诗歌"和"西奥多·德莱赛"两个主题发表演讲；6月7—10日，皮尔森在名古屋会见了南山大学的冈本秀夫（Hideo Okamoto）、名古屋大学的川崎俊彦（Toshihiko Kawasaki），并在爱知教育大

---

① "Fredric B. Irvin to Trusten W. Russell," October 6, 1964, *Norman Holmes Pearson Papers*, Box 43, p. 1.

② "Norman H. Pearson to Trusten W. Russell," November 28, 1964, *Norman Holmes Pearson Papers*, Box 43, p. 1.

③ "Kyoichi Fukuda to Norman H. Pearson," December 28, 1973, *Norman Holmes Pearson Papers*, Box 43, p. 1; "Norman H. Pearson to Kyoichi Fukuda," January 7, 1974, *Norman Holmes Pearson Papers*, Box 43, p. 1.

④ 京都美国学夏季论坛是洛克菲勒基金会资助的跨国学术论坛，持续时间为1952—1987年，由美国密歇根大学和日本京都大学、同志社大学联合主办。

学和南山大学分别举办了"近期美国文学的类型"与"美国青年的三部圣经"讲座。一周后,皮尔森前往金泽大学。6月19—24日,皮尔森飞赴韩国,先后参与光州美国学小组(American Studies Group)、韩国英语文学协会(English Literary Society of Korea)、西江大学和高丽大学举办的学术活动。返回日本后,皮尔森除参与京都美国学夏季论坛,还在仙台、北海道等地讲学。

通过富布赖特学者项目,皮尔森加深了同日本美国学学界的交往。皮尔森在报告表(图3)中提到,此次学术之旅的主要成就是"加强了人际关系"。皮尔森回国后,亦有不少日本学者向其来信求教。但皮尔森发现,日本美国学存在一定的发展障碍。例如,原版英文图书较少,美新处图书馆难以在学术层面发挥作用;从美国订购图书花费时间长,且只能买到平装书。然而,书籍的匮乏并不影响美国学在日本的前景。皮尔森最后指出,由于赴美留学的日本学者逐渐成长,日本的教学模式已悄然发生改变,对美国文学经典的翻译和阐释工作正在同步进行,学生对美国学的兴趣亦将持续得到提高。①

---

① "American Grant Report Form," undated, *Norman Holmes Pearson Papers*, Box 43, pp. 1-13. 国际人员交流委员会等机构曾多次邀请皮尔森以富布赖特项目访问学者的身份前往法兰克福大学、哥廷根大学、弗莱堡大学、墨西哥国立自治大学等高校访学,并将其内定为1974—1975学年美苏富布赖特项目候选人。但因各种原因,皮尔森未能成行。此类来往信件均见于皮尔森档案。

```
                                                            PART I
              AMERICAN GRANTEE REPORT FORM                  Page 1
                   (Fulbright-Hays Act)
                   PART I.  Administrative

NAME: Norman Holmes Pearson        CATEGORY OF GRANT: Teacher - Lecturer
U. S. HOME ADDRESS: 39 Goodrich Street   HOST INSTITUTION: Univ. of Kyoto, Doshisha Univ.
       Hamden, Connecticut               Kyoto American Studies Summer Seminar
HOME INSTITUTION: Yale University   HOST COUNTRY:  Japan
       New Haven, Connecticut      FIELD OF SPECIALIZATION: American Studies
PERIOD OF GRANT: FROM: April 1, 1970       TO:  August 6, 1970

                              Instructions
        The information desired of American grantees in Part I of this report pertains to the
    preparation for the exchange experience as well as the adequacy of administrative and
    logistical arrangements. Your comments and suggestions will be useful to the officers and
    agencies concerned with the operation of the program.
        Grantees are requested to complete this portion of the report after residence of 3 to
    4 months in the host country. Please type in three copies (four if you wish to retain one).
    Use both sides of the pages and append additional sheets where the space provided is not
    sufficient.

    1.  Preparation for the exchange experience

        A.  Selection and Notification:  What improvements should be made in such aspects of
            the program as:  selection procedures, notification of awards, preliminary
            announcements and program information; general communications?

                So far as I was concerned, everything worked smoothly. I was requested
            by my two host institutions two or three years in advance, and Washington was
            eager for me to accept and went to great trouble to make things smooth for me.
```

图3　皮尔森填写的"美国受资助者报告表"

（二）皮尔森档案中的福特-学术理事会项目

冷战时期，美国知识的向外传播极为依赖私营基金会的赞助。20世纪60年代，福特基金会经过数轮磋商，以"在西欧国家高校的常规教育中确立美国学的地位，使各国文化、政治和经济领袖更好地理解美国生活和政治制度的现实状况"为目标，① 出资赞助学术理事会运作海外美国学项目。然而，国内外相关研究主要以福特基金会年报和《学术理事会通讯》（ACLS Newsletter）为依据，无法对项目实施重点与倾向进行解读。

根据皮尔森档案，奖学金计划是福特-学术理事会项目的核心内容。皮尔森在担任项目咨询委员会成员后，相关通信基本围绕学者的推荐和筛选进行。② 1965年10月，耶鲁大学法学院教授迈尔斯·S.麦克杜格尔（Myres S. McDougal）亲自向皮尔森推荐日本学者京塚樱太郎（Sakutaro Kyozuka），认为其作为日本"在国际法领域最具前途的中青年学者"，并同时在国际法协会（International Law Association）、日本国际法协会（Association of International Law of Japan）和美国国际法学会（American Society of International Law）等重要机构兼职，理应获得福特基金会资助。③ 然而，皮尔森在咨询委员会例会结束后向麦克杜格尔回信称，京塚樱太郎在激烈的竞争中不幸落选。④ 1971年伊始，皮尔森收到了日本学者清水宏（Hiromu Shimizu）的来信。清水宏称皮尔森作为富布赖特学者在1970年京都美国学夏季论坛上的精彩授课，使其鼓起勇气在两度落选后再次申请福特-学术理事会项目，并请求皮尔森为其撰写推荐信。⑤ 最终，清水宏凭借课题"美国文学及其宗教影响"，以43岁的"高龄"成功入选。⑥

---

① "American Studies Abroad: A Five-Year Program Supported by the Ford Foundation," *ACLS Newsletter*, No. 10 (December 1960), p. 2.

② 在《学术理事会通讯》中，项目资金主要投向奖学金计划、建立美国学教席和充实图书资料三个领域。对照皮尔森档案可知，奖学金计划在其中占据显要地位：福特基金会在最初五年投入了250万美元，供学者交流的奖学金合计花费120万美元之巨，共有109位学者受益。参见："Richard Downar to Shepard Stone," September 2, 1966, *Norman Holmes Pearson Papers*, Box 4, p. 2.

③ "Myres S. McDougal to Norman H. Pearson," October 28, 1965, *Norman Holmes Pearson Papers*, Box 4, p. 1. 麦克杜格尔在信中附上了京塚樱太郎的简介，显示后者曾于1958—1959学年以富布赖特学者的身份跟随麦克杜格尔攻读研究生学位，回国后在中央大学（Chuo University）任教。

④ "Norman H. Pearson to Myres S. McDougal," December 12, 1965, *Norman Holmes Pearson Papers*, Box 4, p. 1.

⑤ "Hiromu Shimizu to Norman H. Pearson," January 1, 1971, *Norman Holmes Pearson Papers*, Box 4, pp. 1-2.

⑥ 项目最初仅鼓励年龄在23—28岁的青年学者申请，后逐渐将限制放宽到45岁。

在公开档案中，尚无资料能够说明福特-学术理事会项目为何对奖学金计划投入巨大人力、物力资源，且对申请者的资质严格把关。综合皮尔森档案中的来往信件可知，福特基金会与学术理事会此举是为了让全球"最具前途的"青年学者回国后继续美国学的教学与研究，进而形成一种利用当地知识分子培养本土美国学家的氛围。项目主管唐纳在致基金会国际事务部主任谢泼德·斯通（Shepard Stone）的信中指出，迈克尔·艾伦（Michael Allen）、沃纳·科雷尔（Werner Correll）和阿兰·格拉汉姆（Alan Graham）等青年学者在学成回国后均在短期内获得终身教职，成为美国学扎根欧洲高等教育体系的保障。① 学术理事会在资助中国台湾地区学者前，曾就此问题咨询过皮尔森的学生兼同事劳伦斯·奇索姆（Lawrence Chisolm），后者表达了同唐纳相似的观点（图4）。在奇索姆看来，这笔资助能够"让在美国高校进修的学者回到台湾，用中文教授美国历史"，从而扩大美国学的传播深度与广度，这对"项目的成功至关重要"。奇索姆还强调，"至少要推荐张忠栋和孙同勋……或许还能组成一个研究团队"，但他本人难以确定第三位值得推荐的学者。② 奇索姆的疑虑可能与中国台湾地区学者的留美倾向有关。据唐纳观察，相当多的中国台湾地区学者希望以博士候选人的身份进入美国高校，并试图在美国停留三至五年以获得永久居留权。因此，学术理事会在筛选中国台湾地区学者的申请书时"尤为谨慎"。③ 由此推断，张忠栋、孙同勋与刘景辉在申请资助时，或许均向学术理事会作出过返台任教的承诺。④

---

① "Richard Downar to Shepard Stone," July 20, 1965, *Norman Holmes Pearson Papers*, Box 4, pp. 3-4.

② "As from Chisolm," undated, *Norman Holmes Pearson Papers*, Box 4, p. 1. 奇索姆于1957年在耶鲁大学获博士学位后留校任教，曾前往中国台湾地区从事研究。回国后在布法罗大学创建美国学系。

③ "Richard Downar to Stanley Gordon," September 3, 1968, *Norman Holmes Pearson Papers*, Box 4, p. 7.

④ 三人后均在台湾大学历史学系任教。孙同勋为"中央研究院"美国文化研究所第三任所长，张忠栋为研究员。

```
As from Chisolm:

A minor academic scandal that, considering the USA
relation to Taiwan, there is almost no teaching of
Am. subject matter there. In this aspect way behind
Korea. At present neither American Studies in any
real sense or even American history in a significant
way. What is taught is taught in English and taken for
the language. Students can't read sufficiently. The
plan is for these MSU trainees to return to Taiwan and
teach Am Hist in Chinese language. Their activity crucial
to success of program. Chairman of Hist at Taiwan
thought to be very good by Wright and Chisolm. Cohen
also sincere and able.

Recommend at least Chang and Sun. Other would do no
harm, and perhaps round out a team. Hard to say about
the 3rd.

Help crucial to success of plan, and making a beginning.
```

图 4　劳伦斯·奇索姆向学术理事会提出的建议

皮尔森档案说明，美国政府和私人组织均认为，由经过美国高校培训的当地学者担任相关教职或领导职务，是美国学在异国教育体系中长期存在的关键。美国国际教育与文化事务咨询委员会同样提出，美国学海外传播的最终阶段是"由本土教师接过讲师与教授职位"，美国学者则退居二线，仅承担咨询或指导的角色。[①] 这与福特-学术理事会项目的初衷十分接近。从美国官私组织的角度来看，此举不仅能够节约跨国交流的经费，更重要的是，有意识地培养外国学者，并使其在本国学术界充当美国文化的"向导和翻译者"，会让外国公民认为是"本土学者根据自身利益主动从事

[①] The United States Advisory Commission on International Educational and Cultural Affairs, *A Special Report on American Studies Abroad: Progress and Difficulties in Selected Countries* (Washington, D.C.: U.S. Government Printing Office, 1963), p. 12.

美国学研究",从而产生一种美国置身事外的假象。① 可以说,美国私人组织为美国学海外传播制定的文化策略在皮尔森档案中得到了体现。

三、皮尔森档案的学术价值

就冷战史研究与美国外交史研究而言,私人档案的价值在于通过与各类档案的比对,对相关事件进行立体呈现,并在一定程度上补充现有历史叙事的不足,或为新的研究视角和观点提供证据支持。在皮尔森档案中,除美国官私组织外,美国高校同样是推动美国学海外传播的主体,各国美国学家的学术交往亦能够得到展现。

(一)私档还原了美国高校对美国学海外传播的参与

既有研究中,一般将美国政府与各大基金会视为促进美国学海外传播的主要推手。然而,美国官私组织之所以能够向国际学界"推销"美国学,部分原因在于美国高校已建有成熟的美国学项目,能够满足各国学者的智识与人才需求。皮尔森领导下的耶鲁大学美国学系即为其中的典型。1963—1964学年,皮尔森在休假期间获韩国富布赖特项目主管单位韩-美教育委员会(United States Educational Commission in Korea)"国家间讲师项目"(Inter-Country Lecturer Program)的资助进行学术访问。美国驻韩国大使馆代理公共事务官员威廉·菲普斯(William Phipps)特别提及,皮尔森"作为耶鲁大学美国学系的领导者和该领域知名权威",在停留期间受到了韩国知识分子、教学工作者及作家的"追捧"。菲普斯认为,皮尔森在从事文学研究的同时能够兼顾经济学和历史学,这赋予其同美国学各分支领域专家进行

---

① Giles Scott-Smith, "Laying the Foundations: U. S. Public Diplomacy and the Promotion of American Studies in Western Europe during the 1950s and 1960s," in *Teaching and Studying U. S. History in Europe: Past, Present and Future*, eds. C. van Minnen and S. Hilton (Amsterdam: Free University Press, 2007), pp. 51, 53.

"权威性交谈"（converse authoritatively）的能力。① 由此可见，皮尔森与耶鲁大学在国际学术界的超然地位是其得到富布赖特项目海外美国学活动青睐的重要原因。

通过比对《耶鲁每日新闻》等校史资料，皮尔森档案可基本还原耶鲁大学涉足美国学海外传播的历史。实际上，耶鲁大学几乎是最早向外国学者介绍美国学的机构。早在 1946 年，校长查尔斯·西摩（Charles Seymour）在正式组建美国学系时便强调，不仅要向"意在通过研究我国整体文明以更好服务未来社会的美国学生"开放，还要"满足战后各国学生了解美国世界权力与职责的需求"。② 1948 年夏，为解决外国留学生"过分专注技术研究"而"忽略在知识上对美国生活和思想本质进行把握"等问题，耶鲁大学特别设置了为期六周的美国学项目。40 名外国学生在美国历史、当代美国政府与政治、当代美国经济和生活，以及当代美国文化、文学、美术、戏剧中选修三门课程，并可获得至高 1000 美元的奖学金。③

在皮尔森的领导下，耶鲁大学美国学系试图以外籍研究生留校任教，以及招收留学生为主要模式，"巩固在国际美国学学界中心地位"。④ 档案显示，来自印度的阿乔迪亚·N. 考尔（Ajodhia N. Kaul）和来自加拿大的唐·萨默海斯（Don Summerhayes）在获得博士学位后于 1964 年留校任助理教授。⑤ 在获博士学位的外国学者中，彼得·比滕赫伊斯（Peter Buitenhuis）返回加拿大麦吉尔大学任教，并担任加拿大美国学协会（Canadian Association

---

① "Norman Holmes Pearson's Visit to Korea," December 9, 1963, *Norman Holmes Pearson Papers*, Box 43, p. 1.

② "Yale Announces Program of Study in Field of American Civilization," *Yale Daily News*, Vol. Ⅲ, No. 46 (May 7, 1946), p. 3.

③ "Yale Summer Program Instituted for Foreign Students in America: Curriculum Will Assist Visitors to Participate in U. S. Way of Life," *Yale Daily News*, Vol. LXIX, No. 121 (March 16, 1948), p. 1.

④ Norman H. Pearson, "To the President and Fellows of Yale University," July 28, 1960, *Norman Holmes Pearson Papers*, Box 5, pp. 2-3.

⑤ R. W. B. Lewis, "To the President and Fellows of Yale University," July 28, 1964, *Norman Holmes Pearson Papers*, Box 5, pp. 3-8. 1963—1964 学年，皮尔森在休假期间撰写同霍桑相关的学术论文，并前往日本、韩国与印度进行学术访问，其间由刘易斯代理美国学系主任与研究生部主任。萨默海斯还被安排指导本科生组织学术研讨会。

for American Studies）秘书长；埃里克·汉森（Erik Hansen）成为丹麦奥胡斯大学英语系助理教授；大卫·L. 明特（David L. Minter）前往科隆大学任英语和美国学讲师。[①] 1965年，耶鲁大学还与马克斯·凯德基金会（Max Kade Foundation）展开合作，每年资助两名具有学术潜力的联邦德国博士后在耶鲁大学进行为期两年的学术研究。[②] 1967年7月31日，皮尔森最后一次以美国学系主任身份发表述职报告。他称"耶鲁大学同海外美国学专业、人员迅速发展的紧密关系"，同时提高了美国学系研究生部及美国这个国家的国际声誉。[③]

可以说，得益于皮尔森耶鲁大学美国学系主任的身份，其私人档案在很大程度上"恢复"了美国高等院校参与美国学海外传播的历史。这也从侧面说明，美国学的国际化是美国政府、非政府组织、高校及学者多方"合谋"的产物。

（二）私档复原了各国美国学家的学术往来

在美国官私组织文件中，学者之间的学术交往并非记录重点，这直接导致研究者在评价美国学海外传播效应时缺乏足够的档案支撑。但依照皮尔森档案，可大致复原皮尔森同挪威美国学创始人西格蒙德·斯卡德针对挪威青年学者的学术成长问题展开的交流。

从二人的通信来看，斯卡德对引荐挪威学者颇为积极，并将之视为提升青年学者学术能见度的重要手段。1951年8月18日，斯卡德在信中向皮尔森介绍了彼时正利用洛克菲勒基金会资助在普林斯顿大学研究文学批判理论的克里斯蒂安·斯密特（Kristian Smidt）博士。斯卡德特别提及，斯密

---

① Norman H. Pearson, "To the President and Fellows of Yale University," July 28, 1966, *Norman Holmes Pearson Papers*, Box 5, p. 5; Norman H. Pearson, "To the President and Fellows of Yale University," July 31, 1967, *Norman Holmes Pearson Papers*, Box 5, pp. 11-12.

② Norman H. Pearson, "To the President and Fellows of Yale University," July 30, 1965, *Norman Holmes Pearson Papers*, Box 5, pp. 5-6.

③ Norman H. Pearson, "To the President and Fellows of Yale University," July 31, 1967, *Norman Holmes Pearson Papers*, Box 5, pp. 5-7.

特是其在奥斯陆大学开设"美国文明"课程的重要帮手。斯密特虽然主要关注 T. S. 艾略特（T. S. Eliot）、詹姆斯·乔伊斯（James Joyce）等英国及爱尔兰作家，但也十分"渴望了解美国文学的背景"，因而希望二人在美国见面详谈。① 此后，斯卡德还在信中促成青年学者西格蒙德·罗（Sigmund Ro）及奥姆·奥弗兰（Orm Overland）与皮尔森相识。皮尔森则为罗安排了同语言学家戴恩（Dyen）和西德尼·兰姆（Sidney Lamb）的会面，并帮助其在耶鲁大学旁听三门形式语言学课程。②

1969 年，斯卡德还就挪威学子扬·W. 迪特里克森（Jan W. Dietrichson）的博士学位论文《镀金时代美国小说中的金钱形象》（*The Image of Money in the American Novel of the Gilded Age*），同皮尔森交换了意见。斯卡德指出，瑞典乌普萨拉大学教授、"资深美国学家"弗莱克斯泰特（Fryckstedt）认为论文呈现了过多的介绍性与背景性文字，且结论有待商榷，"总体上没有什么新内容"。斯卡德本人则持"中间立场"，肯定了论文对威廉·豪威尔斯（William Howells）③"美国作为财阀"观点的细致梳理。④ 皮尔森在复信中部分赞同了弗莱克斯泰特的看法，但他同时提出，博士学位论文的另一种学术贡献在于"百科全书般的知识呈现"，因此稍显冗长的文字并非判定论

---

① "Sigmund Skard to Norman H. Pearson," August 18, 1951, *Norman Holmes Pearson Papers*, Box 104, p. 1.

② "Norman H. Pearson to Sigmund Skard," February 2, 1969, *Norman Holmes Pearson Papers*, Box 104, p. 1. 克里斯蒂安·斯密特后于 1955—1985 年任奥斯陆大学英国文学教授，1957 年成为挪威科学与文学院（Norwegian Academy of Science and Letters）院士，1985 年被授予"大英帝国勋章"（Order of the British Empire）。西格蒙德·罗出版了两部美国学著作，分别为《文学美国：美国文学入门》（*Literary America: An Introduction to the Literature of the United States*）和《愤怒与庆典：当代非裔美国人著作随笔》（*Rage and Celebration: Essays on Contemporary Afro-American Writing*）。奥姆·奥弗兰在卑尔根大学觅得教职，任北欧美国学协会（Nordic Association for American Studies）主席与会刊《斯堪的纳维亚美国学》（*American Studies in Scandinavia*）主编，1994 年成为挪威科学与文学院院士。

③ 豪威尔斯是美国现实主义小说家、文学评论家和剧作家，曾担任《大西洋月刊》（*The Atlantic Monthly*）编辑，被誉为"美国文学院长"（The Dean of American Letters）。

④ "Sigmund Skard to Norman H. Pearson," January 15, 1969, *Norman Holmes Pearson Papers*, Box 104, pp. 1-2.

文合格与否的标准。此外，皮尔森还颇为欣赏迪特里克森围绕亨利·詹姆斯（Henry James）[①]与豪威尔斯进行的比较研究。[②] 最终，皮尔森的意见说服了弗莱克斯泰特，迪特里克森顺利通过答辩，其论文亦在斯卡德的支持下由奥斯陆大学美国学研究所赞助出版。[③]

如果说美国官私机构通过资金支持，在世界各国组织的跨国学术论坛、讲师/教授席位和图书资料收藏为建构美国学全球知识网络提供了物质基础，那么各国学者之间持续的交往则是维系这一网络的必要条件。可以认为，皮尔森档案中收录的"斯卡德通信"为研究者重建与评估美国学海外传播的成效提供了独特的观察视角。

（三）私档回应了美国学海外传播中的关键议题

美国政府对海外美国学的支持经常被打上"文化帝国主义"的标签。在1976年庆祝《富布赖特法》通过30周年的大会上，有来自第三世界的学者隐晦地指出，美国政府的教育交流活动具有"利用奖学金对世界展开殖民"的趋向。[④] 曾受福特-学术理事会项目资助，后任爱尔兰美国学协会（Irish American Studies Association）主席的丹尼斯·多诺霍（Dennis Donoghue）承认，许多年轻的欧洲学者担心从事美国学研究"会把自己出卖给美国"。[⑤] 在德国学者娜塔莉亚·特斯维特科娃（Natalia Tsvetkova）的专著《美苏文化帝国主义在德国高校的破产，1945—1990》中，美国官私组织对美国学

[①] 詹姆斯是美国作家，曾三获诺贝尔文学奖提名。

[②] "Norman H. Pearson to Sigmund Skard," January 19, 1969, *Norman Holmes Pearson Papers*, Box 104, p. 1.

[③] "Sigmund Skard to Norman H. Pearson," January 27, 1969, *Norman Holmes Pearson Papers*, Box 104, p. 1. 博士毕业后，扬·迪特里克森长期在奥斯陆大学任教。

[④] Board of Foreign Scholarships, *A Process of Global Enlightenment-International Education: Link for Human Understanding* (Washington, D. C.: U. S. Government Printing Office, 1976), p. 14.

[⑤] Allen F. Davis, "The Politics of American Studies," *American Quarterly*, No. 3 (September 1990), p. 354.

的"扶持"是支持其论点的重要案例。①

由皮尔森档案可知,福特基金会与学术理事会采取多种手段对此进行规避。在宣传方式的选择上,二者一般会刻意避开美国新闻署或美国驻外使馆的渠道,主要经当地报纸或各类学术团体传达资助信息,目的就是"逃脱文化帝国主义的指控"。② 在项目运作过程中,学术理事会组建了完全由欧洲学者构成的筛选委员会,并邀请阿里·登·霍兰德(Arie den Hollander)、罗杰·阿塞利诺(Roger Asselineau)、马库斯·康利夫(Marcus Cunliffe)和恩斯特·弗兰克尔(Ernst Frankel)等欧洲美国学家参与项目设计、审查简历和推荐学者等工作,以制造美欧学者相互配合、协调的工作氛围。③ 在未能组建筛选委员会的日本,清水宏和上智大学教授刘田元司(Motoshi Karita)同样拥有对简历划分等级的权力。④ 皮尔森档案充分说明,美国方面早已认识到"文化帝国主义"是阻碍美国学走向国际学界的症结。

在美国官方档案和相关研究中,越南战争是影响20世纪60—70年代美国国际教育与文化交流活动的重要历史事件。海外奖学金委员会在1970年的报告中提到,富布赖特项目遭到了"有史以来最严重的拨款削减",正处于"自1956年以来的最低谷"。在此背景下,委员会不得不于1969年9月同国际人员交流委员会的美国学咨询委员会举办联席会议,讨论如何在国内外环境持续变化的情况下"维持美国学在国外大学的既有地位"。⑤ 同年10月,犹他大学英语系教授J. H. 阿达姆松(J. H. Adamson)在印度参与了

---

① 参见:Natalia Tsvetkova, *Failure of American and Soviet Cultural Imperialism in German University*, 1945-1990。

② "ACLS American Studies Program," undated, *Norman Holmes Pearson Papers*, Box 4, pp. 5-6. 但根据德国学者的说法,美国总领馆的散发公告也是获取资助信息的渠道。参见:"Kurt Frur to American Council of Learned Societies," July 6, 1965, *Norman Holmes Pearson Papers*, Box 4, p. 1。

③ 霍兰德是荷兰美国学家的代表,1968年任欧洲美国学协会主席。阿塞利诺自1960年起任索邦大学美国学讲席教授。康利夫是英国美国学的奠基者之一,担任英国美国学协会(British Association for American Studies)首任秘书。弗兰克尔是柏林自由大学美国学项目创始人。

④ "1967 Japanese Candidates in Literature and History," undated, *Norman Holmes Pearson Papers*, Box 4, pp. 1-4。

⑤ Board of Foreign Scholarship, *Annual Report Board of Foreign Scholarship, 1969-70: Continuing the Commitment* (Washington, D. C.: U. S. Government Printing Office, 1971), pp. iii, 1.

一场美国学论坛。在其笔下,一位印度的马克思主义同情者基于美国介入越南战争的事实,在会上批评美利坚民族"从历史、传统和本性上看都倾向于使用暴力……总有一天要毁灭世界"。①

然而,无论是官方档案还是当事学者的记录,暂时都无法体现各国美国学家在越南战争爆发后对美态度的转变过程。皮尔森档案则为此提供了清晰的佐证。在专题"Skard, Sigmund, 1947-1974"中,附有挪威奥斯陆大学、卑尔根大学和特隆赫姆大学11名美国学教师②致美国政府与新闻界的声明(图5),表达了挪威学者对越南战争的鲜明态度。他们从自己的学术经历出发,借用美国美国学学界奉行的"建国神话"与"反殖民话语",鲜明反对美国对越南的入侵行为。这些挪威学者指出,曾经的"去殖民化、民主政府与尊重人类价值的拥护者",如今却"借民主之名"在"全球各地承认并扶持独裁政权"。因此,斯卡德等"与美国关系特别密切的学者",更加需要支持"进步的世界舆论结束战争的努力"。③ 这则史料说明,尽管挪威美国学在发展过程中深受美国政府、私营基金会与美国学者在人员、资金和物质资源方面的支持,④ 却难以阻止挪威学者对美国国家行为的批判。值得注意的是,皮尔森与斯卡德并未因此产生嫌隙,二人之间的通信一直持续到1974年。

---

① J. H. Adamson, "Fulbright to India," *International Educational and Cultural Exchange*, No. 2 (Summer 1970), p. 23.
② 斯卡德与前文提到的西格蒙德·罗、奥姆·奥弗兰均在声明中落款。
③ "The USA and Vietnam," undated, *Norman Holmes Pearson Papers*, Box 104, p. 1.
④ 在皮尔森档案收录的通信中,斯卡德多次就皮尔森、史毕乐、F.O. 马蒂森(F.O. Matthiessen)和肯尼斯·默多克(Kenneth Murdock)对挪威美国学的推动表达了感谢。

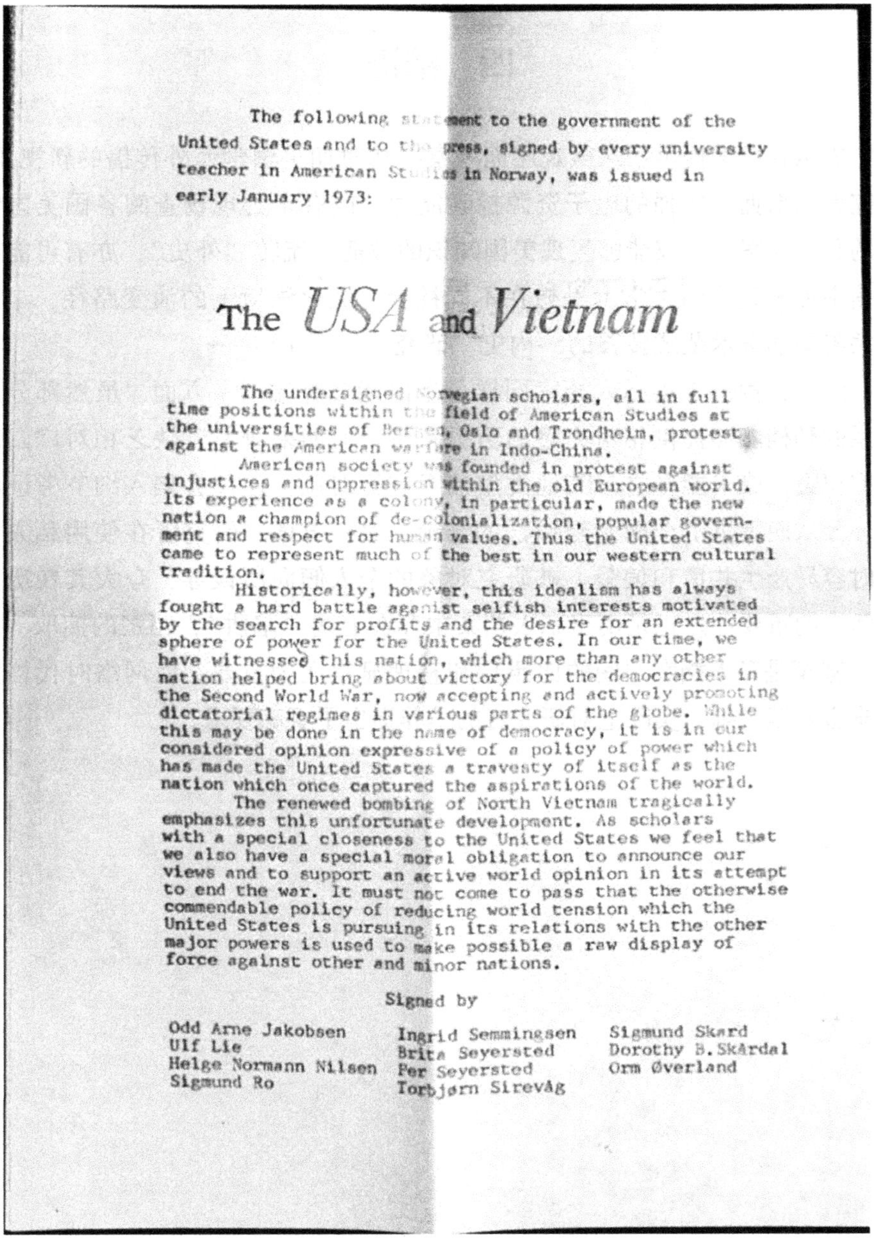

The following statement to the government of the United States and to the press, signed by every university teacher in American Studies in Norway, was issued in early January 1973:

The *USA* and *Vietnam*

The undersigned Norwegian scholars, all in full time positions within the field of American Studies at the universities of Bergen, Oslo and Trondheim, protest against the American warfare in Indo-China.

American society was founded in protest against injustices and oppression within the old European world. Its experience as a colony, in particular, made the new nation a champion of de-colonialization, popular government and respect for human values. Thus the United States came to represent much of the best in our western cultural tradition.

Historically, however, this idealism has always fought a hard battle against selfish interests motivated by the search for profits and the desire for an extended sphere of power for the United States. In our time, we have witnessed this nation, which more than any other nation helped bring about victory for the democracies in the Second World War, now accepting and actively promoting dictatorial regimes in various parts of the globe. While this may be done in the name of democracy, it is in our considered opinion expressive of a policy of power which has made the United States a travesty of itself as the nation which once captured the aspirations of the world.

The renewed bombing of North Vietnam tragically emphasizes this unfortunate development. As scholars with a special closeness to the United States we feel that we also have a special moral obligation to announce our views and to support an active world opinion in its attempt to end the war. It must not come to pass that the otherwise commendable policy of reducing world tension which the United States is pursuing in its relations with the other major powers is used to make possible a raw display of force against other and minor nations.

Signed by

Odd Arne Jakobsen Ingrid Semmingsen Sigmund Skard
Ulf Lie Brita Seyersted Dorothy B. Skårdal
Helge Normann Nilsen Per Seyersted Orm Øverland
Sigmund Ro Torbjørn Sirevåg

图5 挪威美国学家针对越南战争的联合声明

四、结语

  皮尔森档案提供了从微观层面观察冷战时期美国学海外传播的新视角。研究者如果拥有较强的电子资源检索能力，或有余力现场查阅各国美国学家的私人档案，不仅能够复现美国知识的散播、流转"外史"，亦有可能在通信中探索到美国学学术思想在不同社会、文化语境下的演变路径，丰富有关美国学学术范式转移的"内史"研究。

  然而，盲目使用私人档案同样会生出诸多弊端。一方面，虽然部分成体系的私档能够提供相对完整的历史叙事，但如果研究者缺乏相对广阔的研究视野，或未能将之与其他类型档案进行对照，往往会陷入细节考证的循环，从而得出不全面乃至错误的结论。另一方面，研究者在使用私人档案时容易产生共情和偏爱，被研究对象的个人倾向所误导，夸大其在历史长河中的重要性。正是由于私人档案中存在上述"陷阱"，档案的摘取、对比（甚至是私人档案之间的比照）和整理显得尤为重要；而网络时代档案的丰富乃至过剩，实际上对研究者的学养提出了更高要求。

19世纪上半叶美国捕鲸业与美国打开日本国门行动的肇始

许翔云[*]

摘 要 19世纪上半叶,日本海域逐步成为美国捕鲸船重要的活动场所,美国捕鲸船不时救起落难的日本水手,将他们送往日本,而美国捕鲸船水手也时常因船难或逃亡等因素漂流至日本海岸。美国捕鲸船船长与水手写下了他们对日本社会的印象,以及同日本人往来的经历,这些文字在美国报纸上广泛传播,与先前欧洲旅行者的记述一道,共同塑造了日本社会神秘、具有较高文明水准、有待外部力量进入和影响的形象,进而促成美国政府最终于19世纪50年代派出军舰打开日本国门。

关键词 捕鲸业;水手;美日关系;佩里叩关

在常见的历史叙事中,美日关系始于1853年美国海军准将马修·佩里(Matthew Perry)率领舰队叩开日本的国门。这种叙事方式在凸显该事件所具有的转折性意义的同时忽略了美国与日本之前的往来,而捕鲸业便是该往来的核心方面。少数探究美日关系的著作的确提及佩里叩关前,美国捕鲸船频繁光顾日本海岸捕鲸,认为这象征了美国人对海洋边疆的探索与征服。此外,它们也注意到,在捕鲸过程中,美国船只还顺道搭救落难的日本水手,将他们送往日本,同时因船难漂流至日本国土的美国水手的遭遇

---

[*] 许翔云,中国社会科学院世界历史研究所助理研究员。

也成为关注的焦点。① 然而，由于篇幅与关注点所限，相关作品并未就此问题展开进一步讨论，未能呈现捕鲸业究竟如何触发佩里的日本之行这一关键问题。

随着海洋史研究与跨国史研究的兴起，捕鲸活动日渐成为学界研究的热门话题，吸引了历史学、文学等多学科学者的参与。学者们不仅关注捕鲸业对美国经济的影响，还将视线扩展至整个太平洋，考察捕鲸业及其衍生产品对参与其中的各地区人民的不同意义，以及太平洋不同地区如何通过由捕鲸业串起来的商业纽带联结在一起，并将其与海豹捕猎等行业进行联系与比较，突出动物的存在与迁徙如何影响了人类社会的历史进程。此外，研究文学的学者认为，以《白鲸记》为代表的作品构建出一种"帝国想象"，为日后美国由大陆扩张转向海洋扩张做了铺垫，并且作品中提及日本的只言片语展现出美国试图进入并统治该地的企图。②

上述海洋史研究与跨国史研究方面的进展为审视19世纪上半叶美国捕鲸业在美日关系中的作用提供了新视角，有助于揭示捕鲸业究竟如何引发了美国打开日本国门这一历史性事件。美国捕鲸业在汲取和剥削海洋资源，并触发美国对海洋帝国的向往的同时，也向美国公众提供着关于所经海外地区的知识与见闻，塑造着美国民众对异域的想象。作为19世纪上半叶为数不多的涉足海外的美国人，捕鲸船船长与水手的域外见闻构成了当时美国社会重要的海外知识来源。捕鲸船船长在将落难的日本水手送回日本时，

---

① Jiuji G. Kasai, "The Relations between Japan and the United States," *The Annals of the American Academy of Political and Social Science*, Vol. 54 (July 1914), pp. 260–269; William L. Neumann, "Religion, Morality, and Freedom: The Ideological Background of the Perry Expedition," *Pacific Historical Review*, Vol. 23, No. 3 (August 1954), pp. 247–257; Walter La Feber, *The Clash: A History of U.S.-Japan Relations* (New York: W. W. Norton & Company, 1997), p. 10.

② Russell Reising, Peter J. Kvidera, "Fast Fish and Raw Fish: Moby-Dick, Japan, and Melville's Thematics of Geography," *The New England Quarterly*, Vol. 70, No. 2 (June 1997), pp. 285–305; Ryan Tucker Jones, "Running into Whales: The History of the North Pacific from below the Waves," *The American Historical Review*, Vol. 118, No. 2 (April 2013), pp. 349–377; Joshua L. Reid, "Whale Peoples and Pacific Worlds," *RCC Perspectives*, No. 5 (2019), pp. 113–118; 王建平：《帝国与文学生产：美国文学中的帝国想象与民族叙事》，中国人民大学出版社，2016；张宏宇：《世界经济体系下美国捕鲸业的兴衰》，《世界历史》2019年第4期，第16—29页。

同日本社会产生了一定接触,他们所写下的文字构成最早的美国社会对日本的第一手印象,与先前欧洲旅行者的游记相互印证,共同构筑起日本社会神秘、具有较高文明水准、有待外部力量进入和影响的形象。

与护送落难的日本水手回到日本的美国捕鲸船船长相比,落难的美国捕鲸船水手对日本社会有更多的观察与体会。他们滞留日本多时,并且频繁受到日本官员的监禁与审讯,他们对囚禁生活的回忆同捕鲸船船长对日本的观感有所差别。对落难的美国捕鲸船水手境况与诉求的关切构成美国决定打开日本国门的重要因素之一。

一、19世纪中期的美国捕鲸业状况

捕鲸业在北美具有悠久历史,早在欧洲殖民者到来时,便已发现印第安原住民从事着近岸捕鲸活动。作为针对海獭、海豹等海洋生物的"大捕捞"的一部分,美国捕鲸业自18世纪中期开始兴起。[①] 随着近岸鲸鱼资源的耗竭,美国捕鲸业开始转向大洋深处。19世纪20年代,美国捕鲸船开辟了包括夏威夷群岛在内的太平洋中部地区与日本附近的捕鲸场所。美国国会1826年在关于探索北美大陆西北海岸的文件中提到,"在相当长时间内,捕鲸活动仅限于赤道以南的太平洋海域,但捕鲸人在那里的成功,以及对深海生物的捕捞是如此之具有破坏性,以至于他们被迫前往北边的海域,而日本海岸现在成了他们具有冒险性旅程的终点"。[②] 随着时代的演进,小吨位的捕鲸船被出售或停止运营,大吨位的捕鲸船加入捕鲸船队,它们有能力在海上航行更长时间,到达更遥远的海域,从事周期更长的捕鲸活动。由此,美国捕鲸船"绕过好望角,一路向东,在途中遇上绕过合恩角一路

---

① David Igler, *The Great Ocean: Pacific Worlds from Captain Cook to the Gold Rush* (New York: Oxford University Press, 2013), p. 103.

② Exploration of the Northwest Coast, 19th Congress, 1st Session, House of Representatives Doc. No. 35, p. 20.

向西的捕鲸同行们"。①

伴随着地理范围的扩张,美国捕鲸业的规模也不断扩大。在1828年2月提交给国会的一份请愿书中,马萨诸塞州楠塔基特岛的居民描绘了美国捕鲸业蓬勃发展的状况:"从美国的不同地方出发,最多有(总吨位)4万吨的船只从事捕鲸业,其资本投入达300万美元之多,雇用着超过3000名海员。"到1843年,单单纽约州的萨格港便有52艘捕鲸船,总吨位达1.7万多吨,载有1217名海员。4年后,仅在太平洋海域便有超过600艘美国捕鲸船,雇用的海员数量最多达2万人。值得一提的是,在19世纪40年代末,全球只有约900艘捕鲸船,由此可见美国在该行业的统治地位。

对不断壮大的美国捕鲸业而言,日本沿海是非常重要的捕猎场所。1820年,一篇介绍美国与亚洲商业往来的报纸报道便强调,"毫无疑问,北太平洋的捕鲸业是世界上最好的,那里的鲸鱼数量众多、体形巨大,产出的鲸油质量上乘"。②正是在这一年,来自楠塔基特岛的"马罗"号捕鲸船在约瑟夫·艾伦(Joseph Allen)船长的指挥下驶向日本海岸,他在那里发现了大量抹香鲸。③一年后,一位捕鲸船船长的信中提到,他们在日本海岸看到了"众多鲸鱼",提炼了250桶鲸油,并决定"在下一季返回日本海岸,有很大可能从那里满载而归"。④当年仅有六七艘捕鲸船在日本海岸附近活动,但到1822年,该数字便超过了30艘。⑤

船只吨位的增大、提炼能力的提升及日本海域丰富的鲸鱼资源使捕鲸船在该地区的收获随着时间推移不断增加。据当时研究抹香鲸习性的自然学家托马斯·贝尔(Thomas Beale)介绍,捕鲸船一般于每年6月初至9月底在日本海域活动,倘若操作得法的话,一般能够"提炼800—1400桶鲸

---

① Pacific Ocean and South Seas, 23rd Congress, 2nd Session, House of Representatives Doc. No. 105, p. 2.
② "From the *St. Louis Enquirer*: Commerce with Asia," *Kentucky Reporter* (August 23, 1820).
③ Obed Macy, *The History of Nantucket* (Boston: Halliard, Gray, and Co., 1835), p. 224.
④ "Extract of a Letter from Capt. Joseph Allen," *New Bedford Mercury* (June 8, 1821).
⑤ Obed Macy, *The History of Nantucket*, p. 224.

油",该数字甚至"可以高达 2000 桶"。① 即便是在日本海域的鲸鱼种群由于多年的过度捕捞而骤减后,光顾该处的各国捕鲸船每年还能够提炼 4 万桶鲸油。② 据一位水手描述,19 世纪 40 年代他们在日本海域待了三个月,天气良好,提炼了 500 桶鲸油。倘若船员在船上的生活条件能得到改善,其收获量将翻倍。③ 1852 年,英国商业杂志指出:"美国人尤其是极大地扩展了他们的捕鲸船队,成功地在日本海域与沿海及其北边的附属地区进行了捕鲸活动。"④日本海域在捕鲸活动中的地位是如此之重要,以至于有水手将北纬 20 度至北纬 40 度的捕鲸之旅称为"日本巡航"。⑤

二、美国捕鲸船船员行述与对日本的形象建构

海上作业总是充满危险,水手们需与大海和风浪搏斗,还得应对船上的各种突发事故。例如,在日本沿岸捕鲸的美国捕鲸船偶尔会撞见遇险的日本船员。1845 年 4 月,梅卡托·库珀(Mercator Cooper)船长救起了 22 名落难的日本船员,因此有理由无视幕府关于禁止外国人进入江户的规定,在那里停留 4 日,从而成为最早到达江户的美国人之一。有美国报纸将他称为胜过哥伦布的人物,该比喻反映出美国社会对东方财富的向往,以及比肩欧洲探险家成就的雄心。之后,又有不少捕鲸船救助落难的日本水手,而其他美国捕鲸船则以缺少食物和饮用水为借口在日本靠岸。⑥

---

① Thomas Beale, *The Natural History of the Sperm Whale* (London: John van Voorst, 1839), p. 267.

② Frederick Debell Bennett, *Narrative of a Whaling Voyage round the Globe*, Vol. 2 (London: R. Bentley, 1840), p. 186.

③ George Lightcraft, *Scraps from the Log Book of George Lightcraft* (Syracuse: Hall & Dickson, 1847), p. 82.

④ Talbot Watts, *Japan and the Japanese: From the Most Authentic and Reliable Sources* (New York: J. P. Neagle, 1852), p. 109.

⑤ Frederick Debell Bennett, *Narrative of a Whaling Voyage round the Globe*, Vol. 2, p. 182.

⑥ "From the *New Bedford Mercury*," *Commercial Advertiser* (April 27, 1848); "A Sailor's Attempt to Penetrate Japan," *Daily National Intelligencer* (May 10, 1849).

在美国捕鲸船救助落难的日本船员的同时，美国水手自身也会因种种原因流落日本。捕鲸活动充满危险，水手们既要面临来自风暴的考验，又得提防各种意外的发生，提炼鲸油时需要使用的明火便是危险源之一。早在1823年7月，满载800桶鲸油的"亚当斯女士"号捕鲸船便在日本海岸起火燃烧。① 1824年，又有英国船长看见一艘美国捕鲸船在日本海岸被大火所吞没。② 1843年，一艘捕鲸船则毁于风暴。③除此之外，躲避船上苦役的水手们也经常逃往日本。例如，有水手宣称他们的捕鲸船"劳伦斯"号在日本沿岸触礁，他们驾着小艇逃生，却为日本政府扣押了17个月之久。可事实上，有报纸宣称并没有一艘名为"劳伦斯"号的捕鲸船在日本海域遇险。④类似的一幕之后再次出现。有水手宣称"拉果达"号遭遇了海难，进而漂至日本，船员们被囚禁许久，可船长称他们系自行逃亡。⑤

捕鲸船船长和水手们写下的记述成为美国对日本进行形象建构最早的一手资料。在此之前，美国对日本的知识均来自二手资料，尤其是欧洲旅行者的游记见闻。作为同日本长期保持贸易关系的国家，荷兰对日本的描述却几乎未曾在美国流传，这或许与它试图保障自己独占对日贸易有关。佩里便在报告中对荷兰人大加讽刺，称他们想尽办法排挤在日本的葡萄牙人，也时刻提防英国参与对日贸易，而美国在"没有见到一名荷兰人或使用一份荷兰文件的情况下便成功谈好了一份条约"，此时荷兰却跳出来邀功。⑥

在佩里叩关前，在美国以英语出版的关于日本的记述主要有以下两则分别由英国人和德意志人写成的游记。1806年，途经日本的阿奇博尔德·坎贝尔如是写道："当（我们的）船靠岸时，八艘护卫船在我们周围停泊，距离极近，所有人不许登陆，也不能同岸上有任何联系。"此外，他们的武器弹药也

---

① Obed Macy, *The History of Nantucket*, p. 250.
② "Disaster," *Portland Advertiser* (June 12, 1824).
③ "Bark Lost," *Temperance Advocate* (October 28, 1843).
④ "Arrival of the Cambria," *Boston Evening Transcript* (March 18, 1848); "Farther Extracts from Foreign Papers," *Commercial Advertiser* (March 20, 1848).
⑤ "Correspondence of the *Boston Atlas*," *Albany Evening Journal* (May 8, 1849).
⑥ Narrative of the Expedition of an American Squadron to the China Seas and Japan, 33rd Congress, 2nd Session, Senate Executive Doc. No. 79, Beverley Tucker, Senate Printer, 1856, p. 64.

被日方收缴，直至离开后方才返还。坎贝尔所在的船只试图与日方做生意，得到的答复却是"你们所能提供的东西，我们都有，且极其丰富"。① 这些遭遇勾勒出日本社会的封闭状态。

在此情况下，坎贝尔只能远眺长崎，长崎给它的印象是"似乎有着极高的耕种程度，人口众多"。离开长崎后，船只在海峡中穿行，"两侧的农村都很美丽，满是耕地、树林、农村与单栋房舍"。至于日本人，"当船只靠近海岸时，我们观察到当地居民来到岸边，做出手势，仿佛在邀请我们登岸"。但是，"鉴于我们业已经历过的对待，船长选择不再与日本人有任何进一步的来往"。②

作为试图与日本建立正式官方往来的俄国使团的一员，G. H. 冯·兰斯多夫（G. H. von Langsdorff）于1804年10月造访日本。由于具有官方使团背景，外加需要维修船只，与坎贝尔的匆匆路过相比，兰斯多夫倒是在日本海域停留了长达六个月之久，只是大多数时间仍旧被限于船上，无法登岸。日本船只上的灯笼给他留下了深刻的印象，他称其"创造出一个非常美丽的效果"。同坎贝尔一样，他也注意到了日本的农田与村舍，并称其农民"勤劳"。可与此同时，他们衣着简单，条件艰苦。"在打鱼船上的可怜的日本人和护卫船中的水手……只有一条薄棉被遮体，他们晚上睡在露天的船上，只铺着一层稻草垫，只有简单的衣物御寒。"令他们一行人惊讶的是，日本人日夜动工，仅仅花两天时间便建好了供使团上岸时暂居的房屋。此外，他提到同他们往来的日本官员"请求观看我们的一些地图，并展现出关于地理的诸多知识……他们举止彬彬有礼"。当地男女老幼同样既好奇又有礼貌。他们几乎全部出动，乘着船只，甚至在经过时用望远镜眺望，以满足他们对俄国使团一行的好奇心。其中，一位同他们接触的翻译竟然"认为日本政府所有的严厉规约

---

① Archibald Campbell, *A Voyage round the World from 1806 to 1812* (New York: Van Winkle, Wiley & Co., Printers, 1817), pp. 18-20.

② Ibid., pp. 18-21.

是极度愚蠢的，哀叹自己是个日本人，非常希望四处旅行，看看外国"。①

然而，日本官方的繁文缛节及对外来者的警惕与一般民众对外部世界的好奇形成鲜明对比。在兰斯多夫看来，"鉴于他们的语言和服饰，我们或许可以认为我们是最有修养的欧洲人了"。与此同时，他也详细记录了同日本官员交往时所需遵循的礼仪，尤其是长时间的鞠躬，认为这是"有损身份的"，是一种"羞辱人的习俗"，并对日方要求俄国大使行跪拜礼的做法深表不满。此外，日本人还存在前后不一致的情况，曾为俄国大使安排过一间只有大门、没有窗户的狭小住处，"对他们自身的家仆而言都略显糟糕"，还在允许大使一行人登岸和为他治病事宜上反复向中央请示，极具官僚主义色彩。这令他们一行人恼火和焦躁，认为自己"被当作罪犯或国家囚徒对待，被圈禁在狭窄的室内，受到监视"。兰斯多夫还专门提到，每次前来拜访的官员与翻译人员都不一样，"这应该归咎于政府的猜忌心态，它认为这样子官员们能够相互制衡，不至于隐藏情况"。这与日方收缴船上武器弹药的行为相互呼应。当双方彼此熟悉后，日方甚至愿意向他们解释和演示自身枪支的击发方式，但很快日方就又恢复了先前的冷淡姿态，并且仍旧严格禁止他们与日本民众往来。②日方最终拒绝了俄国设立使馆的要求，原因是"同不熟悉的外国建立友谊纽带被认为是危险的，因为它无法建立在任何平等的基础上"。此外，广泛的贸易联系"必然导致普通民众与外国水手间的频繁往来，这是严格禁止的"。③

在欧洲旅行者之后，捕鲸船船长和水手们成为最早到达日本且与当地人有着较多往来的美国人。他们关于日本的描述，成为美国各报纸竞相登载的新闻。美国报纸称，库珀船长带来了关于这个国家的有趣知识，而文明世界之前对日本人的体制与习俗知之甚少。④在19世纪50年代，当美国

---

① G. H. von Langsdorff, *Voyages and Travels in Various Parts of the World during the Years 1803, 1804, 1805, 1806, and 1807* (London: B. Clarke for Henry Colburn, 1813), pp. 193, 194, 200, 201, 204, 207, 210-213.

② Ibid., pp. 219, 224, 226-228, 232, 240, 242, 249, 253.

③ Ibid., pp. 261-262.

④ "Some Account of Capt. Mercator Cooper's Visit to Japan in the Whale Ship Manhattan, of Sag Harbor," *Morning News* (May 12, 1846).

越发热衷于建立与日本间的商贸关系时,许多报纸又翻出库珀的见闻记述,加以登载。① 此外,一份报纸则称"水手们在被关押期间,搜集了许多关于日本和日本政府的有趣信息",并希望假以时日,这些信息能够公之于世,此次经历"揭开了闭关锁国的日本与外国人交往的新篇章"。②

美国捕鲸船船长和水手们对日本的印象与先前欧洲旅行者的印象有诸多相似之处,这些观感共同服务于他们对日本社会的形象建构,即一个神秘、有待外部力量进入的封闭古文明。库珀船长带领下的水手上岸时,最先碰到的是渔民,他们"看起来属于中下层阶级,似乎聪明且幸福,对他的到来表示欢愉,并且不反对他登陆"。在江户停泊后,许多日本官员都上船参观,"所有人都带有无法满足的好奇心,打量着这群陌生人,并检视着呈现给他们的新奇事物"。③独自前往日本进行冒险之旅的捕鲸船水手罗纳德·麦克唐纳也称普通的日本人很友善地接待了他,而在被审讯期间,日本学者也确保他大体上得到善待。④

得到普通民众和官员善意对待的捕鲸船水手给予日本社会以较高评价,展现出日本与他们先前所接触的社会结构较为简单,且受地理条件制约的太平洋岛国有很大不同。库珀船长对日本人的总体评价是"聪明、有礼貌、有教养","勤奋地从事农业和商业","是一个封闭但高度文明化的民族",有的日本人"穿着打扮是如此之华丽,引发了外国人的极大仰慕"。⑤ 他此行的最大收获是从一艘落难的日本船只上得到了一幅大比例日本地图,上面标有日本各岛屿地形与水文、贸易港口和行政区划的状况,纠正了库珀

---

① "A Visit to Japan," *Columbian Register* (March 6, 1852); "A Visit to Japan," *Farmers Cabinet* (March 11, 1852); "Japan," *Cabinet* (March 30, 1852); "Japan—An American Whaler at Jeddo," *Augusta Chronicle* (April 17, 1852).

② "Japan," *The Friend* (October 1, 1849).

③ "Some Account of Capt. Mercator Cooper's Visit to Japan in the Whale Ship Manhattan, of Sag Harbor," *Morning News* (May 12, 1846); "Some Account of Capt. Mercator Cooper's Visit to Japan in the Whale Ship Manhattan, of Sag Harbor," *Morning News* (May 13, 1846).

④ "Japan," *The Friend* (October 1, 1849).

⑤ "Some Account of Capt. Mercator Cooper's Visit to Japan in the Whale Ship Manhattan, of Sag Harbor," *Morning News* (May 16, 1846).

船长自身所使用地图上的诸多谬误。这反映出日本在地图测绘方面所取得的进展，其水平甚至领先于对日本海域了解不多的西方。①

在获取有价值的信息之余，美国人对日本的审视也同先前的欧洲旅行者一样，带有猎奇心理，其意在凸显出日本的神秘性特点。库珀船长称包围他们的日本船只上"竖着长枪和其他有着各种奇怪形状的铁制武器，这些在欧洲国家都是闻所未闻、见所未见的"。守卫们有时将皮套取下，让武器"在太阳下熠熠生辉，意在警告外国人，只要有人试图穿越警戒线，他们便会毫不犹豫地动用武器"。到了晚上，场景更胜。"无数灯笼在船上点亮，它们有着各种各样的形状和透明度，令人着迷不已，并且想起《一千零一夜》中的魔幻场景。"到库珀驾船离开时，诸多日本船只伴随它左右，"在水手们眼中构成了一幅盛景，近于梦幻"。② 此外，一位捕鲸船船长找到机会登岸后，首先拜访的便是日本的寺庙。③

然而，美国水手们讲述最多的还是日本人对他们的虐待，其恶劣程度远超兰斯多夫著作中所提及的日本人对他们的冷遇。日本人抢走了自称是"劳伦斯"号上的水手们身上的一切财物，之后将他们关押在监狱中，每日提审。这样的生活持续了11个月，直到所有人都生病了，他们的条件才突然有所改善。可之后，当一名水手试图逃跑时，他被日本人抓住，并被残忍地杀害了。④类似的故事之后又发生在其他捕鲸船的水手身上。⑤试图逃跑的水手被抓回后，同时被关押在笼子里，缺衣少食。一名水手出于绝望而自杀，另一名水手则染病身故。⑥

这些开小差的水手的描述固然有夸大其词的成分，但日本社会整体对外人的戒心与排斥也是不争的事实。库珀船长称日本人不允许他们离开船

---

① "Some Account of Capt. Mercator Cooper's Visit to Japan in the Whale Ship Manhattan, of Sag Harbor," *Morning News* (May 16, 1846).

② Ibid.

③ "From the *New Bedford Mercury*," *Commercial Advertiser* (April 27, 1848).

④ "Farther Extracts from Foreign Papers," *Commercial Advertiser* (March 20, 1848).

⑤ "From the Sandwich Islands," *Nantucket Inquirer* (January 17, 1849).

⑥ "Japan," *The Friend* (October 1, 1849); "American Sailors in Japan," *North American* (August 22, 1849).

半步,并"象征性地拿出刀剑在脖子表面一抹,以表示倘若他们企图离船的话,他们将被处死"。① 英国第二任香港总督约翰·弗朗西斯·戴维斯(John Francis Davis)如是写道:"美国捕鲸船似乎已经同日本政府发生冲突。"② 1852 年出版的英国商业杂志则对该说法作出进一步补充,称"数以百计的美国捕鲸船每年都得穿过(本州与北海道间)的津轻海峡。然而,在这个帝国(日本)的任何海岸,为了获取木材、水或生活必需品的补给而登陆,或者因天气恶劣而被迫登陆,都将使不幸的捕鲸船水手遭到劫掠和死亡(的威胁)"。③

捕鲸船船长和水手们对日本虐待行为的控诉契合了西方国家对日本社会"野蛮"性质的认定。在美国派遣佩里舰队打开日本国门之后,英国与法国的舆论普遍对此举表示赞赏,称"所有基督教国家都有合理的对日本进行抱怨的理由。对船只、货物和船员而言,亡于海上要好过漂荡到那片'受诅咒'的海岸……遭遇船难的水手才刚上岸,他们便被逮捕、囚禁、装在笼子里四处展览,在经受了数月的酷刑折磨后,被谋杀"。④

在传达关于日本的信息的同时,捕鲸船水手们也参与了美国同日本间的交往,美国媒体极力塑造本方的"文明"形象,这符合海洋扩张时期西方的自我认知与自我形象,并与先前提到的日本方面的"野蛮"行为形成了鲜明对照。报纸称库珀船长此行的目的之一是"让幕府政府对美国的文明程度,以及其对天皇和日本人民的友好态度持有深刻印象"。从报纸的报道来看,他做到了这一点。当那些获救的日本水手离船时,他们"展现出了最诚挚的热情与感激,对他的善意表示感谢。他们抱着他,流下了许多眼泪"。此情此景"给江户总督留下了非常良好的深刻印象"。⑤ 数年后,在

---

① "Some Account of Capt. Mercator Cooper's Visit to Japan in the Whale Ship Manhattan, of Sag Harbor," *Morning News* (May 13, 1846).

② Talbot Watts, *Japan and the Japanese: From the Most Authentic and Reliable Sources*, p. 88.

③ Ibid., p. 109.

④ "The U. S. Expedition to Japan," *Charleston Courier* (May 8, 1852).

⑤ "Some Account of Capt. Mercator Cooper's Visit to Japan in the Whale Ship Manhattan, of Sag Harbor," *Morning News* (May 13, 1846).

追溯此事时,美国报纸的报道宣称,库珀船长"向日本人展现了基督教人性的典范"。① 因此,早在学者杰弗里·A. 基思所研究的佩里叩关一事前,美国捕鲸船船长便已进行了以文明和种族为基础的文化外交。②

三、捕鲸船水手的遭遇与美国打开日本国门的肇始

从以上交往出发,美国试图与日本建立更多商贸往来。1851 年,美国"萨瓦斯奎纳"号驶往日本,力求与日本建立商业联系。具有影响力的《国家通讯日报》乐观地预计,此行必将取得成功,因为它带着先前"一艘美国船只救下的遭遇船难的日本船只的水手们"。③ 船长携带的美国总统致日本天皇的信件中也提到了美国捕鲸船时常将落难的日本水手送回日本,尤其是库珀船长的事迹,希望天皇能够由此"相信我们的海军军官、捕鲸船与商船船长在营救落难的日本水手方面的诚挚与敏捷"。该信进而表示,美国方面"只是寻求与日本建立和平的商业往来,并非追求土地、堡垒、工厂或排他性特权"。④ 然而,与先前对待美国军舰的态度一样,日本方面再次拒绝了美方提出的开放港口进行通商的要求。

在打开日本大门不成的情况下,美国社会对日本的评价越发负面,以至于重新编排捕鲸船船长与水手的在日见闻。有报纸重新登载了库珀船长的日本见闻录,但在其中加入了对日本天皇书法的轻蔑评价。此外,有一篇报道则称当初"劳伦斯"号的水手在日本囚禁期间,在刀剑的恐吓下,被迫从十字架上踩过,这也是先前版本的叙述中所未见的,却得到了诸多

---

① "American Sailors in Japan," *North American* (August 22, 1849).

② Jeffrey A. Keith, "Civilization, Race, and the Japan Expedition's Cultural Diplomacy, 1853–1854," *Diplomatic History*, Vol. 35, No. 2 (April 2011), pp. 179–202.

③ "Sandwich Islands," *Daily National Intelligencer* (June 21, 1851).

④ "The Opening of Japan," *Philadelphia Inquirer* (September 23, 1851).

报纸的转载。① 该描述后来甚至被佩里写入了他的远征报告中,可见其影响之广。②

在贬损日本的同时,美方在处理流落至日本的水手问题上也越发强硬。当初自称来自"劳伦斯"号的水手们的囚禁及获释并未引起美方的过多反应,这些水手后来搭乘民船离开了日本。直到数年后美国企图打开日本大门不成时,此事才被美国报纸拿出来炒作。"当比德尔船长率领美国船队在江户湾下锚,我们自认为美国的力量、尊严与克制给日本政府留下非常深刻的印象时……'劳伦斯'号的船员正在他们的岛国囚禁者手中忍受着各种剥削与残暴。"③ 一份致时任国务卿的报告更毫不留情地指出,比德尔一行一事无成,"这使日本民众对美国的特性产生了不佳印象"。在一位"拉果达"号水手看来,正是这点导致了他们的被囚,因此"需通过一场令人印象深刻的行动来改变"。④ "拉果达"号水手的命运在美国媒体和政界引发风波,美国海军舰只"普雷布尔"号遂驶往日本调查情况。位于纽约的《商业广告报》表示,它此行的目的是"带走那些逃离'拉果达'号的水手,并保护正在日本海的捕鲸船队",从而"向日本人展示我们在类似的情况下将保护我们的同胞,并向正在那片海域的捕鲸船队提供帮助"。⑤ 据报纸报道描述,当"普雷布尔"号靠近日本海岸时,日本官员要求它离开,"普雷布尔"号却径直前进,驶入长崎停靠。⑥ 后来佩里的报告中也采取了该描述,但随即指出它也面临着日方巨大的限制和威胁:"军队在'普雷布尔'

---

① "American Sailors in Japan," *North American* (August 22, 1849); "Japan," *The Friend* (October 1, 1849); "Wreck of a Whale-Ship off the Coast of Japan—Cruel Treatment of the Crew," *Albany Evening Journal* (June 15, 1852); "Cruel Treatment of American Seamen by the Japanese," *Whaleman's Shipping List and Merchants Transcript* (June 22, 1852); "Japanese Barbarities," *Daily National Intelligencer* (June 23, 1852).

② Narrative of the Expedition of an American Squadron to the China Seas and Japan, 33rd Congress, 2nd Session, Senate Executive Doc. No. 79, Beverley Tucker, Senate Printer, 1856, p. 48.

③ "American Sailors in Japan," *North American* (August 22, 1849).

④ Aaron H. Palmer, *Documents and Facts Illustrating the Origin of the Mission to Japan* (Washington, D. C.: Henry Polkinhorn Printer, 1857), pp. 17-18.

⑤ "From the *Boston Traveller*," *Commercial Advertiser* (May 15, 1849).

⑥ "Japan," *The Friend* (October 1, 1849).

号周边较高的岸上驻扎……甚至不时有多达 60 门的重炮对准着它的甲板。"①

与美国方面相比,英国政府对日本问题的关注逊色不少,反映出捕鲸活动规模间的差异在一定程度上影响了两国的态度。早在美国捕鲸船造访日本海岸前,英国商船便已数次光临该处,以期开辟同日本间的贸易,却都无功而返。英国战舰于1808年和1818年两次停泊日本,同样无甚进展,其中后者甚至被迫交出舵盘,直至启程时方才取回。英国战舰下一次出现在日本海岸要等到1845年,并且其使命是进行天文观测而非试图通商。②在报道佩里的行动时,英国《观察者报》特地提及英国舰只两次到访广岛的时间前后相距近40年,暗含英国行动不甚积极之意。③

对捕鲸船水手命运的关注成为美国最终派遣佩里舰队启航的动力之一。政府顾问阿隆·帕尔默（Aaron Palmer）多年来致力于搜集关于日本等东方国家的信息,并将其提交给政府供参考。④早在1848年1月,他便向时任总统詹姆斯·波尔克呈交了一系列文件。3月8日,波尔克总统将这些文件送交国会参议院审阅。在马萨诸塞州联邦参议员丹尼尔·韦伯斯特的倡议下,国会印制了2250份报告加以散发。为了确保印制报告的时效性,帕尔默对其进行了修订,新增的内容便包括了库珀船长在日本的见闻,以及"关于'劳伦斯'号捕鲸船1846年5月27日在库页岛附近遭遇海难后,幸存水手在接下来的17个月中被关押和监禁时所遭受的野蛮对待、苦难和掠夺"。⑤在1849年呈交给时任国务卿约翰·M. 克莱顿的备忘录中,帕尔默以"拉果达"号事件为例,突出了美国捕鲸船水手在日本遭受的虐待,以及政府采取果断行动的必要性。帕尔默呼吁"我们政府采取及时和有力的措施,

---

① *Narrative of the Expedition of an American Squadron to the China Seas and Japan*, 33rd Congress, 2nd Session, Senate Executive Doc. No. 79, Beverley Tucker, Senate Printer, 1856, p. 48.

② Charles MacFarlane, *Japan: An Account, Geographical and Historical* (London: G. Routledge & Co., 1852), pp. 62-72, 89-108.

③ "American Expedition to Japan," *The Observer* (March 28, 1852).

④ *The Daily Picayune* (June 14, 1850).

⑤ Aaron H. Palmer, *Documents and Facts Illustrating the Origin of the Mission to Japan*, p. 8.

迫使日本幕府为如此野蛮和发指的虐待行为作出令人满意的补偿，并确保日后不幸流落日本的我国同胞能够享有款待和友好保护"。此外，他也想让"美国捕鲸船享有在日本沿岸、北海道不同港湾和千岛群岛捕鲸而不受骚扰的权利"。倘若日本幕府不接受包含上述内容的最后通牒的话，帕尔默建议对日本港口进行封锁，掌握幕府通过海运获得的税收收入及农产品实物，直到幕府同意以上最后通牒为止。① 在美国国务院授意下，在首都华盛顿具有重要影响力的《国家通讯日报》全文转载了这份报告。②

帕尔默关于日本的一系列报告在美国政府内部产生了重大影响。自1849 年 3 月至 1850 年 7 月担任国务卿的克莱顿在向国会提交证词时表示，就自己在担任国务卿时从帕尔默那里收到的信息来看，"他比我所知道的其他任何人都更应该享有唤起对日本的远征的赞誉"，因为帕尔默所提供的信息"被证实在打开和拓展我们同数个东方国家间的商业往来方面，对我们政府有极大的好处和价值"。克莱顿特别提及帕尔默 1849 年的备忘录，称其看起来"稍后被采用，作为我们政府政策的基础，佩里准将成功完成了针对该帝国统治者的远征与使命，其所依据的似乎便是该报告中所包含的主要观点与建议"。在扎卡里·泰勒总统逝世后，帕尔默又于 1851 年 1 月致信新上任的米勒德·菲尔莫尔总统，重提打开日本国门一事，并且表示自己"在过去五年中多次提请我国政府注意遭遇船难的美国海员在日本经常遭到的野蛮对待与羞辱，并显示出国家采取某些有效且有力的举措驱使江户朝廷为此类暴行作出令人满意的赎罪和赔偿的必要性和紧迫性"。菲尔莫尔总统很快指示帕尔默与新任国务卿韦伯斯特进行长谈，最终敲定了派遣军舰前往日本一事。③

保护落难的美国捕鲸船水手成为打开日本国门的美国舰队的使命之一。受菲尔莫尔总统指派、于 1851 年启程的"萨瓦斯奎纳"号舰长携带着美国总统致日本天皇的信前往日本，其中便描绘了美国捕鲸业的繁盛景象，并

---

① Memorial of Aaron Haight Palmer, 33rd Congress, 2nd Session, Senate Executive Doc. No. 10, pp. 3, 6-9.

② Aaron H. Palmer, *Documents and Facts Illustrating the Origin of the Mission to Japan*, p. 8.

③ Ibid., pp. 5-8, 18-21.

提及"在追捕他们庞大的猎物时，我们的捕鲸者们现在开始大量造访日本周边的海洋和海岸"，进而请求日方为他们提供必要的援助。① 1852年韦伯斯特逝世后，代理国务卿一职的C. M. 康拉德（C. M. Conrad）在向海军部部长J. P. 肯尼迪（J. P. Kennedy）介绍远征背景和目的时，回顾了先前美日间交往的历史，提到了"当船只在日本列岛上遭遇船难或被冲上岸时，它们的船员受到了最残酷的对待"，而美国总统也"吃惊且悲伤地听说了美国人……被当成最糟糕的敌人来对待，尤其指出'拉果达'号和'劳伦斯'号的案例"。在此情况下，康拉德的信件将"为保护在这些岛上遭遇船难的美国水手和财产以实现某种永久性安排"列为远征的第一项目标。② 在佩里携带的美国总统致日本天皇的信件中，捕鲸船水手一事再次得到强调："我们人民中有许多人在日本海岸附近从事捕鲸。有时，在风暴天气中，我们的船只会在天皇您的海岸附近遭遇船难。在这些情况下，我们请求并且希望我们不幸的同胞能够得到友善对待，他们的财产能够得到尊重，直到我们能够派船将他们带走。"佩里在评估自己的使命时，认定最重要的目的便是"要求日本政府就对待遭遇意外漂落至日本海岸的美国公民的方式作出解释，声明美国政府再也不会容忍此类行为"，并且他所设想的打开日本国门的第一步便是"立即为我们的捕鲸船和其他船只确保避难和补给港口"。在佩里看来，要是这方面问题得到解决，便足以抵付本次远征的费用。③

四、结论

通过以上记述可以看出，早在佩里舰队打开日本国门之前，美国捕鲸船船长和水手便曾因护送落难的日本水手和自身遭遇船难或逃亡等因素来

---

① "The Opening of Japan," *Philadelphia Inquirer* (September 23, 1851).

② Message of the President of the United States Transmitting a Report of the Secretary of the Navy, 33rd Congress, 2nd Session, Senate Executive Doc. No. 34, pp. 4–9.

③ Message of the President of the United States Transmitting a Report of the Secretary of the Navy, 33rd Congress, 2nd Session, Senate Executive Doc. No. 34, p. 12; Narrative of the Expedition of an American Squadron, 33rd Congress, 2nd Session, Senate Executive Doc. No. 79, pp. 127, 323.

到日本。他们对自己在日本期间经历与观察的记叙构成美国对日本最早的知识来源,并且与早先欧洲旅行者的记叙一道,共同构建起日本社会神秘、具有较高文明程度、亟待外部力量进入和改造的形象,而关于日本政府虐待落难的美国捕鲸船水手的传闻最终促使美国派出佩里舰队,以确保本国公民得到善意对待为借口,打开日本国门。

捕鲸船水手在日本逗留期间所形成的观感在正式出版物中得以延续,成为美国社会对日本的固有印象。佩里打开日本国门后,多本关于日本历史和现实的著作相继出版,其中理查德·希尔德雷思编纂的著作大幅讲述了捕鲸船水手在日本的经历。在描述库珀船长的旅程时,希尔德雷思固然也提及库珀船长一行人成为日本民众好奇的对象,但他着重引述了一封据说是来自江户政府的信件,该信件先是提及库珀船长对日本落难船员的搭救和良好对待,但随即话锋一转,强调根据日本法律,落难船员只能由中国或荷兰船只带回,因此库珀的行为"肯定应归咎于他对这些法律的忽视",并警告称类似事件在未来断不可重演,否则便将受到"严厉对待",进而要求库珀船长将此信息传达给其他船只。该信件答应为库珀提供补给,但要求他尽快启程,"直接返回他的国家"。希尔德雷思对类似事件的定性是"不具仪式性的送别"。在随后的段落中,希尔德雷思也提及了"劳伦斯"号与"拉果达"号水手讲述的他们在日本遭到的恶劣对待,并且再度将捕鲸业的发展作为美国逐步关注日本的两大因素之一。①

对19世纪上半叶美国捕鲸业在美日关系中所发挥作用的审视再度体现出美国对外关系史研究的跨国转向与文化转向所具有的独特价值。30多年来,面对着社会史与文化史在美国史学界地位上升的状况,以及它们对历史研究题材和范式的冲击,原本专注于挖掘外交档案、考察国家与国家间官方往来的传统外交史研究也逐步改弦更张,开始探讨外交决策者的意识形态,以及跨国公司、移民团体、传教社团等非政府组织的跨国活动。新研究方法与研究题材的出现固然使一度面临危机的美国外交史研究焕发活

---

① Richard Hildreth, *Japan as It Was and Is* (Boston: Philipps, Sampson and Company, 1855), pp. 495–499, 506.

力，转型为对外关系史研究，但也遭遇诸如解释力不足和史学碎片化的质疑。① 然而，本文的研究表明，非政府组织的跨国活动在某些情况下的确影响了国家间的外交关系，成为政府改变外交政策的重要动力。对非政府组织活动的探讨不仅不构成对官方间往来研究的偏离与扰动，反倒有助于更全面地理解美国对外决策的源起。

---

① Michael H. Hunt, "The Long Crisis in U. S. Diplomatic History: Coming to Closure," *Diplomatic History*, Vol. 16, No. 1 (Winter 1992), pp. 115–140; Robert Dean, "The Personal and the Political: Gender and Sexuality in Diplomatic History," *Diplomatic History*, Vol. 36, No. 4 (September 2012), pp. 763–767.

开辟新的跨大西洋政治空间——德国社会民主党与美国核冻结运动的对话与合作

范继敏*

摘 要 20世纪80年代初，德国社会民主党经历了重大挫折，对内因经济与安全问题而从执政党沦为在野党，对外因反对按时部署美国新式导弹而在美国政府那里处处碰壁。为了推进自身的和平主张，社民党尝试在政府间关系之外开辟新的政治活动空间，与美国核冻结运动开展了深入对话，在导弹部署问题上达成一定共识，进而开展了切实合作。然而，由于不同的国家视角与关注重点，二者难以在具体细节上继续达成共识，最终未能改变美国政府主导的既定安全路线。这次合作并未实现目标，但从非政府的角度体现了跨大西洋共同体既抱团取暖，又各取所需的复杂性。

关键词 北约双重决议；社会民主党；核冻结运动；跨大西洋

1979—1983年，德国社会民主党（以下简称"社民党"）在安全政策上经历了一次重大挫折。自1969年主政以来，社民党的外交与安全政策成效显著，对外推进了冷战缓和，对内凝聚了安全共识。[①] 为了对抗苏联在中程导弹领域的威胁，社民党领导的执政联盟积极推动了1979年北约双重决

---

* 范继敏，中国社会科学院世界历史研究所助理研究员。

① Alice Holmes Cooper, *Paradoxes of Peace: German Peace Movements since 1945* (Ann Arbor: University of Michigan Press, 1996), pp. 83–84.

议的出台,该决议将美苏中导谈判①与部署导弹计划相互绑定。然而,由于接下来冷战再度升级,社民党很难再用双重决议在西德凝聚安全共识,党内在导弹部署问题上也出现了严重分歧。1982年10月,社民党失去了执政党身份,更难以弥合党内分歧,反对按计划部署导弹的声音逐渐成为主流。1983年11月,社民党正式转变立场,反对按时执行北约双重决议的导弹部署计划。②

  在对北约双重决议的立场逐渐从支持转向反对的过程中,社民党处境艰难。社民党既不像绿党与和平运动那样,反对一切核导弹部署计划,也不像科尔政府与里根政府那样,坚持部署导弹,以谋求军事优势。在国内,社民党不仅受到了跟随美国核政策的联盟党(CDU/CSU)的指责,也面临同样来自左翼、反核立场更加激进的绿党的竞争,而且因其传统政党身份难以取得议会外反核和平运动的信任。③ 在国外,社民党因对缓和政策的执念及对导弹部署的迟疑而在美国政府那里处处碰壁。④ 为了推进自身的和平主张,社民党尝试在非政府的层面开辟新的跨大西洋政治空间,与美国核冻结运动进行了深入对话与切实合作。

---

① 1981年11月,美苏在日内瓦开启中程导弹谈判。然而,截至1983年11月22日,西德联邦议院开展双重决议讨论之时,谈判尚未取得实质性进展。1987年12月8日,美苏才在雷克雅未克签订了《中导条约》。参见德国国防部网站:Von Jörg Fleischer, "Erklärt: Der INF-Vertrag," Bundesministerium der Verteidigung, February 8, 2019, accessed November 26, 2024, https://www.bmvg.de/de/aktuelles/erklaert-der-inf-vertrag-30250。

② Jan Hansen, Zwischen Staat und Straße, "Der Nachrüstungsstreit in der Deutschen Sozialdemokratie (1979-1983)," *Archiv für Sozialgeschichte*, Nr. 52 (2012), pp. 517-553.

③ Thomas Leif, *Die Strategische (Ohn-) Macht der Friedensbewegung: Kommunikations-Und Entscheidungsstrukturen in den Achtziger Jahren* (Opladen: Westdeutscher Verlag, 1990), SS. 167-169.

④ Jan Hansen, "The Turbulent Years: Willy Brandt's Transatlantic Networks during the Euromissile Crisis," in *Willy Brandt and International Relations: Europe, the USA, and Latin America, 1974-1992*, eds. Bernd Rother and Klaus Larres (London/New York: Bloomsbury Academic, 2019), pp. 127-142.

国内外现有研究深入探讨了社民党面临的这一安全政策难题,① 但主要关注国内活动。尽管提及社民党与核冻结运动的跨大西洋合作,强调了二者之间的共识,② 但对共识背后的分歧分析不足,未能揭示该合作的有限性。在前人研究的基础上,本文拟介绍德国社民党与美国核冻结运动的跨大西洋对话与合作的内容与结局,并分析其合作基础与失败原因。通过对话,社民党不仅与核冻结运动达成了一定共识,也看到了影响美国公众、国会与政府的更多活动空间,进而走向合作。但由于不同的国家视角与关注重点,二者在关键细节上难以弥合分歧,最终未能改变美国政府主导的既定安全路线。社民党的这一合作尝试,从非政府角度体现了跨大西洋共同体既抱团取暖,又各取所需的复杂性。

---

① 国外研究参见:Ute Obermeyer, *Das Nein der SPD-Eine neue Ära? SPD und Raketen 1977-1983. Mit einem Vorwort von Karl Heinz Hansen* (Marburg: Verlag Arbeiterbewegung u. Gesellschaftswiss, 1985); Thomas Enders Meng, *Die SPD und die äußere Sicherheit. Zum Wandel der Sicherheitspolitischen Konzeption der Partei in der Zeit der Regierungsverantwortung (1966-1982)* (Melle: E. Knoth, 1987); Thomas Risse-Kappen, *Die Krise der Sicherheitspolitik. Neuorientierungen und Entscheidungsprozesse im Politischen System der Bundesrepublik Deutschland, 1977-1984* (Mainz: Matthias Grünewald, 1988); Anton Notz, *Die SPD und der NATO-Doppelbeschluß. Abkehr von einer Sicherheitspolitik der Vernunft* (Baden-Baden: Nomos, 1990); Bernd Faulenbach, *Das Sozialdemokratische Jahrzehnt. Von der Reformeuphorie zur Neuen Unübersichtlichkeit. Die SPD, 1969-1982* (Bonn: Dietz, 2011); Phillipp Gassert, Tim Geiger, and Hrsg. Hermann Wentker, *Zweiter Kalter Krieg und Friedensbewegung: Der NATO-Doppelbeschluss in Deutsch-Deutscher und Internationaler Perspektive* (München: Oldenbourg, 2011)。国内研究参见徐达深、潘琪昌:《当前联邦德国的政治、经济形势》,《西欧研究》1984年第2期,第12—19页;张祖谦:《勃兰特东山再起的背景和影响》,《国际问题资料》1984年第4期,第10—11页;炎木:《西德围绕安全政策的一场风波》,《世界知识》1985年第22期,第5—6页;王金标:《德国社会民主党对外和安全政策思想的调整》,《国际问题研究》1987年第1期,第50—55页;张元林、赵红平:《联邦德国社民党在安全政策方面的新动向》,《西欧研究》1988年第2期,第47—48页;潘琪昌:《略论德国社会民主党的安全政策》,《西欧研究》1988年第6期,第28—32页。

② Jan Hansen, *Abschied vom Kalten Krieg? Die Sozialdemokraten und der Nachrüstungsstreit (1977-1987)* (Berlin: De Gruyter Oldenbourg, 2016), SS. 165-178.

一、德国社民党的安全政策难题

1977年10月28日，时任西德总理赫尔穆特·施密特（Helmut Schmidt）在伦敦国际战略研究所（International Institute for Strategic Studies）发表演讲，指出东西阵营在战术核武器和常规武器方面存在不平衡。① 1979年12月12日，北约通过了双重决议，准备在西德部署美国新式中程导弹，同时向苏联提议开展中导谈判，实际部署情况视谈判结果而定。② 1979年12月，在社民党科隆党大会上，接近90%的党代表支持北约双重决议。但是，由于苏联出兵阿富汗，美国参议院没有批准第二阶段限制战略武器谈判（SALT Ⅱ）条约，③ 而西德的新旧政治力量都卷入了一场声势浩大的和平运动，④ 美苏中导谈判也一波三折，双重决议非但不能安抚西德的紧张情绪，反而因其预设条件发生转变而更加棘手。

1982年10月1日，由社民党与自民党组成的执政联盟破裂，施密特总理下台，联盟党与自民党组成新的执政联盟，社民党沦为在野党。⑤ 在形势变化的背景下，社民党很难像1979年时那样凝聚共识，内部分歧严重。在

---

① Helmut Schmidt, "Politische und Wirtschaftliche Aspekte der Westlichen Sicherheit," Vortrag des Bundeskanzlers in London am 28. Oktober 1977 (1977 Alastair Buchan Memorial Lecture), *Bulletin*, Nr. 112 (Bonn: Presse-Und Informationsamt der Bundesregierung, den 8. November 1977), SS. 1016-1020.

② 参见：Erklärung der Bundesregierung zur NATO-Ratstagung in Brüssel vom 14. Dezember 1979 vor dem Deutschen Bundestag. Abgegeben vom Bundesminister des Auswärtigen Hans-Dietrich Genscher, "Auszug aus Presse-Und Informationsamt der Bundesregierung, Bulletin Nr. 154 (18. 12. 1979)," in *Nachrüsten? Dokumente und Positionen zum NATO-Doppelbeschluss*, Hrsg. Alfred Mechtersheimer and Mir A. Ferdowsi (Hamburg: Rowohlt, 1981), SS. 30-33。

③ 参见：Tim Geiger, "The NATO Double-Track Decision: Genesis and Implementation," in *The Nuclear Crisis. The Arms Race, Cold War Anxiety, and the German Peace Movement of the 1980s*, eds. Christoph Becker-Schaum, Philipp Gassert, Martin Klimke, Winfried Mausbach, and Marianne Zepp (New York: Berghahn, 2020), pp. 52-53。

④ 参见：Jan Ole Wiechmann, *Sicherheit neu denken: Die Christliche Friedensbewegung in der Nachrüstungsdebatte, 1977-1984* (Baden-Baden: Nomos, 2017), SS. 63-93。

⑤ Andreas Wirsching, *Abschied vom Provisorium: 1982-1990* (München: Deutsche Verlags-Anstalt, 2006), SS. 18-22。

社民党内部，以党主席维利·勃兰特（Willy Brandt）为中心的党内多数反对导弹部署。1983年11月18—19日，社民党在柏林召开党大会，前总理施密特却无法再像1979年时赢得党内大多数支持。社民党柏林党大会决定，反对按照北约双重决议部署中程导弹，要求继续推进中导谈判，建议推迟部署导弹，为谈判争取更多的时间。①

由于即将部署的新式导弹都在美国研发制造，需要美国的财力支持及相关授权，② 因此要阻止导弹部署，社民党需要在大洋彼岸发力。

要实现推迟导弹部署、达成中导谈判的目标，最直接的途径就是与美国政府、政党对话。社民党的议会党团、弗里德里希·艾伯特基金会（FES）等党组织，以及维利·勃兰特、埃贡·巴尔等领导人，积极对美国开展非正式的外交活动。他们一方面向美国政府阐明社民党的立场，纠正关于社民党的诸多误解，另一方面试图发挥东西阵营之间的协调者作用，显示自身有参与塑造美苏关系的知识与能力。在官方跨大西洋交流中，社民党积极运用缓和政策这一重要政治资本，试图扮演东西方之间协调者的角色，推动中导谈判与裁军进程。在社民党看来，正是里根政府放弃了缓和政策。③

然而，里根政府并不重视社民党，尤其是社民党左翼在西德的政治影响力，甚至对维利·勃兰特的主张都不以为意。尽管社民党一厢情愿地开展对美交流，里根政府却反应冷淡，甚至刻意避免对话。社民党与美国里根政府在中导谈判、导弹部署问题上有着根本分歧。在里根政府看来，社民党对中导谈判抱有不切实际的幻想，并且忽视了在西欧部署中程导弹的必要性。此外，美国政府认为，自己才是普适性世界观的代言人，因此无法忍受这些社民党人"好为人师"的姿态。反过来，社民党认为，里根政

---

① Jan Hansen, *Abschied vom Kalten Krieg? Die Sozialdemokraten und der Nachrüstungsstreit（1977-1987）*, S. 13.

② "FREEZE-Debatte im Amerikanischen Repräsentenhaus am 21.4./Ergänzung zum Vermerk vom 22.4," Vermerk von Wolfgang Biermann über Peter Glotz an Willy Brandt, Johannes Rau, Helmut Schmidt, Hans-J. Vogel, Horst Ehmke, Egon Bahr, zur Kenntnis Karsten D. Voigt, Hermann Scheer, Hans-E. Dingels, 24.4.1983, AdsD, SPD PV 11647.

③ "Rede-Elemente für USA," Wolfgang Biermann für Willy Brandt, 21.9.1983, AdsD, SPD PV 11311.

府不仅缺乏谈判诚意，而且对社民党、西德和平运动的主张存在很大误解。①

面对美国民主党，社民党仍然感到阻力重重。"西德的左派经常从根本上反对现存秩序，而美国的左派反而自视为美国社会合法的一部分，并不反对现存秩序。"② 社民党与民主党有着根本不同的政治图景。社民党重视社会公平与劳工权益，而民主党则强调个人自由权，主张个人自负其责。尽管二者此时都不是执政党，社民党自视为统治秩序的反对党，应当履行作为反对党的责任，而民主党则仍然自视为统治秩序的一部分，并不会反对统治秩序。③ 因此，社民党直接影响美国政府这条路行不通，与民主党开展深度合作也不可行。

二、社民党跨大西洋对话的新伙伴

在美国政府那里屡屡碰壁之后，社民党在美国核冻结运动中找到了志同道合者。1979年，在第二阶段限制战略武器谈判条约在美国参议院受挫的背景下，美国的核冻结运动开始兴起。④ 1982年3月，美国参议院共和党议员马克·O. 哈特菲尔德（Mark O. Hatfield）与民主党议员爱德华·M. 肯尼迪（Edward M. Kennedy）联名提交核冻结议案；在美国众议院，民主党议员爱德华·J. 马基（Edward J. Markey）提交核冻结议案。核冻结议案

---

① Jan Hansen, *Abschied vom Kalten Krieg? Die Sozialdemokraten und der Nachrüstungsstreit（1977-1987）*, S. 138-145.

② "(Teil-) Bericht über Die USA-Reise vom 17. 10. bis 8. 11. 1980," Dieter Deiseroth, undatiert, AdsD, SPD PV, Referat Jungsozialisten, 7773, S. 5.

③ Jan Hansen, *Abschied vom Kalten Krieg? Die Sozialdemokraten und der Nachrüstungsstreit（1977-1987）*, S. 141f.

④ Ulrike C. Wasmuht, *Friedensbewegungen der 80er Jahre: Zur Analyse ihrer Strukturellen und Aktuellen Enstehungsbedingungen in der Bundesrepublik Deutschland und den Verein[i]gten Staaten von Amerika nach 1945: Ein Vergleich*, Focus Kritische Universität (Giessen: Focus, 1987), S. 202.

呼吁美苏先实现双边冻结核武器,为下一步控武谈判奠定基础。①

美国核冻结运动受到了里根政府的严厉批评。里根政府认为,核冻结初衷很好,却过于简单,衍生问题过多,如核冻结的相互检验问题,因而根本不可行。此外,从军事利益与谈判策略上讲,核冻结甚至是错误的。苏联的核武器系统比美国更新,报废期更长,因此,立即实行核冻结只对苏联有利。除此之外,如果不谈判就开始核冻结,会让苏联不战而胜,无法给美国提供进一步开展军控谈判的驱动力。②

对于社民党而言,首先,相比于西德和平运动中的各个政治流派,尤其是同属左翼的绿党,美国核冻结运动非但不会威胁自己的国内政治地位,反而为其相近的和平主张提供了合法性根据,增强了其在国内和平讨论中的影响力。其次,相较于西德和平运动要求单边、立刻裁军的激进诉求,美国核冻结运动的主张更为克制,因而政治上更为可行。不仅如此,相比于街头政治,美国核冻结运动更重视在媒体、公共舆论上发力,并且对美国参众两院产生了实质性影响,这十分迎合偏好议会内政治路线的社民党的口味。③ 最后,不管是西德和平运动,还是同情西德和平运动的社民党,都被科尔政府指责为反美主义。跨大西洋同盟是西德社会的基本共识,社民党自然不会接受反美主义这一标签。与美国核冻结运动开展跨大西洋交流,无疑是对这一指控最好的驳斥。④ 不仅社民党,西德和平运动中的许多政治派别都试图通过跨大西洋联系,尤其是与爱好和平的"另一个美国"(das andere Amerika)合作,来撕掉反美主义标签。⑤

在中导问题火烧眉毛的1983年,核冻结运动凭借一份由两党联名提交

---

① Stefan Fröhlich, *Nuclear Freeze Campaign: Die Kampagne für das Einfrieren der Nuklearwaffen unter der Reagan-Administration* (Wiesbaden: Springer Fachmedien Wiesbaden GmbH, 1990), S. 120f, 179–181.

② "Arms Controll and Military Balance," Speech of Ronald Reagan on 31.3.1983, *World Affairs Journal*, Vol. II, No. 2 (Spring 1983), Los Angeles World Affairs Council.

③ Jan Hansen, *Abschied vom Kalten Krieg? Die Sozialdemokraten und der Nachrüstungsstreit (1977-1987)*, S. 165f.

④ Ebenda, S. 170f.

⑤ Jan Ole Wiechmann, *Sicherheit neu denken: Die Christliche Friedensbewegung in der Nachrüstungsdebatte, 1977-1984*, S. 152.

的参众两院联合议案,证明了其对美国政治的影响力,并为社民党提供了加强与美国核冻结运动交流与合作的重要契机。1983年3月,美国众议院通过了核冻结议案,标志着美国核冻结运动取得实质性突破,也让大洋彼岸的西德和平运动备受鼓舞。1983年3月3日,美国外交委员会通过了核冻结议案。对此,社民党主动予以回应,以声援核冻结议案在美国众议院的表决。① 不仅如此,美国政府企图推迟众议院就核冻结决议进行表决,反倒让社民党对美国核冻结运动更刮目相看。沃尔夫冈·比尔曼(Wolfgang Biermann)在党内资料中指出,"在布什副总统看来,核冻结决议的通过,为西德大选中的社民党和绿党提供了有力支持,显然不符合美国的利益"。②

与此同时,美国核冻结运动也愿意与社民党开展跨大西洋合作。在具体的裁军步骤上,西德和平运动与核冻结运动很难达成共识。西德和平运动更倾向于拒绝部署中程导弹、无条件裁军,而核冻结运动则强调美苏双边的核冻结,且不断然排除部署导弹的可能性,故而无望达成共识。由此可见,除了社民党,核冻结运动在西德和平运动中也找不到其他盟友。③ 因此,社民党与美国核冻结运动开展跨大西洋合作,不再是社民党的一厢情愿,而是符合双方相似处境与共同意愿的举措。

三、社民党与核冻结运动的对话交流

尽管有了共同的合作意愿与动机,以及核冻结议案提供的良好契机,但并不意味着核冻结运动与社民党的合作就顺理成章、一蹴而就了。通过

---

① "Anmerkung zu dem Formulierungsvorschlag für eine Stellannahme zur Verabschiedeten FREEZE-Resolution im Auswärtigen Ausschuss der USA," Wolfgang Biermann an Hans-Jochen Vogel, zur Kenntniss Peter Glotz, Egon Bahr, Woflgang Clement, Hans-E. Dingels, 9.3.1983, AdsD, SPD PV 11182.

② "Druck der Reagan-Administration auf das Komitee für Auswärtige Angelegenheiten des Amerikanischen Repräsentaten-Hauses(House Committee on Foreign Affairs)," Vermerk von Wolfgang Biermann für Hans-Jochen Vogel, Zur Kenntnis an Peter Glotz, Willy Brandt, Egon Bahr, Helmut Schmidt, 2.3.1983, AdsD, SPD PV 11182.

③ Jan Hansen, *Abschied vom Kalten Krieg? Die Sozialdemokraten und der Nachrüstungsstreit (1977-1987)*, S. 172.

开展深入对话，二者才逐渐找到在北约双重决议问题上的最小共识，为切实开展跨大西洋合作奠定了必要基础。

1983年6月4—13日，应美国核冻结运动全国委员会邀请，社民党代表赴美访问，就日内瓦中导谈判、核冻结、美国参众两院对"潘兴2"导弹与巡航导弹等武器系统的态度等问题进行了深度对话。此外，围绕这一访美活动，双方在事前、事后也开展了一系列对话，除了落实访美人员、日程等细节，也讨论了双方合作的可能性。

社民党与核冻结运动在交流中确认了在北约双重决议上的共识。对于社民党而言，1983年是北约双重决议原定的部署年，无论在西德内政，还是在跨大西洋外交中，都是重中之重。同时，1983年也是美国国会讨论核冻结议案的关键时期，是核冻结运动胜利在望的难得时机。但是，社民党的重点在于推迟导弹部署，而核冻结运动主张冻结整个核武器系统。因此，二者想在北约双重决议一事上共同发力，既需要在双方时间安排上协调一致，还要理清欧洲中导问题与核冻结的直接关联。

在时间安排上，二者一致同意，在1983年7月底至10月这段关键时期重点推进美国关于欧洲中导问题的讨论。核冻结运动代表认为，在1983年7月以前，国会主要关注战略核武器，包括核冻结、MX洲际导弹，以及里根总统对削减战略武器（START）谈判的立场等，不太可能把目光转移到欧洲中导问题上。此外，核冻结议案在国会困难重重，因为里根支持者不但采用了拖延战术，还针对核冻结议案提出了很多修正案，以行军备竞赛之实。因此，从7月底开始，核冻结运动才会把游说重点放在欧洲中导问题上。①

然而，对于社民党而言，考虑到美国的现实形势，以及社民党跨大西洋交流的节奏，这一时间安排是可以接受的。1983年3月，社民党主动发声支持美国核冻结议案；② 5月接到核冻结运动递来的橄榄枝时，社民党代

---

① "Vertraulicher Bericht über Die USA-Reise vom 4. 6. bis 13. 6. 1983," AdsD, SPD PV 11185.

② "Argumentationsvorschlag von Egon Bahr zu der FREEZE-Resolution im Amerikanischen Repräsentantenhaus," Vermerk von Wolfgang Biermann an Hans-Jochen Vogel zur Kenntnis Peter Glotz, 3. 3. 1983, AdsD, SPD PV 11182.

表也把它看作参与美国核冻结讨论、牵线同为反对党的民主党、对话国会议员的良机;① 6月初,社民党代表得到核冻结运动代表的承诺,从7月底开始以欧洲中导问题为重点。可以看出,社民党的行动不可不谓进展有序。

其他一个关键时间点是1983年11月之前。核冻结运动代表指出,社民党要想动员美国参众两院的民主党与共和党自由派,务必赶在1983年11月西德与英国当政的保守派下定决心之前。不然,一旦西德与英国的保守派抵住压力、决心执行北约双重决议,无论社民党再如何作为,美国民主党与共和党中的自由派都不可能再影响里根政府。② 社民党本来就心急如焚,担心到1983年11月之后大势已定、无力回天,自然也不愿再拖延。从后续发展看,1983年8—10月确实是二者实质性开展跨大西洋对话的关键时期。

在欧洲中导问题与核冻结的直接关联上,核冻结运动与社民党也找到了交集。首先,战略核军备控制是美苏签订《中导条约》的前提。从社民党角度看,北约双重决议本就以第二阶段限制战略武器谈判生效、在第三阶段限制战略武器谈判(SALT Ⅲ)下开展中导谈判为前提。③ 从核冻结运动角度看,直接阻止按北约双重决议部署导弹,根本不可行。美国参议院于1983年5月4日通过的核冻结议案版本明确要求,"将日内瓦中导谈判纳入削减战略核武器谈判框架",并专门声明,"在缺乏本联合决议列为目标的双边协议的情况下,本决议的任何内容都无意阻止美国履行在1979年12月北约关于中程核力量的决定中所规定的责任"。④ 也就是说,哪怕核冻结议案真成了美国国策,也不会妨碍北约双重决议的落实。

在对话中,核冻结运动代表指出,美国不仅拒绝生效第二阶段限制战略武器谈判,还通过部署潜射巡航导弹(SLCM),彻底改变了中导谈判预设的框架条件;何况,即便美国最终决定生效第二阶段限制战略武器谈判,

---

① "Einladung der Freeze Campaign zu den USA vom 3. bis 16. Juni 1983," Vermerk von Wolfgang Biermann für Peter Glotz, 4. 5. 1983, AdsD, SPD PV 11185.

② "Vertraulicher Bericht über Die USA-Reise vom 4. 6. bis 13. 6. 1983," AdsD, SPD PV 11185.

③ Ibid.

④ *Joint Resolution. Calling for a Mutual and Verifiable Freeze on and Reductions in Nuclear Weapons*, passed by the House of Representative May 4, 1983. H. J. RES 13, May 6, 1983.

也不足以应对当前的新局面；只有在削减战略核武器谈判框架下，中导谈判才有希望，不妨趁着里根对削减战略核武器谈判释放积极信号，抓住这个重审美国谈判立场的契机。核冻结运动代表甚至提议，由"北约双重决议之父"赫尔穆特·施密特出面，重申北约双重决议的前提条件就是先解决战略核武器问题。① 就这样，社民党与核冻结运动在谈判策略上达成共识，共同提议在削减战略核武器谈判框架下进行中导谈判。

尽管社民党也主张将英法核武器亦纳入核平衡的计算类别，② 但是并没有得到核冻结运动的积极回应。核冻结运动没有对"英法核武器"问题明确表态，核冻结议案也只涉及美苏双边核冻结，认为双边核冻结可以为后续控武谈判奠定基础，没有提到英法核武器。③ 不过，与断然否定这一可能性的美国政府相比，④ 核冻结运动起码没有彻底排除这一可能性。因此，"英法核武器"问题虽未促成二者的共识，但也没有成为二者进一步合作的障碍。

其次，有必要为中导谈判再争取更多时间。尽管美苏中导谈判在1983年内无望几乎是默认的事实，但没有人可以无视军控谈判的必要性。在西德，科尔政府于7月22日正式决定，必须经联邦议会授权，才能按北约双重决议在西德部署导弹。科尔政府此举，并非有意为导弹部署增设一道障碍，恰恰是在以退为进，暂时安抚民众情绪。在西德公众看来，只要中导谈判还没正式宣布失败，就不到为导弹部署做准备的时候。科尔确信中导谈判无望，因此，增加联邦议会授权这一环节，并不会妨碍最终的导弹部署。⑤ 可见，不到最后一刻，人们还是希望看到中导谈判有结果。此外，二

---

① "Vertraulicher Bericht über Die USA-Reise vom 4. 6. bis 13. 6. 1983," AdsD, SPD PV 11185.

② Jan Hansen, *Abschied vom Kalten Krieg? Die Sozialdemokraten und der Nachrüstungsstreit（1977-1987）*, S. 149, 177.

③ *Joint Resolution. Calling for a Mutual and Verifiable Freeze on and Reductions in Nuclear Weapons*, passed by the House of Representative May 4, 1983. H. J. RES 13, May 6, 1983.

④ "Auswertung Meines USA-Aufenthalts vom 14. 9-22. 10. 1982," Wolfgang Biermann, 15. 10. 1982, AdsD, SPD PV 10927.

⑤ Cedric Bierganns, *Geistige Nachrüstung：Ronald Reagan und Die Deutschlandpolitik der U. S. Information Agency, 1981-1987*, 1. Aufl（Boston：De Gruyter, 2021）, S. 222.

者都清楚，随着潜射巡航导弹、MX 洲际导弹等新问题及削减战略核武器谈判的新情况的出现，欧洲中导问题不可能在短时间内得到解决。在这样的社会与政治条件下，社民党与核冻结运动都希望能为中导谈判争取更多时间。①

当时，延期部署已有先例。例如，荷兰、比利时已经决定，推迟四年再决定是否按北约双重决议部署导弹。② 社民党的意见是，先推迟一年，为美苏中导谈判争取至少一年时间。在跨大西洋对话中，社民党也试图向核冻结运动代表，以及支持核冻结议案的美国国会议员讲清楚推迟一年的必要性。③ 最终，二者就执行北约双重决议一事达成了共识，不推翻北约双重决议，但希望能够延期执行，以为美苏中导谈判再争取更多时间。

最后，在核冻结运动代表的建议与支持下，社民党看到了跨大西洋活动的更多发挥空间。核冻结运动代表强调，在美国政府与公众看来，"潘兴2"导弹与巡航导弹并不是美国要执意部署，乃是应西欧盟国的要求而部署。如今要阻止导弹部署，还是得由西欧方面表态。没有西欧方面的支持，仅靠核冻结运动一己之力，很难阻止导弹部署。④ 通过与核冻结运动代表对话，社民党得知自己在美国被误解颇深。在美国媒体的报道中，社民党之所以反对在1983年秋按计划部署"潘兴2"导弹与巡航导弹，并不是出于军控与安全方面的认真考量，只不过是其反对党角色的逻辑结果。⑤

通过深入对话，社民党不仅就北约双重决议这一具体问题与核冻结运动达成了明确共识，也看到了借助对方的反馈、建议与支持，了解到对美国公众与政府施加影响的机会与空间。社民党跨大西洋的对话伙伴不止一个，但与核冻结运动的对话是最有收获的。二者的跨大西洋对话为接下来

---

① "Vertraulicher Bericht über Die USA-Reise vom 4. 6. bis 13. 6. 1983," AdsD, SPD PV 11185.

② "Proposal U. S. -European Link," Terry Provonce, American Friends Service Committee (AFSC), 2. 1982, Evangelisches Zentralarchiv in Berin (EZA), EZA 97/1602.

③ "Auswertung Amerika-Reise/eventueller Besuch von Mark Hatfield in der Bundesrepublik," Vermerk von Wolfgang Biermann für Peter Glotz, 21. 6. 1983, AdsD, SPD PV 11185.

④ "Vertraulicher Bericht über Die USA-Reise vom 4. 6. bis 13. 6. 1983," AdsD, SPD PV 11185.

⑤ Ibid.

的实质性合作奠定了基础。

四、社民党与核冻结运动的合作与结局

按照1983年6月讨论的时间安排,社民党与核冻结运动在8—10月从对话走向切实行动,跨大西洋合作迈出了实质性的一步。1983年9月,核冻结运动邀请社民党重要人物访美,一方面为美国核冻结运动造势,另一方面在迫在眉睫的北约双重决议问题上宣传"推迟部署、在第二阶段限制战略武器谈判框架下开展中导谈判"的共同主张。1983年9月12日—10月7日,核冻结运动组织在美国开展了一个活动月。在此期间,它们对来访的西德客人大加宣传,引导美国公众关注核冻结运动,证明其与西欧部署国反抗运动的团结一致。[①]

在双方敲定的访美日程安排与宣传活动中,维利·勃兰特被置于聚光灯之下。在美国,核冻结运动组织,以及支持核冻结议案的民主党人,邀请勃兰特参与民主党总统候选人关于欧洲导弹问题的圆桌对话,并通过电视在全美播放。除了国会听证会、民主党圆桌对话等政治活动,核冻结运动组织还为勃兰特安排了两场在全美放映的媒体专访。[②] 尽管按照双方商量的方案,勃兰特并不是代表社民党,而是代表西欧既支持跨大西洋同盟又忧心导弹部署的关键政治人物,勃兰特此行还是得到了社民党在内容与组织方面的鼎力支持。在内容上,勃兰特在美发言、[③] 媒体问答[④]的要点,都

[①] Jan Hansen, *Abschied vom Kalten Krieg? Die Sozialdemokraten und der Nachrüstungsstreit（1977-1987）*, S. 176f.

[②] "Einladung Edward Markeys zur Teilnahme am Hearing im U. S. - Kongress," Vermerk von Wolfgang Biermann über Peter Glotz, an Willy Brandt, Egon Bahr, 1. 9. 1983, AdsD, SPD PV 10724.

[③] "Rede-Elemente für USA," Textentwurf von Wolfgang Biermann für Willy Brandt, 21. 9. 1983, AdsD, SPD PV 11311.

[④] "Entwürfe für ANTWORTEN bzw. Thematische Aussagen Amerika-Reise," Entwurf von Wolfgang Biermann für Willy Brandt, 24. 9. 1983, Intiative für Frieden, Internationale Ausgleich und Sicherheit (IFIAS), AdsD, 4/IFIA34.

在党内经过事先讨论，行前准备也包括社民党在相关议题上的立场与论点。① 因此，勃兰特在美国的言行，某种程度上也代表了社民党的立场。

1983年9月27日，维利·勃兰特在俄亥俄州沃尔什学院（Walsh College）正式提出了"四阶段计划"。1983年9月29日，在关于导弹部署问题的国会听证会上，勃兰特向参众议员发表演讲，重申"四阶段计划"。按照该计划，第一阶段，实行"核冻结"，即美苏共同宣布，从一个确定的时间点开始，全面冻结核武器及其运载系统的试验、部署，并付诸行动，而且相关武器的冻结情况是可以检验的。第二阶段，美苏在中导问题上各自让步，即在美苏开始实行核冻结时，美国宣布放弃在西欧部署新型中程导弹，与此同时，苏联宣布减少，乃至摧毁其瞄准西欧的中程导弹，这也是可以检验的。第三阶段，美苏争取在一年内达成双边的核冻结协定。第四阶段，将美苏中导谈判与削减战略核武器谈判合并，或者有效协调，以就裁军计划达成一致。勃兰特强调，谈判有结果，比什么都重要；既然实现所有提议和计划显然不可能，那么就要做好妥协的准备。②

相应地，核冻结运动也发表了《趁为时未晚》（Bevor es zu Spät Ist）的声明，支持勃兰特提出的"四阶段计划"，并在美国、英国、丹麦、挪威、荷兰、比利时和卢森堡等北约成员国征集签名。③ 对此，社民党也发表新闻声明说，核冻结运动声援勃兰特的这一呼吁在北约各国得到了广泛支持，而且签名者中不乏来自不同政党的前国防部部长、前首相等政治家，以及无数的科学家、艺术家和作家等名人。④ 勃兰特提出的"四阶段计划"是双方跨大西洋合作的实质性一步。

以往研究也关注到了社民党与美国核冻结运动的这次合作，但更强调

---

① "Argumente zu Einzelnen Themenkomplexen," Entwurf von Wolfgang Biermann für Willy Brandt, 25. 9. 1983, IFIAS, AdsD, 4/IFIA34.

② Rede von Willy Brandt an U. S. -Kongress, Willy Brandt, 29. 9. 1983, EZA 97/1164.

③ "Bevor es zu Spät Ist," Internationaler Aufruf der U. S. -Freeze-Bewegung an den USA und UdSSR, 1983, EZA 97/1164.

④ Presseerklärung, IFIAS, EZA 97/1164.

其合作共识。① 事实上，二者对"四阶段计划"的解读并不相同。除此之外，这些不同点表明，与其说是社民党与核冻结运动在裁军细节上有分歧，倒不如说是美国、西德在安全问题上有着根本不同的核心关切。

在论证"四阶段计划"时，勃兰特着重澄清了四个出发点。第一，尽管社民党内部存在分歧，但是并无意推翻赫尔穆特·施密特政府时期极力促成的北约双重决议。只不过，鉴于当初预设的前提条件已不复存在，有必要结合当下形势对北约双重决议进行调整。第二，支持跨大西洋同盟与反对部署导弹之间，并非必然冲突。社民党支持西德与美国的跨大西洋同盟，也重视西德的国防计划，但是，由于东西欧之间紧密相连，西德的命运很大程度上听命于美苏谈判的结果。此外，在只有美国俄勒冈州这么小的西德，有6000多万人生活在核武器密布的环境中。因此，西德既不愿意输掉军备竞赛，也不希望军备竞赛失控。第三，社民党不会忽视苏联核武器的威胁，但也承认苏联的谈判意愿与安全诉求。从与苏联打交道的经验看，苏联人也承认军备竞赛是不理智的，甚至到了难以接受的地步，因此，苏联是有谈判意愿的。此外，苏联在20世纪曾两度遭受袭击，对苏联来说，在西欧部署可以在几分钟内打到苏联的中程导弹，简直是噩梦。这就好比美国绝不会接受在古巴部署对准美国的中程导弹。因此，必须要考虑到苏联的安全诉求，不能痴心妄想地指望苏联作出重大让步。第四，社民党希望推进东西缓和，而不是固化冷战铁幕。这也是东西两德的共同愿望，尽管东西德分属两大阵营，却有着共同的安全利益。西德不接受东德的政治与社会制度，但是，西德也必须与东德相互联系、共同生存。②

上述四点显然颇具社民党与西德特色。勃兰特政府以"新东方政策"打破东西对立僵局，极大地推进了冷战缓和进程。这既是勃兰特的经验之谈，也是社民党在应对美苏冷战、协同东西方关系方面的政治资源。在西德，各政治派别无论是支持还是反对美苏冷战，无论是认同还是批判跨大

---

① Jan Hansen, *Abschied vom Kalten Krieg? Die Sozialdemokraten und der Nachrüstungsstreit* (1977-1987), S. 176-178.

② Rede von Willy Brandt an U. S. -Kongress, Willy Brandt, 29. 9. 1983, EZA 97/1164.

西洋同盟，都有一个共同的出发点：不能让西德成为美苏军备竞赛的牺牲品，不能让两德统一的前景因美苏冷战而彻底葬送。因此，在肯定跨大西洋同盟的同时，勃兰特一再重申西德特殊的安全利益，呼吁东西方缓和而非对抗，强调共同生存的必要性。

相比之下，核冻结运动在《趁为时未晚》中更看重勃兰特提出的"四阶段计划"与核冻结诉求的一致性，突出美（西）德民众在核武器问题上的共同愿望。首先，相比于里根总统的裁军建议，① 勃兰特提出的计划才是在真正阻止军备竞赛，避免危险升级。② 其次，从北约双重决议与核军备竞赛的关系来看，勃兰特提出的计划是必要的，因为牵一发而动全身。一旦在1983年底开始部署导弹，苏联方面肯定会有所回应，很可能结束中导谈判，并在东欧与美国海岸部署陆基与潜射导弹，引发美苏两国在先发制人武器领域的军备竞赛。再次，勃兰特提出的计划与核冻结方案一样，都认为可以直接、可检验地中止大部分核军备竞赛，因而是可行的。最后，欧洲公众与美国公众的基本诉求是一致的。在欧洲，人们拒绝部署"潘兴2"导弹和巡航导弹；在美国，人们支持全面、双边地冻结核武器的试验、生产和部署。换句话说，核冻结运动对勃兰特所提计划的支持，也代表了美国民众对欧洲民众的支持，以及大西洋两岸人民共同的和平意愿。核冻结运动专门标明了勃兰特的两个身份——诺贝尔和平奖得主、西德前总理，③ 显然是要把勃兰特推到聚光灯下。在美国，勃兰特不仅带来了西欧民众的和平呼声，也象征处理东西阵营关系的权威与谋求和平共处的希望。

双方在"英法核武器"问题上的分歧也有所体现。勃兰特在美国国会讲话中谈到，将削减战略核武器谈判与中导谈判合并，或者有效协调，也有助于解决"英法核武器"问题。他指出，英法核武器也属于西方，不主张废除英法核武器，但也不能让"英法核武器"问题成为美苏中导谈判的

---

① 里根总统当时提议，用1个新式中程导弹替代2—3个旧式武器。参见："Reagans Build Down Proposal," Notiz von Wolfgang Biermann für Willy Brandt über Peter Glotz, 4.10.1983, SPD PV 11185。

② "Bevor es zu Spät Ist," Internationaler Aufruf der U.S.–Freeze–Bewegung an den USA und UdSSR, 1983, EZA 97/1164.

③ Ibid.

障碍。勃兰特还认为，对英法盟友来说，将削减战略核武器谈判与中导谈判合并，或者至少是进行有效协调，应该是可以接受的。① 尽管勃兰特没有明说，"英法核武器"问题将会纳入合并后的谈判范围，但从勃兰特的行前准备材料来看，其背后逻辑确实如此。② 然而，核冻结运动在《趁为时未晚》中完全没有提及"英法核武器"问题。③ 核冻结运动仅仅赞同社民党的一点判断，即苏联愿意将 SS-20 导弹削减至与英法相当的水平，表明苏联开始承认自己的过度扩张。④ 至于该怎样处理"英法核武器"问题，核冻结运动并未明确表态。它也不是核冻结运动支持"将中导谈判纳入削减战略核武器谈判"的理由。

此外，无论是在前期的跨大西洋对话中，还是在后期的合作行动中，社民党与核冻结运动都没有直接回应里根的指责理由之一——"核冻结的相互检验不可行"，⑤ 反而都默认这很容易实现。勃兰特讲话与核冻结运动声明都认为，美苏冻结核武器的试验与部署，以及美国放弃部署"潘兴2"导弹和巡航导弹，同时苏联销毁所有瞄准欧洲的 SS-20 导弹，都可以进行检验。⑥ 这种默认态度，无疑使双方共同倡议的可行性大打折扣。

1983 年 10 月 6 日，曾向美国众议院提交核冻结议案的民主党众议员爱德华·J. 马基向众议院又提交了一份修正案提案，主张推迟半年部署"潘兴2"导弹与巡航导弹，建议美苏两国与各自盟友共同缔结削减与禁止核武器的多边协定，并将美苏双边的日内瓦中导谈判纳入美苏战略武器谈判的框架，

---

① Rede von Willy Brandt an U. S. -Kongress, Willy Brandt, 29. 9. 1983, EZA 97/1164.

② "Rede-Elemente für USA," Entwurf von Wolfgang Biermann für Willy Brandt, 21. 9. 1983, SPD PV 11311.

③ "Bevor es zu Spät Ist," Internationaler Aufruf der U. S. -Freeze-Bewegung an den USA und UdSSR, 1983, EZA 97/1164.

④ "Einschätzung und Ergebnisse der USA-Reise," Entwurf von Wolfgang Biermann für Willy Brandt, 2. 10. 1982, IFIAS, AdsD, 4/IFIA24.

⑤ "Arms Controll and Military Balance," Speech of Ronald Reagan on 31. 3. 1983, *World Affairs Journal*, Vol. II, No. 2 (Spring 1983), Los Angeles World Affairs Council.

⑥ Rede von Willy Brandt an U. S. -Kongress, Willy Brandt, 29. 9. 1983, EZA 97/1164; "Bevor es zu Spät Ist," Internationaler Aufruf der U. S. -Freeze-Bewegung an den USA und UdSSR, 1983, EZA 97/1164.

以达成核冻结目标。① 民主党议员马丁·扎博（Martin Sabo）和共和党议员斯图尔特·麦金尼（Stewart McKinney）致电社民党，希望其公开发声支持，以影响众议院10月25日的最终表决。"推迟部署"本来就是社民党与核冻结运动的共识，也是双方合作的明确目标。此外，核冻结运动着重强调，里根政府一向用"欧洲人反对推迟部署"的借口予以阻挠，因此，来自欧洲的声音十分重要。对此，社民党积极声援。② 可惜这项提案并未通过，止步于众议院。③

正如双方在1983年6月对话时的判断，11月之后便难以扭转局面、阻止导弹部署。由于美苏中程导弹谈判徒劳无果，障碍重重，社民党与核冻结运动的共同倡议在内容与影响上都十分有限。由于社民党与核冻结运动的国家利益出发点不同、问题迫切感不一，分歧一直存在，故而没有在更多具体问题上达成进一步共识。最终，这次跨大西洋合作没有在西德与美国取得任何实质性进展。1983年11月22日，西德联邦议院最终通过了联盟党的提案，④ 在军控谈判与导弹部署两个方面贯彻执行北约双重决议，⑤

---

① "H. J. Res. 384—98th Congress（1983-1984）: A Joint Resolution to Delay United States Pershing Ⅱ and Cruise Missile Deployments for Six Months If There Is Prompt United States-Soviet Agreement to Negotiate Mutual Nondeployment and Reductions of Intermediate-Range Nuclear Force（INF）Missiles in Europe," Congress. gov, Library of Congress, October 17, 1983, accessed November 26, 2024, https：//www. congress. gov/bill/98th-congress/house-joint-resolution/384/actions? r=7&s=2.

② "Entscheidung im U. S. Repräsentantenhaus über Aufschub der Stationierung von Pershing Ⅱ und Cruise-Missiles（ab 25. 10. 83 in Abstimmung），" Vermerk von Wolfgang Biermann für Hans-Jochen Vogel über Peter Glotz, 24. 10. 1983, AdsD, SPD PV 11182.

③ H. J. Res. 384只走到立法流程的第一步"Introduced in the House"。参见："H. J. Res. 384—98th Congress（1983-1984）: A Joint Resolution to Delay United States Pershing Ⅱ and Cruise Missile Deployments for Six Months If There Is Prompt United States - Soviet Agreement to Negotiate Mutual Nondeployment and Reductions of Intermediate-Range Nuclear Force（INF）Missiles in Europe," Congress. gov, Library of Congress, October 17, 1983, accessed November 26, 2024, https：//www. congress. gov/bill/98th-congress/house-joint-resolution/384/actions? r=7&s=2。

④ Der Antrag der Fraktionen der CDU/CSU und FDP. Durchführung des NATO-Doppelbeschlusses vom 12. Dezember 1979 in Seinen Beiden Teilen. Drucksache 10/620, 10. Wahlperiode, Bonn 18. 11. 1983.

⑤ Verhandlungen des Deutschen Bundestags, Stenographische Berichte, 10. Wahlperiode, 36. Sitzung, Bonn 22. 11. 1983, S. 2590-2592.

从 1983 年底开始,按原计划在西德部署导弹。由此,欧洲中导问题也逐渐淡出了美国公众的视野。① 这一次跨大西洋合作,以直接目标的失败而暂告一段落。美国核冻结运动继续关注自己的议程,社民党则继续经历北约双重决议带来的阵痛。

五、结语

尽管社民党与核冻结运动的合作并未实现直接目标,未能阻止导弹部署,但是二者的对话与合作本身就有助于我们理解跨大西洋共同体的多层次联系。一方面,社民党尝试开辟新的跨大西洋政治空间,与核冻结运动的对话与合作表明,跨大西洋共同体不仅表现为(西)德美的官方外交,也体现在双方其他政治力量之间的联系,乃至民间交往之中。另一方面,即便在表达共同主张时,社民党与核冻结运动也都采用了不同的论证逻辑,体现了二者对(西)德美安全利益的不同看法与核武器问题的复杂性。德国社民党与美国核冻结运动的对话与合作,从非政府的角度体现了跨大西洋共同体既抱团取暖,又各取所需的复杂性。

---

① Projektbericht, Dieter Wulf, 3. 1983-4. 1984, "Religious Task Force," Programm, EZA 97/1490.

从严厉走向宽容：美国对德经济政策的转变探析（1944—1947）

葛云硕[*]

摘 要 1944年，随着德国败局已定，美国政府内部在对德经济制裁的力度问题上意见不一，其中摩根索计划与史汀生计划极具代表性。第二次世界大战结束后，以美国对德经济政策为重要内容的JCS1067号文件和JCS1779号文件均受到这两项计划的影响，体现了报复性惩罚与预防性改造的差异。1947年，JCS1779号文件取代JCS1067号文件，标志着美国对德经济政策从严厉惩罚转向改造扶植。这一转变受到国际形势变化、美国国际战略、占领政策调整，以及德国地方领导人自主性增强等多重因素的影响。推动美占区经济复兴的举措不仅符合美国多边主义与全球扩张主义的外交政策，也进一步巩固了美国在国际上的主导地位。然而，这一政策调整也为德国分裂、西德被纳入资本主义阵营及东西方两大阵营对峙局面的最终形成埋下了伏笔。

关键词 美国对德经济政策；摩根索计划；史汀生计划；JCS1067号文件；JCS1779号文件

1944年，随着盟军成功登陆诺曼底，第二次世界大战的形势逐渐明朗，战后对德国的处置被盟军提上了日程。美国政府内部也围绕对德经济制裁

---

[*] 葛云硕，中国社会科学院大学历史学院硕士研究生。

问题展开激烈讨论,并最终形成两派:一派以财政部部长小亨利·摩根索(Henry Morgenthau, Jr.)为代表,强调限制德国经济恢复,满足盟国对德国的惩罚要求,并确保受害国家得到赔偿;另一派以战争部部长亨利·史汀生(Henry Stimson)为代表,强调适度惩罚,避免德国被过度削弱,以便其能够在西方"自由世界"的恢复与发展中发挥重要作用。

摩根索计划和史汀生计划对战后美国的对德经济政策产生了重要影响,参谋长联席会议(Joint Chiefs of Staff, JCS)的 JCS1067 号文件和 JCS1779 号文件分别是二者的政策体现。随着战后国际形势的变化,以及德国改造工作的推进,相对宽松的 JCS1779 号文件逐渐取代了 JCS1067 号文件,并成为美国对德经济政策的基石。这一举措可以被视作美国意图扶持德国,并与苏联进行冷战对抗的信号。因此,回顾摩根索计划与史汀生计划的分歧,梳理第二次世界大战后初期美国对德经济政策的变化,有利于从经济角度回溯美苏冷战对抗格局的起源,在美国多边主义和全球扩张主义的外交政策的框架下,深入理解德国在战后走向分裂的原因。

一直以来,国内外学者主要探讨了摩根索计划与 JCS1067 号文件及其内在联系,[①] 而对史汀生计划与 JCS1779 号文件研究较少。[②] 现有研究也关注

[①] 胡笑冰、黄庭月认为,美国在制定对德政策时经历了从强硬到温和的转变,并介绍了摩根索计划与 JCS1067 号文件的联系;苑爽认为,美国财政部提出的摩根索计划在赔偿问题方面与赫尔、史汀生等人存在分歧,她将摩根索视为对德严厉派,将史汀生视为对德温和派;孙文沛认为,美国国务院和财政部之间关于制定对德政策问题存在矛盾。参见胡笑冰、黄庭月:《略论二战时期美国对德政策的形成问题》,《河南大学学报》2001 年第 6 期;苑爽:《"战争与和平"视阈下的美国对德战争索赔政策》,中央编译出版社,2015;孙文沛:《二战后德国战争赔偿史》,人民出版社,2023;等等。

[②] 李工真提出了 JCS1779 号文件以史汀生计划为基础的观点,但他并没有论述 JCS1779 号文件具体在哪些方面继承了史汀生的观点。参见李工真:《德意志道路——现代化进程研究》,武汉大学出版社,2021,第 420—430 页。

到了美国对德经济政策的执行情况与阶段性变化,① 尤其是近年来,国外学者进一步从理论阐释、地区案例与跨国史等方面探讨了该问题。② 但其重点在于变化的过程,而对政策更替的多重动因与影响讨论不足。

因此,本文试图在前人研究的基础上,综合运用档案材料、政府内部报告、政府文件汇编、回忆录等原始资料,深入考察摩根索计划、JCS1067号文件、史汀生计划、JCS1779号文件之间的内在联系,进而揭示战后初期美国对德经济政策转变的内在逻辑及其影响。

一、第二次世界大战结束前美国政府内部关于对德经济政策的分歧

美英苏三巨头在德黑兰会议和雅尔塔会议上一致认为,德国应该为发

---

① 黄煜和邵君从美国驻德军政府军事长官卢修斯·克莱将军的角度探讨了美国对德经济改造的具体实践和对德政策的调整等问题。参见黄煜:《克莱与美国对德政策的制定和实施(1945—1948)》,硕士学位论文,华东师范大学,2012;邵君:《卢修斯·D.克莱与战后德国重建(1945—1949)》,硕士学位论文,华中师范大学,2012。哈罗德·辛克认为,美国对德经济政策经历了三个阶段:第一阶段是1945年至1947年中期;第二阶段是1948年至1949年;第三阶段是1949年至占领结束。参见:Harold Zink, *The United States in Germany, 1944-1955* (Princeton: D. van Nostrand Company, 1957), pp. 93-94。约翰·金贝尔指出,美国国内利益的多样性,且不同的利益在不同时间段占据主导地位,推动了其对德经济政策的变化。参见:John Gimbel, *The American Occupation of Germany, Politics and the Military, 1945-1949* (Stanford: Stanford University Press, 1968)。除此之外,还可以参见:John H. Backer, *Priming the German Economy: American Occupational Policies, 1945-1948* (Durham: Duke University Press, 1971); Carolyn Woods Eisenberg, *Drawing the Line: The American Decision to Divide Germany, 1944-1949* (New York: Cambridge University Press, 1996);等等。

② 里克·杰夫斯提出,多边主义经济理论为战后美国对德经济政策提供了理论基础。约翰·道格拉斯专注于巴伐利亚州的地方性案例,研究了美国对德经济政策如何被军政府下层官员更灵活地执行。叶夫根尼·斯皮岑从苏联视角切入,以六次四国外长会议为核心,梳理了美国对德经济政策逐渐走向宽松的历史进程。参见:Rick Jeffers, "Formation of U.S. State Department Economic Foreign Policy for the Occupation of Postwar Germany, 1939-1948" (M.A. thesis, University of Wisconsin-Milwaukee, 2015); John Douglas, "Coping with Crisis: Military Government Officials, U.S. Policy, and the Occupation of Bavaria, 1945-1949" (Ph. D. dissertation, University of Kansas, 2017); *Евгений Спицын, Осень Патриарха: Советская держава в 1945-1953 годах* (Концептуал, 2020)。

动战争承担责任,并在战后解除武装及根除"民族社会主义"。然而,各方在具体执行的细节上,尤其是对德国经济制裁的力度问题上存在明显分歧。例如,在德国赔款总额的问题上,苏联和英国意见相左。英国主张在确定赔款总额之前应先评估德国经济的生产能力,而苏联则坚持赔款总额为200亿美元。罗斯福在这一问题上倾向支持斯大林的主张。①

不仅如此,在德黑兰会议到雅尔塔会议期间,美国政府各部门也围绕德国的经济前途展开了激烈讨论。财政部部长摩根索主张严厉惩处德国,限制德国经济的恢复,并将其转变为以农业为主的国家,从物质层面上防止德国再次发动战争;战争部部长史汀生则反对这一主张,他支持恢复德国经济,使其重新融入世界经济体系,以避免德国因追求自身利益而再次诉诸战争。摩根索计划和史汀生计划直接影响了战后美国对德经济政策的出台与实践。

在处置德国的问题上,尽管摩根索和史汀生的共同目标都是使德国无法再发动一场新的世界大战,但他们对第一次世界大战后德国纳粹崛起原因的评估存在差异。摩根索认为,希特勒的上台主要归咎于外部因素,即英法的绥靖政策和奉行孤立主义的美国未能严格执行《凡尔赛条约》。相反,史汀生认为,问题的根源在内部,即德国在20世纪20年代末的经济崩溃。②

此外,摩根索与史汀生对德态度的分歧也与他们各自的经历密切相关。第一,摩根索的犹太人身份使他对德国怀有敌意。他不仅了解欧洲犹太人在第二次世界大战中的悲惨遭遇,还曾尝试对其施以援手,如摩根索曾试

---

① 战争结束前,盟国对战后惩罚德国的规划相对模糊。这一时期,苏联的主要目标是弥补其在苏德战争中的损失;英国则希望通过削弱德国、加强法国和波兰的实力,从而恢复欧洲的势力平衡;美国则专注于推动苏联参与太平洋战争,以减少美国的损失。随着战争的结束,各国的利益和目标发生了变化,战后的政策也随之调整。参见卡尔·迪特利希·埃尔德曼:《德意志史(第四卷)》,华明等译,商务印书馆,1986年,第116—118页。

② Henry Morgenthau, *Mostly Morgenthaus: A Family History* (Boston: Ticknor & Fields, 1991), p. 373.

图说服罗斯福向英国施压,让更多的犹太人移民到圣地。① 第二,摩根索强烈反对其他部门提出的宽容惩戒德国方案。例如,对于盟国远征军最高司令部建议的"德国人每日应至少摄入2000卡路里的食物",② 摩根索谴责这一措施过于宽松,并认为德国人应该受到更严厉的惩处。③ 第三,罗斯福和艾森豪威尔的强硬态度也强化了摩根索的立场。罗斯福公开表示对军政府人员工作手册的不满,他甚至致信史汀生,要求他核查该手册的编写过程及其批准人,并指示如果手册尚未被批准刊发,应撤回所有印本。④

相比之下,史汀生的立场更多源于其外交与经济管理经验。他曾在1929年经济危机期间担任国务卿,这段经历使他认识到,稳定的经济对于维护世界和平与发展具有重要意义。1931年,史汀生主张修改《凡尔赛条约》以减轻德国的经济负担,帮助魏玛民主制度存续。⑤ 史汀生的务实精神与对政治事务和世界形势的敏锐洞察,成为史汀生计划"宽容"内核的重要基础。第二次世界大战爆发后,史汀生积极支持干涉主义,还主张对美国军队进行改组,推动美国的国民经济快速转入战时轨道。⑥ 由此可见,摩根索和史汀生不同的观点与经历导致了这场分歧的发生。

1944年9月2日美国财政部递交的《德国投降后建议实行的对德计划》标志着摩根索计划的诞生,而后摩根索又在1945年出版的《德国是我们的问题》一书中对他的对德政策计划进行了更为细致的阐释。摩根索计划包

---

① Peter Moreira, *The Jew Who Defeated Hitler: Henry Morgenthau Jr., FDR, and How We Won the War* (New York: Prometheus Books, 2014), pp. 195-223.

② 盟国远征军最高司令部设定的2000卡路里的标准是相对宽容的,因为"根据医学评估,一个成年人每天需要补充3000卡路里的能量,才能满足每天8小时工作所需。1945年战争结束后的冬天,每个德国人每天得到的食物不足1000卡路里"。参见迈克尔·鲍尔弗、约翰·梅尔:《四国对德国和奥地利的管制(1945—1946年)》,安徽大学外语系译,上海译文出版社,2007,第27—28页。

③ Henry Morgenthau, *Mostly Morgenthaus: A Family History*, pp. 353-354.

④ U. S. Department of State, *Foreign Relations of United States* (hereafter cited as *FRUS*), 1944, Vol. I, General (Washington, D. C.: U. S. Government Printing Office, 1966), pp. 545-547.

⑤ Henry Morgenthau, *Mostly Morgenthaus: A Family History*, p. 374.

⑥ Henry L. Stimson, *On Active Service in Peace and War* (New York: Harper & Brothers, 1948), pp. 325-331.

含 14 个方面，① 适用范围广泛，内容丰富，其核心是严惩德国，这尤其可以从其对德国经济方面的规划中得见。

第一，摩根索计划提出摧毁德国的重工业，将 1500 家制造业公司拆除，降低德国的工业及战争潜力至 1938 年水平的 50%，从而使其不再有能力重整军备。② 同时，要限制甚至禁止金属、化学和电气工业。此外，摩根索认为，强大的欧洲胜过强大的德国。去除最具威胁的德国工业后，欧洲其他国家能够弥补德国的工业空缺，整个欧洲的工业都会迅速恢复，各国人民的生活水平也会随之提高。③

第二，摩根索计划提出要将鲁尔区非工业化，拆除所有未被摧毁的工业设施。鲁尔区作为德国的工业中心，其煤炭产量约占德国煤炭总产量的 70%—80%，煤炭作为德国电气和化学技术进步的基础，在未来必然会成为德国重建重工业的有利条件。因此，鲁尔区必须被削弱和控制。④ 此外，摩根索认为，如果将鲁尔区划归其他国家，它仍会成为一个永久的风暴中心，因此，应该将它置于联合国设立的管理机构的控制下，而德国人不能担任鲁尔区的管理者。⑤

第三，摩根索计划明确提出，德国的和平之路在于回归农业。根据摩根索的计算，德国拥有足够的农田，可以实现自给自足。盟国对德国重工业的限制则将导致大规模失业，但通过发展小农场的生产方式，可以为失

---

① 摩根索计划包含以下 14 个方面：(1) 德国的非军事化；(2) 建立缩小的德国边界；(3) 对德国内部进行重新划分；(4) 削弱鲁尔区；(5) 要求德国对受难国家进行赔偿；(6) 对德国人民进行再教育；(7) 将德国的政治权力下放；(8) 规定占领军政府的责任；(9) 对德国的经济发展进行控制；(10) 建立土地恢复计划；(11) 对战争罪的惩罚；(12) 禁止制服和游行；(13) 没收德国的飞机；(14) 虽然美国将在为执行整个德国方案而设立的任何国际委员会中拥有充分的代表权，但德国的治安和民政管理应由德国的邻国军队承担，即应由法国、波兰、捷克斯洛伐克等国的士兵共同负起责任。参见：Henry Morgenthau, The "Morgenthau-Plan" from the Book "Germany Is Our Problem" (New York: Harper & Brothers, 1945), pp. 3-6。

② Bàrbara Molas Gregorio, "The Morgenthau Plan (1945-1947)" (*The Final Project for Europe Facing Globalization Course*, 2015), pp. 6-7。

③ Henry Morgenthau, *The "Morgenthau-Plan" from the Book "Germany Is Our Problem"*, pp. 15-18。

④ Diaries of Henry Lewis Stimson, 1909-1945, September 9, 1944 (Archives at Yale), p. 59。

⑤ Henry Morgenthau, *The "Morgenthau-Plan" from the Book "Germany Is Our Problem"*, pp. 19-21。

业者提供就业机会，从而维护社会的稳定。同时，实施土地改革，有利于削弱容克贵族的经济权力，进而推进德国的民主化进程。总的来说，摩根索计划的核心目的是将德国转变为以农业为基础的"田园国家"，从而降低其再次挑起战争的可能性，并促进欧洲的和平与发展。①

与摩根索的强硬态度相反，史汀生强调理性处置德国。在史汀生提交给罗斯福的备忘录中，他分别从政治和经济两个方面提出了不同于摩根索的观点。在政治上，史汀生反对摩根索提出的观点，即"主要战犯将由军方在没有任何审判的情况下，仅在被逮捕并确认身份后立即处死"，他认为"处理罪犯需要经过缜密的思考和清晰的程序"。② 在经济上，史汀生反对将鲁尔区变成一个非工业区、限制德国恢复生产力及把德国变为"田园国家"等措施。

史汀生之所以坚决反对将鲁尔区转变为非工业区的提议，主要有以下两个原因。第一，他不想因破坏鲁尔区的强硬行动而引发德国甚至是整个欧洲与美国之间的矛盾，他也不想德国人因此得到全世界人民的同情。③ 第二，他认为，这个方案不切实际，不利于整个欧洲经济的恢复和发展。史汀生认为，鲁尔区的煤炭不仅对德国，而且对整个欧洲的工业和经济发展都至关重要。德国已经成为苏联、挪威、瑞典、丹麦等数十个国家的最大供应商，同时也是英国、法国、比利时等国的第二大供应商。④ 如果这些资源被摧毁，将给欧洲的生产带来混乱。因此，史汀生建议，可以考虑将鲁尔区的资源国际化或托管，但将其变成"幽灵领地"是不现实的。⑤

史汀生反对限制德国恢复生产力及压低德国人民的生活水平。他认为，这种做法意味着德国人将会被永久奴役，许多人可能面临几乎绝对的饥饿与死亡，从而引发社会动荡。同时，这一策略不仅难以实现，还会阻碍欧

---

① Henry Morgenthau, *The "Morgenthau-Plan" from the Book "Germany Is Our Problem"*, pp. 30-38.
② Diaries of Henry Lewis Stimson, 1909-1945, September 9, 1944, p. 60.
③ Henry Morgenthau, *Morgenthau Diary (Germany)*, Vol. I (Washington, D.C.: U.S. Government Printing Office, 1967), p. 613.
④ Diaries of Henry Lewis Stimson, 1909-1945, September 5, 1944, pp. 41-44.
⑤ Diaries of Henry Lewis Stimson, 1909-1945, September 6, 1944, pp. 46-47.

洲经济的复苏和发展。由于竞争对手通常也是潜在的买家,所以彻底消灭竞争对手并非解决商业竞争的理想方法,世界上一个地区的贫困会导致其他地区的贫困。① 最重要的是,这种做法违背了《大西洋宪章》的精神。此外,剥夺德国经济恢复的权利将损害美国的国际形象。

史汀生也对将德国转变为"田园国家"的计划表示怀疑。他认为,强迫一个在艺术和科学上有着丰硕成果的国家放弃原有的生活方式,显然是不可能的。② 史汀生认为,对德国的改造是一项持续性的工作,虽然农业在其中发挥重要作用,但一定程度的工业化仍然是必不可少的,仅靠农业无法支撑 3000 多万的过剩人口。③ 此外,德国的工业化对于欧洲整体经济的恢复至关重要。缺乏德国的参与,可能会加剧欧洲战后困境,甚至拖慢西方的复苏进程。

综上所述,摩根索计划和史汀生计划的核心分歧在于,战后美国应对德国经济采取严惩还是理性处置的策略。摩根索计划意图为德国带去"迦太基式的和平"④,通过限制德国的重工业、剥夺德国对鲁尔区的控制权、推动德国以农业为主的发展,以彻底消除其战争潜力。不同于摩根索计划,史汀生更强调预防性干预而非报复性惩罚。⑤ 他提出,不能剥夺德国的发展权,对除军事工业外的其他工业不能过分限制,将德国变成农业国家无法满足德国人民的需求,德国的衰弱也不利于欧洲的复苏。⑥ 史汀生的立场不仅考虑到美国的国际形象,还兼顾战后德国人的处境及全球经济恢复的需

---

① Diaries of Henry Lewis Stimson, 1909-1945, September 15, 1944, p. 84.
② Ibid., pp. 84-85.
③ Henry L. Stimson, *On Active Service in Peace and War*, p. 583.
④ "迦太基式的和平"是指强者强加在弱者身上的短暂的、不平等的和平。
⑤ 史汀生认可对战犯的惩罚,剥夺德国的武器、技术人才甚至军队及对德国人进行再教育,直到纳粹主义的影响力消失在历史舞台等预防性措施。
⑥ 1944 年 9 月 5 日《内阁委员会为总统提出的处理德国问题的建议》中提出的美国对德国经济政策的主要目标是:(1) 将德国人民的生活水平控制在仅能维持生存的水平;(2) 必须消除德国在欧洲的经济实力地位;(3) 必须转变德国的经济能力,使其如此依赖进口和出口,以至于德国不能靠自己的手段重新转向战争生产。史汀生提出的修改意见包括删除第一条,以及将第二条改为"永久消除德国在欧洲的经济统治地位"。参见:Diaries of Henry Lewis Stimson, 1909-1945, September 15, 1944, pp. 40, 65。

要,这些因素使他的政策更具长远性和务实性。

二、第二次世界大战后初期美国对德经济政策的转变

摩根索与史汀生在对德经济政策上的分歧,直接影响了战后初期美国对德国的经济政策,即JCS1067号与JCS1779号文件的制定,甚至文件中的许多指令直接体现了摩根索计划与史汀生计划的核心理念。JCS1779号文件的出台标志着美国在处理德国问题上由严厉走向宽容,这一转变不仅深刻影响了战后德国的经济与政治结构,还对美国的国家利益及冷战格局的形成产生了深远的影响。

(一)JCS1067号文件对摩根索计划强硬基调的继承

参谋长联席会议第1067号文件的原型是由国务院、战争部和财政部等部门的代表组成的工作组向美国占领军总司令提出的一项指示。该指示在1945年4月26日经过对德非正式政策委员会(Informal Policy Committee on Germany,IPCOG)批准后,提交给参谋长联席会议审议,并于5月11日由杜鲁门总统正式批准通过。值得注意的是,在工作组中,财政部的代表包括摩根索和怀特。[①]

JCS1067号文件共分为三部分,包含52条指令。第1条指令明确了文件的目的和适用范围,其余内容则分别从政治事项(第2—15条)、经济事项(第16—43条)、财政事项(第44—52条)三部分进行了详细阐述。其中,JCS1067号文件中与经济相关的指令共有38条,涵盖经济控制、生活水平规定、农业、工业、商业、战争赔偿、货币与金融等多个方面。从整

[①] 陆军部的代表是约翰·麦克洛伊。关于 JCS1067 号文件的出台过程,可以参见:The Department of State, *American Policy in Occupied Areas* (Washington, D.C.: U.S. Government Printing Office, 1947), p. 4。

体上看,美国对德经济政策可以分为惩罚性措施和建设性措施两个面向。[①] JCS1067 号文件的经济部分更侧重于惩罚性措施,其内容是摩根索对德严惩思维的具化与细化。

JCS1067 号文件中的第 4、5、16、44 条概述性指令明确规定,美国驻德军政府的基本任务是德国的工业裁军、非军事化、对德国经济进行全面管制等。军政府在德国的一切活动都要以减轻自身负担,使德国人意识到自己的罪孽为核心。为了实现上述目标,占领军政府不得采取任何措施恢复或加强德国经济及优化德国金融结构。

具体而言,JCS1067 号文件第 18 条指令要求最大限度地分散德国经济。第 21 条指令规定,德国人的生活水平应该被限制在避免饥饿和动乱的最低水平,且不得高于任何一个邻国。第 27、28 条关于农业的指令要求德国人实现农业生产的最大化,并进一步推进农业改革。第 30—34 条关于工业的指令明确禁止德国军工厂的一切生产,并拆除其设备。废除所有与制造战争机器有关的实验室,拆除或摧毁德国人的研究机器。在盟军管制委员会达成协议之前,禁止德国生产钢铁、化学品、有色金属、机床、无线电和电气设备、汽车、重型机械及其基本部件,只允许生产轻工业消费品等。第 33 条突出赔款的优先性,强调设施转换成轻工业品生产的前提是不妨碍赔偿。第 40、41、49 条涉及德国对外贸易的指令要求对德国的进出口贸易实施集中控制,以防止德国恢复战争潜力。第 46 条涉及德国财政的指令规定,军政府应当关闭银行、证券交易所及保险公司等德国金融机构。[②] JCS1067 号文件的内容充分体现了军政府对德国经济的全面约束与严格控制。

---

① 具体而言,经济上的惩罚性措施包括经济裁军(其中涉及非工业化等问题)、赔偿、归还财产三个方面,经济上的建设性措施包括经济一体化、短期措施和长期措施等。参见:The Department of State, *United States Economic Policy toward Germany* (Washington, D.C.: U.S. Government Printing Office, 1946), p.1。

② U.S. Department of State, *FRUS*, 1945, Vol. III, Diplomatic Papers, 1945, European Advisory Commission, Austria, Germany (Washington, D.C.: U.S. Government Printing Office, 1968), pp.494-500, 485-488, 495-496。

尽管JCS1067号文件中未对如何处置鲁尔区煤矿作出明确规定，也未明确提出将德国变为"田园国家"，但其对德国经济和德国人民基本生活水平的严格限制，以及对农业的扶持等内容，与摩根索计划如出一辙。正因如此，摩根索将杜鲁门总统签署该文件的日期视为财政部的一个重要时刻，并曾表示："如果有人认为JCS1067号文件不是摩根索计划，那我们就可以嘲笑他。"① 在JCS1067号文件发布两年后，史汀生重读该文件，认为它是一个令人痛苦的"消极"文件。他认为，该文件不仅无法使德国的经济得到恢复，而且也不利于世界的发展。总而言之，JCS1067号文件继承了摩根索计划的强硬基调，惩罚和限制占据主导地位。

（二）JCS1067号文件的强硬基调渐趋缓和

JCS1067号文件的执行时间短，其严惩德国的强硬基调很快被抛弃。1945年8月2日，苏、美、英三国共同签署的《波茨坦协定》实质上修正了JCS1067号文件中严厉的对德经济政策。《波茨坦协定》规定，盟国的目标是在和平与民主的基础上重建德国，而非摧毁或奴役德国人民。该协定强调："应重点发展农业和民用工业；确保德国人民的生活水平不超过欧洲国家的平均水平；将德国视为一个经济整体，制定涵盖工业、农业、进出口计划等七方面的共同政策；采取措施修复运输工具、增加煤炭产量、维修房屋和必要的公共设施；赔款必须在保障德国人民基本生存条件的前提下进行等。"② 由此可见，《波茨坦协定》肯定了德国恢复工业生产与实现自给自足的必要性，这一政策变化否定了JCS1067号文件的核心精神。克莱将军的法律顾问也指出，《波茨坦协定》取代了JCS1067号文件，后者主导军政府对德经济实践的时间仅为三个月。③

---

① Diaries of Henry Morgenthau, Jr., April 27, 1933-July 27, 1945, Vol. 846, May 10, 1945 (New York: Franklin D. Roosevelt Presidential Library & Museum), p. 18.

② Beata Ruhm von Oppen (ed.), *Documents on Germany under Occupation, 1945-1954* (London, New York, and Toronto: Oxford University Press, 1955), pp. 40-50.

③ John H. Backer, *The Decision to Divide Germany: American Foreign Policy in Transition* (Durham: Duke University Press, 1978), p. 105.

从严厉走向宽容：美国对德经济政策的转变探析（1944—1947）

美国驻德军政府在管理美占区时采取了灵活反应的政策。在占领初期，尽管实行了 JCS1067 号文件的规定，但军政府并未公开承认该文件的存在。克莱将军也发现文件中诸多规定较为宽泛，例如，第 2 条指令赋予占领区军事长官在管制委员会未达成统一意见前，可以采取必要措施的自由裁量权。① 因此，克莱将军成功在 1945 年底组织了城市的急救工作，逐步恢复了美占区的交通、通信、电力、煤气供应、学校和医院等公共服务，并进一步推动了进出口贸易的恢复及金融体系的重建等。②

占领区当地的德国官员在争取当地经济恢复与发展的过程中逐渐获得了更多自主性。与其他占领区不同，美占区采取了中央集权与地方分权相结合的管理模式，既保证了权力平稳运行，又避免了其过度集中。因此，美占区更早地开展州级与地方选举，并建立了各州议会。1945 年 10 月 17 日首次召开的"各州委员会"（Länderrat）也为美占区三州的领导人提供了一个协商平台。③ 此后，美国不断赋予这一跨州机构更大的自主权。美国军政府通过发布宽泛的指令，明确德国在未来的发展方向，而执行细节则由德国方面提出建议。通过这一方式，当地德国官员不断推动军政府制定更务实的经济政策。例如，1946 年 2 月 5 日，在第五次各州委员会会议上，经济、工业、商业委员会基于德国经济和企业的需求，提出了提高煤炭供应、增加肥皂生产、释放鞣剂资源等具体提案。④ 这些要求不仅反映了德国官员对经济问题的高度敏感，也彰显了他们在推动经济恢复方面的积极努力。在军政府的支持下，这些提案得以实施，从而推动了美占区生产力的逐步恢复。

---

① Department of State, *Germany 1947-1949: The Story in Documents* (Washington, D.C.: Office of Public Affairs, 1950), p. 22.

② Lucius D. Clay, *Decision in Germany* (London: William Heinemann Ltd., 1950), p. 19. 关于克莱将军的行动，可以参见：Germany (Territory under Allied Occupation, 1945-1955: U.S. Zone) Military Governor, *A Year of Potsdam, the German Economy since the Surrender* (Berlin: Lithographed by the Adjutant General, OMGUS, 1946), pp. 47-151。

③ 卡尔·迪特利希·埃尔德曼：《德意志史（第四卷）》，第 250 页。

④ Walter Vogel und Christoph Weisz (Bearb.), *Akten zur Vorgeschichte der Bundesrepublik Deutschland, 1945-1949*, Band 1 (Berlin: Oldenbourg Verlag, 1976), S. 314-318.

1946年9月6日，美国国务卿詹姆斯·F. 贝尔纳斯（James F. Byrnes）在斯图加特发表演说，公开阐述了美国对德政策的新方向，再次弱化了JCS1067号文件的作用。贝尔纳斯以《波茨坦协定》为依据，承诺美国将继续参与欧洲事务，对德国经济重建持更为宽松的态度，并支持德国经济和政治的统一。此外，他还谈及一些与经济相关的具体问题。例如，美国明确反对任何将鲁尔和莱茵兰置于外来势力控制下的方案。① 黑森州州长卡尔·盖勒（Karl Geiler）指出，贝尔纳斯演说中强调的"为自由而战的美国人民无意奴役德国人民"的精神对德国人民具有鼓舞意义。② 此后，克莱将军于10月前往华盛顿，讨论JCS1067号文件的修订问题。他发现国务院文件起草委员会负责人詹姆斯·里德尔伯格（James Riddleberger）对其提议表示积极支持。③ 经过各方商讨，一年后，JCS1779号文件正式出台。

（三）JCS1779号文件取代JCS1067号文件

参谋长联席会议第1779号文件于1947年7月11日发布，正式取代JCS1067号文件。④ JCS1779号文件包含27条指令，其中，第1—4条指令概述了美国驻德军政府的权力和美国的对德政策，其余分为政治事项（第5—14条）、经济事项（第15—21条）和文化事项（第22—27条）三部分。文件中与经济相关的指令共9条，涵盖经济裁军、赔偿、经济统一、财政、农业和经济机构等方面。尽管JCS1779号文件中经济指令的数量少于JCS1067号文件，但前者更具系统性，将全部与经济相关的内容进行整合，每条指令下均附有4—5条具体要求。总体而言，JCS1779号文件的经济指令更偏重建设性措施，更强调德国经济的恢复与发展（见表1）。

---

① Division of Research and Publication and Office of Public Affairs, *The Department of State Bulletin*, Vol. 15, No. 376 (Washington, D. C.: U. S. Government Printing Office, 1946), pp. 496-501.

② Walter Vogel und Christoph Weisz (Bearb.), *Akten zur Vorgeschichte der Bundesrepublik Deutschland, 1945-1949*, S. 777-779.

③ Lucius D. Clay, *Decision in Germany*, pp. 72-73.

④ 该指令于1947年7月11日由参谋长联席会议在国务院、战争部和海军部批准后发给了克莱将军。参见：Department of State, *Germany 1947-1949: The Story in Documents*, p. 33.

不同于 JCS1067 号文件和《波茨坦协定》，JCS1779 号文件第 3 条指令转而强调，美国对德国的态度是繁荣的欧洲需要稳定且富有生产力的德国作出经济贡献。此外，第 15 条指令规定，美国占领军政府在德国的经济目标有三个：第一，消除专门用于制造战争工具的工业，减少主要用于支持战争工具生产的工业；第二，要求德国赔偿其他国家的损失；第三，鼓励德国人民重建一个自给自足、致力于和平的国家，并融入欧洲经济。①

具体而言，JCS1779 号文件涉及工业的第 16 条指令规定，在遵守《波茨坦协定》的前提下，消除德国用于战争的过剩工业能力，但不得永久限制其工业发展。第 16、17 条涉及赔款的指令规定，赔款数额不得超过《波茨坦协定》规定，也不能以增加德国财政负担或延迟德国实现经济自给为代价。第 18 条指令尤为重要，它直接表达了美国对德国经济统一和经济复兴的要求。指令规定，第一，将德国视为一个统一的经济单位，与其他占领区制定共同政策。第二，军政府应推动制订全德范围的生产与对外贸易计划，这个计划的目标是提高德国人民的生活水平，并尽早实现德国经济自给。第三，美国应通过支援欧洲为德国-欧洲经贸关系的恢复提供支持。第 19 条指令规定，财政稳定是德国经济复苏的重要因素之一，美占区应该同其他占领区实行统一的财政政策。第 20 条指令延续了 JCS1067 号文件的农业政策，要求最大化地进行农业生产和高效分配。第 21 条指令旨在推动德国经济机构与组织的迅速发展。②

表 1 JCS1067 号文件和 JCS1779 号文件中关于对德经济政策的对比③

项目	JCS1067 号文件 1945-5-11	JCS1779 号文件 1947-7-11
总目标	严格管制德国经济，禁止其恢复与发展	鼓励重建自给自足的德国，使德国融入欧洲
工业、农业	限制重工业，重视农业发展	允许工业发展，推进农业改革
德国人民生活水平	保持低于邻国水平	放宽限制，提高人民生活水平

---

① Department of State, *Germany 1947-1949: The Story in Documents*, p. 37.
② Ibid., pp. 37-39.
③ Ibid., pp. 33-41.

续表

项目	JCS1067 号文件 1945-5-11	JCS1779 号文件 1947-7-11
赔偿	强调赔偿优先性	有限赔偿，禁止牺牲自身利益
与其他占领区的关系	并无将德国视为统一的经济单位的表述	强调将德国作为一个统一的经济单位
特点	侧重于惩罚性措施	侧重于建设性措施，强调德国经济的恢复与发展

由表1可知，相较于 JCS1067 号文件，JCS1779 号文件在以下几个方面进行了调整：第一，删减了部分惩罚性措施的细节，如具体规定了哪些重工业领域禁止生产等内容；第二，放宽了重工业生产、德国人民生活水平及赔款等方面的限制；第三，新增了德国经济统一与复兴的内容，以及建立德国经济机构的措施。文件明确提出"不能剥夺德国人民未来的发展权""繁荣的欧洲需要德国在经济上作出贡献"等指令，[①] 突出强调了德国与欧洲的经济联动关系，符合《大西洋宪章》的精神，而这些内容都与史汀生的观点相似。

综上所述，JCS1067 号文件继承了摩根索计划对德经济严厉惩罚的核心精神，而 JCS1779 号文件则在强调德国经济复兴及其对欧洲复兴的重要性方面，与史汀生计划的宽容态度不谋而合，表明史汀生计划的核心思想对新文件的形成产生了重要影响。总而言之，JCS1779 号文件取代 JCS1067 号文件，标志着战后初期美国对德经济政策经历了从严厉惩罚向改造扶植的转变。这一变化不仅揭示了摩根索-史汀生分歧的结局，也对德国、美国及冷战格局的发展产生了深远影响。

三、第二次世界大战后初期美国对德经济政策转变的多重动因和深远影响

JCS1067 号文件和 JCS1779 号文件均为战后美国对德经济政策的指令性

---

① Department of State, *Germany 1947—1949: The Story in Documents*, pp. 33-34.

文件，从 JCS1067 号文件到《波茨坦协定》和贝尔纳斯演说，再到 JCS1779 号文件，政策的转变标志着美国对德处置态度的变化，即从严厉走向宽容。这一变化服从于美国的世界战略，不仅有利于美占区经济的恢复、促进德美关系的发展，还有利于提升美国的国际地位和形象，但同时也造成了德国分裂的局面，进而加速了美苏冷战对峙局面的形成。

（一）战后初期美国对德经济政策转变的多重动因

战后初期美国主动调整对德经济政策，即放宽对德国经济的限制、推动德国回归欧洲、实现德国内部经济统一等，不仅是应然之举，更是必然选择。这种政策转变不仅与迅速变化的国际形势密切相关，还与摩根索计划和 JCS1067 号文件脱离现实及 1946 年美占区经济形势恶化直接相关联。

1. 美苏关系恶化与美国的政策调整

1945—1947 年是美苏逐渐从战时伙伴关系走向冷战对抗关系的重要转折期。为了遏制苏联，美国逐步调整对德国经济的限制政策，转而支持德国经济复兴，并确保德国西部地区成为西方资本主义阵营的经济与政治堡垒。

1946 年上半年，美苏之间的紧张局势显著加剧，苏联在欧洲采取了一系列强硬举措，其中包括对土耳其黑海沿岸及海峡的领土提出要求，帮助保加利亚索要西色雷斯地区等。这些行为无疑加深了美苏在欧洲的利益冲突，美国政界对苏联的看法因此发生变化。贝尔纳斯在同年 2 月的讲话中明确表态，美国不排除与苏联发生武装冲突的可能性，共和党参议员范登贝格等昔日的孤立主义者也开始主张对苏联采取强硬政策，杜鲁门总统在给贝尔纳斯的信中甚至强调，要用"拳头"回应苏联的威胁。[①]

然而，现实情况是，战后法国的实力俨然已经下降，欧洲对苏联共产主义的抵抗需要法德等国的共同努力。但由于德国毗邻东欧国家，严厉惩罚德国无疑会将其推向社会主义阵营，特别是美国军政府定期对美占区的社会状况进行调查，其中对工人阶级的生存状况和政治倾向的调查也反映

---

① 卡尔·迪特利希·埃尔德曼：《德意志史（第四卷）》，第 155—156 页。

出工人阶级的不满情绪可能会加剧社会的动荡,① 并为共产主义意识形态的传播提供土壤。如若德国倒向苏联，则会打破欧洲大陆的平衡，这也将冲击美国的霸权地位。在此背景下，美国意识到对德经济政策必须进行调整。因此，"从这时起，美国的政策越来越倾向于重建一个民主的、非军事化的且经济健全的德国"。②

2. 政策脱离现实与美国的政策调整

第二次世界大战期间，旨在严厉惩治德国的摩根索计划在纳粹德国引起强烈反弹。1944年9月26日的《泰晤士报》以《摩根索计划惹恼敌人》为题转载了纳粹党报纸《人民观察家报》的评论，其中这样写道："摩根索希望消灭4000万德国人。如果德国不竭尽全力阻止摩根索计划，那么德国人民的悲惨命运将难以想象。"③ 该评论暗示德国人将因美国的严厉态度而负隅顽抗。此外，纳粹德国宣传部部长戈培尔和军备与战时生产部部长施佩尔也试图通过宣传摩根索计划，来调动德国军民的反抗士气。④

德国投降后，继承摩根索计划强硬基调的JCS1067号文件不再适合经济崩溃的德国。当克莱将军看到JCS1067号文件后，他震惊于该文件未能考虑当下德国面临的现实困境——美占区数千家公司无法运转、学校被摧毁、医院挤满伤员、交通完全瘫痪……⑤克莱认为，如果德国失去了生产和出口，德国人民将会普遍挨饿，因此，采取必要措施恢复生产是当务之急。然而，德国从中央到地方的大部分政府机构已经瓦解，恢复生产的责任只

---

① 美国驻德军政府发布的《美国占领区军事长官月度报告》（*Monthly Report of the Military Governor, U. S. Zone*）中提到了占领区的经济困境、物资短缺和对工人阶级的影响。英占区德国人也数次在英美联合举行的会议上多次强调工人的生存条件恶劣，致使生产效率低下。可以参见：Walter Vogel und Christoph Weisz（Bearb.）, *Akten zur Vorgeschichte der Bundesrepublik Deutschland, 1945-1949*, S. 11, 12。

② Henry L. Stimson, *On Active Service in Peace and War*, p. 583.

③ "Franklin D. Roosevelt, Papers as President: The President's Secretary's File (PSF), 1933-1945," September 26, Box 80 (New York: Franklin D. Roosevelt Presidential Library & Museum), p. 107.

④ 参见：Albert Speer, *Inside the Third Reich* (New York: Macmillan Company, 1970), p. 443.

⑤ 关于德国在战后初期面临的困境，可以参见：Walter Vogel und Christoph Weisz（Bearb.）, *Akten zur Vorgeschichte der Bundesrepublik Deutschland, 1945-1949*, S. 15-59; Germany Military Governor, *A Year of Potsdam, the German Economy since the Surrender*, pp. 47-151。

能由军政府承担,但 JCS1067 号文件不仅对此完全禁止,还要求在管制委员会达成共识之前停止任何生产活动。①

事实上,JCS1067 号文件强调的对德严惩措施遭到了多方的抵制和质疑。首先,英国明确反对 JCS1067 号文件。英国政府在 1944 年 10 月 7 日发给华盛顿军事使团的电报中指出,鉴于德国可能会利用相关信息破坏同盟国的团结,美国不应该公布 JCS1067 号文件。② 其次,新任总统杜鲁门对严惩德国的方案不感兴趣。由于罗斯福总统的突然病逝,杜鲁门在仓促上任后很难迅速掌握错综复杂的政治局势。他将主要精力集中于美国国内事务,因而对摩根索的支持力度明显不及罗斯福,甚至直言摩根索是"笨蛋"和"疯子"。与此同时,史汀生在同杜鲁门的谈话中发现他的观点得到白宫认可。③ 最后,欧洲其他国家,如荷兰和比利时,也对对德强硬政策表示抵制。荷兰政府明确表示:"荷兰承担不起报复德国的后果,因为它的大部分工业和贸易一直(且必须)与德国紧密相连……不管政治上如何变化,荷兰的经济状况取决于德国的经济情况。"④

对于美国和欧洲而言,对德国的经济施加限制将会导致欧洲经济恢复的迟滞,进而引发一系列连锁反应。这种政策不仅可能导致美国失去欧洲这一重要的资本和商品市场,影响美国企业的长期发展,还会削弱美国在欧洲施加政治影响力的能力。以 1947 年鲁尔煤炭产量减少为例,西欧各国不得不依赖美国的进口煤炭来维持经济运转。然而,高昂的运输成本主要由美国纳税人承担,这既增加了美国国内的财政负担,又未能从根本上解决问题——由于战后初期德国经济凋敝,欧洲在短时间内既无法使自己的生产恢复到正常水平,也无法偿还美国的巨额债务。⑤ 这一现象表明,美国陷入了两难局面:一方面需要维持欧洲的生存,另一方面则要抑制德国的

---

① Lucius D. Clay, *Decision in Germany*, pp. 18-19.

② U. S. Department of State, *FRUS*, 1944, Vol. I, General (Washington, D.C.: U. S. Government Printing Office, 1966), pp. 545-547.

③ Henry L. Stimson, *On Active Service in Peace and War*, p. 583.

④ 埃德温·哈特里奇:《第四帝国的崛起》,范益世译,世界知识出版社,1982,第 84 页。

⑤ Bàrbara Molas Gregorio, "The Morgenthau Plan (1945-1947)," pp. 17-18.

经济发展。

由此可见，摩根索计划和JCS1067号文件的实践表明，对德过于严苛的限制性措施非但未能如摩根索所设想的那样促进欧洲经济的复苏，反而加剧了德国的经济困境，其后果是给欧洲各国乃至美国自身带来巨大冲击。这一局面促使美国重新评估对德政策，转而推行更为宽容的对德经济政策。

3. 美占区困境与美国的政策调整

1946年，美国驻德军政府在美占区的管理面临一系列挑战。

首先，自9月起，美占区的工业生产增速首次出现停滞，并在11月开始下降，而这一趋势一直持续到1947年第一季度。1947年2月，英美双占区的工业发展达到了冬季衰退的最低点，工业生产仅为1936年水平的29%，远低于1946年的平均水平。[1]

其次，德国内部区域经济的不统一严重制约了经济复苏的步伐。美占区缺少煤炭资源，法占区和英占区拥有煤炭资源但缺少食品，苏占区拥有食品和褐煤但缺少钢铁资源。如果德国能够作为一个统一的经济单位运作，就可以实现互补。然而，实际情况是，四个占领区各自为政，导致资源无法有效整合与互补。《波茨坦协定》曾提出将德国视为单一经济体的规定，但并没有得到四大国的落实。[2] 为了解决这个问题，贝尔纳斯于1946年7月11日在第二次巴黎外长会议上发表声明称，"美国政府将与任何其他占领国政府一起，将其各自的占领区视为一个经济单位"，[3] 然而，只有英国接受了这个提议。经过一系列谈判，英占区和美占区最终于1947年1月1日实现合并。

再次，占领区当地的德国官员也在推动美国调整对德经济政策方面发

---

[1] Werner Abelshauser, *Wirtschaft in Westdeutschland 1945-1948: Rekonstruktion und Wachstumsbedingungen in der Amerikanischen und Britischen Zone* (Berlin: De Gruyter, 1975), S. 38, 40, 42-43.

[2] The Department of State, *United States Economic Policy toward Germany*, pp. 31-32. 德国经济仍然按照区域基础运作，盟国对德管制委员会只进行了部分协调。关于该委员会的工作，可以参见：*Enactments and Approved Papers of the Control Council and Coordinating Committee* (Dresden: Allied Control Authority, 1948).

[3] The Department of State, *United States Economic Policy toward Germany*, pp. 35-36.

挥了很大的主动性。例如,战前世界上最大的化工公司法本公司在战后面临拆解的问题。尽管美国军政府对德国地方政府作为收购方持一定的保留态度,但鉴于法本公司对德国经济恢复的重要性,德国官员提出了更为具体的操作方案。在 1946 年 8 月召开的第十一次各州委员会会议上,黑森州州长盖勒要求美国军政府允许德国地方政府发挥自主性,在决定法本公司的工厂应该交给哪些个人或私营公司的问题上发挥更大的作用。① 最终,美国军政府采纳了这一建议。经过改革的法本公司,不仅保留了其在德国经济中的重要地位,还在重建过程中迅速壮大,并成为联邦德国经济腾飞的重要力量。

最后,在占领德国的过程中,美国在其占领区的财政支出过高,负担过重。截至 1946 年 12 月 31 日,美国政府为其占领区的进口累计支出了约 2.9 亿美元。② 同时,1947 年初,美国通过各种援助计划,总计投入约 90 亿美元用于帮助欧洲经济的恢复,但是,美国的战略收效甚微,欧洲的工业与农业生产始终没有恢复到战前水平。1946 年的寒冬使欧洲的经济形势进一步恶化,西欧在 1947 年第一季度的农业生产仅为 1938 年水平的 83%,工业生产为 88%,而出口仅为 59%。③ 总之,美国军政府在美占区面临的管理困境迫使美国进行政策调整,以减轻自身负担并更有效地维护其国家利益。

(二) 战后初期美国对德经济政策转变的深远影响

随着美苏冷战局势的逐步升温,美国对德经济政策的转变不仅是对国际形势的反应,更是美国在塑造全球秩序过程中的一次主动出击。这种转变不仅使美国有效地巩固了自身在西方阵营中的领导地位,同时也加速了

---

① Walter Vogel und Christoph Weisz (Bearb.), *Akten zur Vorgeschichte der Bundesrepublik Deutschland, 1945-1949*, S. 648-649.

② The Department of State, *Occupation of Germany Policy and Progress, 1945-1946* (Washington, D. C.: U.S. Government Printing Office, 1947), p. 40.

③ Michael J. Hogan, *The Marshall Plan: America, Britain, and the Reconstruction of Western Europe, 1947-1952* (Cambridge: Cambridge University Press, 1987), p. 30.

冷战的全面爆发。

1. 对战后德国经济与政治结构的直接影响

对于战后的德国而言，美国对德经济政策的转变对德国西部地区的经济恢复至关重要，但也加速了德国的分裂。自1947年3月起，英美双占区的工业发展逐月增长，并于1947年10月达到峰值，尤其是电力与天然气供应、矿业和煤炭等工业的生产已接近1936年的水平。相较于1947年第一季度的严重衰退，1948年第一季度双占区的工业产值增长了4.4%。工业的恢复与发展也为德国的经济复兴提供了坚实的物质基础，许多经济形势报告对这一发展趋势给予了积极评价，并认为德国经济将"继续强劲复苏"。[1]

与此同时，JCS1779号文件中与财政相关的第19号指令提出了一系列关键措施，为西占区货币改革和德国经济的发展提供了有利的内部条件。例如，该指令要求建立中央机构来统一管理货币的发行和流通，这确保了德国货币政策的统一性；同时，该指令还要求阻止资本外流、控制进口和促进出口，这保障了德国经济的独立性，减轻了外部经济压力对德国货币改革的负面影响等。[2] 此后，随着"马歇尔计划"资金的大量流入，德国西占区的货币改革得以迅速推进。

美国对德经济政策的转变也影响了德国西部民众的政治观。当地的德国人对民主与资本主义政体形式的好感为德国的分裂和联邦德国加入西方资本主义阵营奠定了基础。1947年8月，美国对英美双占区民众对政府与政治的态度进行调查。[3] 结果显示，56%的受访者认为，民主共和国是未来德国最可行的政体形式，47%的受访者认为，民主共和国有助于经济复兴。此外，美国占领区和西柏林的德国人不仅表示更偏好民主共和政体，而且不愿批评民主概念。与之相对，71%的美占区德国人和57%的西柏林人坚决表示反对共产主义。

---

[1] Werner Abelshauser, *Wirtschaft in Westdeutschland 1945-1948: Rekonstruktion und Wachstumsbedingungen in der Amerikanischen und Britischen Zone*, S. 44-46.

[2] Department of State, *Germany 1947-1949: The Story in Documents*, pp. 38-39.

[3] Anna J. Merritt and Richard L. Merritt, *Public Opinion in Occupied Germany* (Champaign: University of Illinois Press, 1970), pp. 178-179.

此外，美国的改造扶植政策与苏联形成鲜明对比。以拆除工厂为例，由于苏联急于从德国获取赔偿，因此苏占区的拆除计划推进得最为迅速，与军备有关的工业设备几乎被完全拆卸。① 美占区的拆除工作则于1946年5月暂时停止。与此同时，美国占领区自近代以来一直是德国的工业中心，拥有比较良好的经济基础和发展潜力。② 由此可见，美国的政策转变是冷战时期联邦德国的经济发展速度明显快于民主德国的原因之一。

2. 对德美关系和美国国家利益的影响

对于美国而言，对德政策的转变有利于德美关系的发展，也有助于提升美国的国际地位。1947年10月，美国对英美双占区民众对四大占领国的态度进行调查。结果显示，当地的德国人更倾向于支持美国——44%的受访者认为美国促进了德国的重建，31%的受访者承认美国向德国提供了帮助，33%的受访者声称美国阻碍了重建，43%的受访者对其他占领国也提出了同样的指控；70%的受访者相信美国将在未来十年对世界事务的影响力最大；对于四个占领国，63%的受访者信任美国会公平对待德国，45%的受访者信任英国人，只有4%的受访者信任法国人，没有受访者信任苏联人。③ 英美双占区的德国民众对美国的好感不仅反映出当地德国人对美国经济援助的感激，也反映了美国推动的民主政治模式和市场经济体制的吸引力。

在这一过程中，美国对德改造扶植政策与其多边主义外交理念相契合。这种外交政策不仅帮助提升了美国的国际地位，也塑造了其作为"自由世界"领袖的形象。第二次世界大战期间，美国的多边主义外交思想主要体

---

① 关于苏联对东部德国的赔款要求和管理行为，可以参见：Norman M. Nalmark, *The Russians in Germany: A History of the Soviet Zone of Occupation 1945–1949* (Cambridge: Harvard University Press, 2001), pp. 141–205。

② 埃德温·哈特里奇：《第四帝国的崛起》，第94页。

③ Anna J. Merritt and Richard L. Merritt, *Public Opinion in Occupied Germany*, pp. 180–181.

现在《大西洋宪章》中，① 即旨在确保所有国家（包括战败国）能够公平地参与世界经济合作，促进全球劳动水平、经济进步和社会保障的发展。在 JCS1779 号文件中，有关推动德国融入欧洲和回归世界舞台的措施，不仅完全符合《大西洋宪章》的宗旨，也有力地宣传了美国在全球经济中的领导地位。

事实上，对德经济政策的转变也是美国吸取历史教训的结果，这对美国后续参与国际事务产生深远的影响。在占领德国之前，美国深受孤立主义思想的影响，鲜少参与国际事务。作为一个"踌躇"的霸权国家，由于缺乏国际事务经验，美国在占领初期未能迅速意识到德国与欧洲的重要联系。此外，经历了残酷的战争，美国的内部问题也占据了更多的政策议程，驻德美军也希望尽快返回祖国，② 因此，政治家们优先考虑国内重建，而非对外政策。然而，随着占领时间的延续，美国的占领政策也逐步成熟。与此同时，美国通过参与德国的经济重建，检验了其援助项目的效果，并为后续其制定国际经济政策奠定了基础。③

美国对德经济政策的转变伴随着一系列的援助项目，如"马歇尔计划"。这些援助项目进一步推动了美国在战后全球经济中的主导地位。通过援助德国，美国不仅扩大了自己的市场份额，也推动了自由市场经济理念的传播，并在欧洲建立了以美国为中心的金融体系和贸易规则。这种经济霸权的建立，不仅巩固了美国在西方阵营中的地位，也为后来的冷战对抗

---

① 参见《国际条约集（1934—1944）》，世界知识出版社，1961，第337—338页。对于20世纪下半叶的美国外交，一些学者使用与"孤立主义"概念相对的"国际主义"概念进行分析，"国际主义"概念中又包含"多边主义"与"单边主义"概念。托马斯·G. 帕特森在《苏美对抗：战后重建与冷战的起源》中也使用了"多边主义"概念来分析20世纪美国的外交政策。美国多边主义外交理念的起源，可以追溯到杰弗逊总统。第一次世界大战后威尔逊总统的十四点原则，即一种全球化的、世界主义的外交理想，一般被认为确立了美国的多边主义外交思想。参见：Thomas G. Paterson, *Soviet-American Confrontation: Postwar Reconstruction and the Origins of the Cold War* (Baltimore: The Johns Hopkins University Press, 1975). 关于"多边主义"概念的系统梳理，可以参见：Hilde Restad, "The Many Meanings of Multilateral: U. S. Foreign Policy and the 'Turn-Around' of the 1940s" (paper presented to the APSA conference, 2011).

② 埃德温·哈特里奇：《第四帝国的崛起》，第53—55页。

③ Harold Zink, *The United States in Germany, 1944-1955*, p. 2.

提供了坚实的经济和政治支持。

3. 加速冷战对抗格局的最终形成

对于国际形势而言，战后初期美国对德国经济政策的转变是推动进一步冷战的"助燃剂"。美国驻苏使馆代办乔治·凯南早在1946年2月22日的电报中就提醒决策者，德国存在被共产主义"侵害"的危险。他预测德国的未来可能有两种前景：一是实现名义上的统一，但这种形式的统一极易受到苏联的政治渗透；二是维持两德分裂，通过将德国西部地区隔离出来，以抵御苏联的渗透，并将其纳入西欧经济体系。相比于统一的德国，分裂的德国更符合美国的利益。① 言外之意，凯南认为，美国应该重新审视德国在即将到来的美苏对抗格局中的地位。

此外，值得注意的是，JCS1779号文件的公布时间处于杜鲁门主义和"马歇尔计划"出台之间。"马歇尔计划"的重要目标之一正是将德国西部纳入资本主义阵营。② JCS1779号文件中扶植德国经济发展的核心思想，以及将德国各占领区视为一个整体的原则，不仅为随后英、美、法三占区的合并奠定了基础，也为后续"马歇尔计划"的实施创造了有利条件。

美国对德经济政策的转变引起了苏联的不满。1947年2月，在莫斯科召开的第四次四国外长会议上，苏联代表团要求西方承诺不再在德国问题上采取单独行动，废除关于英美双占区的协定，并提议对鲁尔区实行共同管制等。然而，这些要求并未得到美国和英国代表团的回应。相反，英美代表提出了东部德国的边境问题，并支持将萨尔地区划归法国。③ 这种持续的对立激化了苏联与西方国家的对抗，从而加速了美苏冷战格局的最终形成。

---

① U. S. Department of State, *FRUS*, 1946, Vol. V, The British Commonwealth, Western and Central Europe (Washington, D. C.: U. S. Government Printing Office, 1971), pp. 517–520; Wilson D. Miscamble, *George F. Kennan and the Making of American Foreign Policy, 1947–1950* (Princeton: Princeton University Press, 1992), pp. 146–147.

② 李昀：《英美史学界关于马歇尔计划的研究》，《世界历史》2010年第4期。

③ Евгений Спицын, Осень Патриарха: Советская держава в 1945–1953 годах, C. 400. 关于美国对德经济政策的调整引起苏联的谴责，可以参见：Wilson D. Miscamble, *George F. Kennan and the Making of American Foreign Policy, 1947–1950*, pp. 141–142。

四、结语

　　1944年，第二次世界大战行将结束，摩根索和史汀生就战后美国应该采取严厉还是宽容的对德经济政策展开了激烈讨论。摩根索计划与史汀生计划的分歧，本质上是"硬"和平方案与"软"和平方案的对立。前者主张对战败国施加严苛的限制性条款，使其不再具备发动战争的能力。《凡尔赛条约》、摩根索计划及JCS1067号文件等均是"硬"和平方案的典型代表。"软"和平方案则主张对战败国施加相对宽松（甚至具有扶植性）的条款，使其放弃使用战争手段维护自身利益，进而更好地融入战胜国塑造的国际体系之中。《大西洋宪章》、史汀生计划、JCS1779号文件、"马歇尔计划"及艾森豪威尔主义等均是"软"和平方案的典型代表。随着JCS1779号文件取代JCS1067号文件，"软"和平方案最终战胜了"硬"和平方案。

　　造成这一结果的原因是多方面的。第一次世界大战后《凡尔赛条约》造成的经济崩溃和政治动荡，为第二次世界大战的爆发埋下了隐患，第二次世界大战后新的国际秩序亟须避免再犯类似错误；两次世界大战的惨痛经历也促使世界人民的反战和平运动逐步高涨；同时，战后德国的悲惨状况使"硬"和平方案难以实现。因此，美国逐渐放弃了"硬"和平方案，并推行以经济扶植为核心的"软"和平方案。此外，政策转变本身反映了此时国际格局的根本变化——战后的世界需要大国之间在经济和安全等诸多领域加强合作与取得共识，大国之间的竞争关系也不再是你死我活的零和博弈，而是趋向于一种有规则的、相互依存的竞争。因此，大国在制定对外经济战略时，不仅关注自身利益的实现，而且在平衡自身利益的基础上更多地考虑到国际社会的共生性，以及大国之间利益的相互关联性。美国在战后对德国及整个欧洲的援助，不仅帮助德国西部地区实现了重建，使联邦德国融入西方阵营，也促使美国在全球范围内扩大了经济和政治影响力，进而巩固了其在国际舞台上的领导地位。

　　值得注意的是，美国的外交政策在战后初期经历了从孤立主义到全球扩张主义的转型。美国对德经济政策的调整恰好反映了这一战略转型。具体而言，最初的对德经济压制政策体现了孤立主义的外交思想，其中竭泽而渔的"粗暴"要求显示出美国不愿过度介入德国事务。然而，随后的对德经济改造甚至扶植的政策，标志着美国外交政策的全球扩张主义转向。美国通过JCS1779号文件放宽对德国经济的限制，并通过"马歇尔计划"向德国提供直接援助，为后续西占区的货币改革创造了良好的内外部条件。这一系列措施不仅向世界展示了美国自由市场经济理念的优越性，还推动了以美国为核心的国际经济体系的形成。同时，美国对德国政策的转变也迫使苏联重新评估并调整其对德政策，而这直接导致了德国的分裂，并加速了美苏冷战对抗格局的形成。

情感话语与战后初期美国在菲律宾的文化冷战

杜禹铭[*]

摘 要 冷战初期,随着美国在全球范围内展开文化冷战的攻势,美国政治精英开始重视"情感融合"的宣传策略,即采用温和、深入民众日常生活的情感话语,给予受众更为积极且持久的影响。美国政治精英认为,只有在"信心"与"希望"的基础上,受众对于共产主义的"抵抗"才能更加持久和顽强。美国在菲律宾的文化冷战活动,亦遵循"情感融合"这一策略转向。以美国新闻处和中央情报局为代表的美国在菲宣传和情报机构制作了大量包含"情感融合"话语的宣传材料,这些材料试图引导、塑造菲律宾的民族主义,构建美菲间的"民主友谊",并通过"关怀性"社会活动中的情感话语来传递温情,旨在从情感上拉拢菲律宾民众,从而使其在冷战中坚定不移地站在"自由世界"一边。这些情感话语的背后是美国隐秘的冷战宣传战略,其在带有欺骗性、迷惑性的同时,也表现出新殖民主义的特质。

关键词 文化冷战;情感话语;美菲关系;新殖民主义

"情感"常常是国际关系史研究中容易被人忽视的一股力量。但情感的力量无疑是强大的,人在社会生活和个人生活中的绝大多数决策,其实都

---

[*] 杜禹铭,华东师范大学历史学系硕士研究生。

是在情感驱动下的无意识的结果。即使是理性的决策，也离不开情感的支持。① 这种模式上升到国家与国际关系层面同样适用。冷战时期，苏联所塑造的大众文化脱离普通民众的日常情感需要，导致苏联在美苏间的文化冷战中处于下风。② 这段历史再一次向我们展现了情感（尤其是大众情感）的巨大力量。因此，这种力量如何被引导、塑造，又如何被引入国际政治的角逐与博弈，开始受到越来越广泛的关注。

该领域中里程碑式的著作是波士顿大学克里斯蒂娜·克莱恩（Christina Klein）教授的专著《冷战中的东方主义：大众文化想象中的亚洲（1945—1961）》③。克莱恩在书中根据档案、海报、报刊和电影等材料，详细考察了冷战初期美国在亚洲的大众宣传中对"情感融合"策略的运用，并将之称为"融合的全球想象"（global imagination of integration）。与传统考察美国帝国主义历史的论著不同，④ 克莱恩此著更关注美国在冷战中如何使用更加温和、正面的情感话语（sentimental discourses）来争夺人心。不过，该著并未对美国在菲律宾的文化冷战进行专题探讨或在地化研究。有关美国对菲律宾文化冷战的研究，以许卓的几项研究为代表。⑤ 此外，崔语倍的会议论

---

① 郑也夫：《吾国教育病理》，中信出版社，2013，第159页。

② 可参见克里斯汀·罗思-艾：《莫斯科的黄金时代：苏联建立的传媒帝国如何在文化冷战中落败》，陈霞译，商务印书馆，2016。

③ Christina Klein, *Cold War Orientalism: Asia in the Middlebrow Imagination, 1945-1961* (California: University of California Press Berkeley and Los Angeles, 2003).

④ 有关美国在菲施加帝国主义影响的英文论著较多，但尚未有从文化层面关注情感话语构建的研究。其中，有关美国在菲"心理战"活动的研究对本文帮助较大，详见：Alfred W. McCoy, *Policing America's Empire: The United States, the Philippines, and the Rise of the Surveillance State* (Madison: The University of Wisconsin Press, 2009); Stanley Karnow, *In Our Image: America's Empire in the Philippines* (New York: Ballantine Books, 1989); Joseph Burkholder Smith, *Portrait of a Cold Warrior* (New York: Ballantine Books, 1976)。

⑤ 许卓：《冷战初期美国在菲律宾：心理宣传活动探究——以亚洲基金会的"民主种子"项目为例》，《国际政治研究》2020年第1期；许卓：《美国亚洲基金会在菲律宾冷战活动研究（1951—1967）》，博士学位论文，东北师范大学历史文化学院，2021。许卓的博士学位论文运用扎实的档案材料分析了美国亚洲基金会在菲律宾的冷战宣传活动，揭示了美国如何运用非官方属性的基金会在菲进行隐秘的文化冷战活动。但这类研究主要聚焦于基金会等非官方组织的活动，较少关注美国对菲宣传的整体政策及特点。

文运用大量海报进行话语分析，展现了海报中浓厚的冷战色彩。①

本文以克里斯蒂娜·克莱恩提出的"融合的全球想象"为文化理论工具，运用缺乏反共意味的宣传材料，集中分析其中的"情感话语"，用以展现冷战初期美国"情感融合"宣传策略在菲律宾的具体运用。此外，笔者还拓宽了史料的应用范围，使用了菲律宾共产党的宣传文本、美国新闻署（美新署）和中央情报局（中情局）的档案、美国新闻处（美新处）木偶剧电影，以及涉及美国政府在菲开展图书馆计划、反颠覆学校计划、农村援助计划、卫生医疗援助计划、反胡克心理战的宏观决策文件。以往研究对这类材料的解读大多从反共意识形态、价值观输出角度进行，但这仍是冷战政治史层面的解读，而非对冷战文化的情感分析，故难以充分展现宣传材料对菲律宾"大众情感"的引导与塑造。本文因而着重考察材料中"情感话语"对菲律宾民族主义情绪的引导，对美菲人民友情的构建，对菲律宾人的"关怀与体贴"，试图从情感融合的角度重新阐释美国在菲律宾的文化冷战活动。

对冷战文化的情感分析可以揭示出，美国的宣传人员如何将受众日常生活中的积极情感与符合美国利益的观念紧密结合在一起，不知不觉地在政治宣传领域调动起非政治化的、来源于广大普通民众的情感力量。这种宣传模式进一步提升了文化冷战的深度与广度，将冷战的影响拓展到了民众日常生活的方方面面。

一、美国对菲律宾宣传中的"情感融合"

菲律宾曾是美国重要的海外殖民地。1898年美西战争后，美国违背了对菲律宾人的承诺，不仅没有给予菲律宾主权，还强迫西班牙将菲律宾割让给美国。此后，菲律宾人的大规模起义被美国军队强力镇压。菲律宾自

---

① 崔语倍：《冷战中的张贴画：美国新闻署在菲律宾公共外交中的宣传海报（1950—1960）》，华东师范大学2021年历史学系优秀大学生夏令营暨第十三届全国历史学本科生论坛论文，上海，2021。该文主要关注海报材料中的反共色彩与意识形态输出，但未考察这一时期美国宣传策略的转变，即从尖锐、空泛的抹黑转向更为温和、积极的情感沟通。

此成为美国海外最大的殖民地,亦成为美国进入中国市场的战略桥头堡。美国也借此开始更加深入地参与亚洲事务。同时,受"天定命运"和"文明教化"使命观的影响,美国殖民者不仅在此大兴基础设施建设,更将菲律宾当作美国传播民主的实验场,意图将菲律宾打造为亚洲的"民主灯塔"。因此,美国一直宣称在菲律宾实行的是"仁慈同化"政策,认为美国人前往菲律宾是为了播撒文明火种,带领菲律宾人实现自由、民主和进步。可以说,美国20世纪上半叶对菲律宾的宣传一直围绕着该主题,旨在减少菲律宾人的抵抗情绪,安抚当地的民族主义者,并强化美国在菲律宾统治的稳定性。及至第二次世界大战结束,从日本的残酷统治下解放出来不久的菲律宾终于让美国于1946年兑现承诺,获取了独立主权国家的地位。但二者随即签订了一系列条约,以保障美国在菲的特殊权益。与此同时,美国给予菲律宾大量的物质和技术援助,帮助其完成战后重建。这些援助所涉及的领域相当全面,包括农业、卫生健康、教育、交通、矿产开发和公共行政等。[1] 这是因为菲律宾的物质资源和战略位置对冷战中的美国来说仍然十分重要。按照1954年美国对菲政策文件的话来说:"菲律宾共和国对美国和'自由世界'都很重要。这不仅因为它是(美国)椰干和大麻的主要来源,是(美国)糖和铬的重要来源,还因为从战略上讲,它构成了(美国)远东防线的主要连接点,与共产主义中国、日本、印度尼西亚和印度支那的地理关系十分密切,具有特殊价值。"[2]

同时,菲律宾作为被美国长期殖民统治的东南亚国家,在美国的外交中具有特殊地位。菲律宾的独立和进步每天都在向亚洲其他国家展示西方民主制度的价值,也代表着美国对待前殖民地国家的态度。[3] 美国政治家认为:"在远东,没有哪个国家比菲律宾更有机会证明美国民主哲学和政府制度的有效性。这种独特的历史关系延续了60多年。然而,今天一个不稳定

---

[1] NSC 5413/1, No. 359, Memorandum by the Executive Secretary (Lay) to the National Security Council, April 5, 1954, *Foreign Relations of the United States* (*FRUS*), 1952–1954, East Asia and the Pacific, Vol. XII, Part 2, pp. 593–594.

[2] Ibid., p. 592.

[3] Ibid., p. 591.

的经济体和一个低效的政府不能支持菲律宾实现生活水平的稳步提高及必要的社会改革。"① 因此，美国认为自身有责任干预菲律宾的内政外交，指导菲律宾人建设家园，自己对菲律宾的政治、经济甚至军事干预有着天然的"正当性"。此外，美国认为，"一个有效的政府会有利于维持和加强（菲律宾）国家的亲美、民主取向，在远东树立将西方思想和制度应用于亚洲问题的榜样"。就这样，殖民主义关系中旧有的"家长制"情结和美国展示自身道路普适性的"冷战需求"，使美国对菲律宾有着特殊的关注。

除此以外，菲律宾本身也在冷战中被美国看作防范共产主义"渗透"的重点地带。在1954年的对菲政策文件中，美国明确提出"只要菲律宾政府与美国友好，并努力确保任何继任政府是有效的、友好的和非共产主义的，美国就予以支持"。② 也就是说，美国的对菲"友好"政策完全建立在菲律宾政府反共（非共产主义）的基础上。美国为菲律宾提供广泛援助，很大程度上缘于其对共产主义的恐惧。③ 因此，随着冷战的开启，美国很快就无法容忍共产主义在菲律宾的存在。

自此，美国对菲的宣传重点正式放在了反共和抹黑共产主义上。起初，美国对菲律宾的这种冷战宣传只以尖锐、刻薄的话语抹黑、诋毁共产主义，力图使当地民众远离共产主义运动而站在以美国为中心的"自由主义阵营"一边。但在20世纪50年代，美国的对菲宣传逐渐出现了大量仅表达美国对菲律宾人善意情感的宣传材料。这类材料不仅淡化了宣传中原本的反共意味，有的还仅止于对菲律宾人的友好和温情，看上去毫无冷战色彩。这类宣传的主题包括提醒菲律宾人爱护眼睛、遵守城市秩序，纪念菲律宾民族英雄和第二次世界大战老兵，鼓励民众积极参加文化活动，指导选民参加

---

① "OCB Report on U. S. Policy toward the Philippines," November 26, 1958, NSC Staff Papers, Disaster File Series, Box 62, Philippines (5), p. 1.

② NSC 5413/1, No. 359, Memorandum by the Executive Secretary (Lay) to the National Security Council, April 5, 1954, *FRUS*, 1952-1954, East Asia and the Pacific, Vol. XII, Part 2, pp. 594-595.

③ 按照美国政治精英的话说："如果没有这种援助，巨大的贸易赤字或预算赤字就会导致（菲律宾出现）严重的经济危机……如果菲律宾要抵抗共产党的压力，援助是必不可少的。"详见："Report to the National Security Council by the Executive Secretary (Lay)," December 8, 1950, *FRUS*, 1950, National Security Affairs; Foreign Economic Policy, Vol. I, pp. 445-446。

选举,纪念美菲友谊等。这类海报反共色彩较少,更多的旨在给予受众一种积极的情感体验。

其实,这种对菲宣传风格上的显著改变与美国战后全球宣传的策略转向密切相关。具体来说,美国在冷战初期就先后成立了中央情报局、美国新闻署等信息和宣传机构,并借此在全球范围内开展诋毁、妖魔化共产主义的文化宣传活动。这种反共宣传策略为美国冷战中的国内外宣传奠定了基调,并于20世纪40年代末50年代初达到顶峰,影响深远。它通过尖锐、激烈的言辞和极富冲击力的图像材料对共产主义进行了广泛的污名化、妖魔化宣传。这被克里斯蒂娜·克莱恩称为"遏制的全球想象"。这种"想象"将苏联塑造为一个"邪恶帝国",这个帝国企图通过战争将血腥与暴力蔓延到全世界。但到了20世纪50年代初,美国的政治精英开始发现:一味依靠空洞、泛化的打压、抹黑无法取得理想的宣传效果。"'自由世界'国家和人民之间的利益认同,无法建立在抽象的概念之上。这种认同必须扎根于群体和个人的日常生活。此外,在受众努力实现自由、机会均等和安全的过程中,这种认同必须被视为一个鼓舞人心的因素,成为维系各国人民及国家间建设性合作的纽带。只有这样才能让'自由世界'发自内心地、持久地抵制苏联共产主义。"[①] 也就是说,美国的冷战宣传不仅应深入受众的日常,还要给人以积极的心态引导,需要避免一味地恫吓或散布仇恨。支持该政策的官员认为,散布仇恨本身就意味着绝望与屈从,是向着"中立主义"的撤退,因此要用信心与希望给大众以力量。只有这样,受众对苏联共产主义的抵制才会更顽强、更持久。[②] 同时,"情感融合"的宣传策略也会充分考虑到不同地区、不同风俗及不同受众的特点。这就要求美新处的工作人员在当地进行宣传材料的制作及高素质宣传人员的选拔、培训,

---

① "Report to the National Security Council by the Executive Secretary (Lay)," December 8, 1950, *FRUS*, 1950, National Security Affairs; Foreign Economic Policy, Vol. I, pp. 452-454.

② "顽强的心理抵抗必须从信心和希望中崛起,使信心和希望焕然一新。对未来的信心和希望将激励其他民族,使他们在情感上和智力上相信……他们被视为共同事业中的正式伙伴……"详见:"Report to the National Security Council by the Executive Secretary (Lay)," December 8, 1950, *FRUS*, 1950, National Security Affairs; Foreign Economic Policy, Vol. I, pp. 454-456。

以便开展更具针对性的宣传。① 除了迎合不同地区受众的需要，"情感融合"的宣传话语还具有相当的隐蔽性。美国政府与各类非官方组织进行了隐秘的合作以隐藏宣传的"官方属性"，避免弄巧成拙或引起受众的警觉和抵抗。② 由此可见，这类宣传活动在隐秘深入大众日常生活的同时，十分注重给予受众积极的情感体验，并力图将宣传主题投射在具体的事物上，以此建立宣传者与受众间更为坚实、紧密、持久的信任。

值得注意的是，这种海外宣传观念的更新与策略的转变同样发生在20世纪50—60年代美国对菲律宾的宣传中。具体来说，20世纪40年代末50年代初美国的对菲宣传大都以尖锐、富有冲击力的话语对共产主义进行非理性的抹黑。这从这一时期美国对菲的宣传海报的整体风格可以明显看出。③ 此外，马尼拉美新处在菲律宾制作和分发的宣传小册子、杂志也以此类风格为主，如1951年美新署在菲律宾制作和分发的《小心阴谋破坏者》④《结束共产主义》⑤《共产主义对你意味着什么？》⑥ 等。及至20世纪50年

---

① "Report to the National Security Council by the Executive Secretary (Lay)," December 8, 1950, *FRUS*, 1950, National Security Affairs; Foreign Economic Policy, Vol. I, pp. 459-460.

② "同样重要的是，要考虑到公开的官方宣传很快就会弄巧成拙。即使是最友好的政府和人民也不会欢迎或长期支持大量涌入的带有美国政府标签的信息材料和人员。"详见："Report to the National Security Council by the Executive Secretary (Lay)," December 8, 1950, *FRUS*, 1950, National Security Affairs; Foreign Economic Policy, Vol. I, pp. 459-460。

③ Propaganda Posters Distributed in Asia, Latin America and the Middle East, ca. 1950-ca. 1965, Record Group (RG) 306: Records of the U.S. Information Agency, 1900-2003, 6949070-306-PPB-169, National Archives and Records Administration.

④ "Watch for the Saboteurs" (USIS-Manila) & (English), August 23, 1951, RG 306, Master File Copies of Field Publications, 1951-1979, Box 2, The U.S. National Archives and Records Administration at College Park, MD (NACP).

⑤ "Stop Communism" (Tagalog, Pampango Ilocano & Ilongo), August 23, 1951, RG 306, Master File Copies of Field Publications, 1951-1979, Box 2, The U.S. National Archives and Records Administration at College Park, MD (NACP).

⑥ "What Would Communism Mean to You" (Pampango, Bicolano, Cebuano, Hiligaynon, Cambodian, Pancasinan, Tagalog, Vietnamese) (9 files), July 17, 1951, RG 306, Master File Copies of Field Publications, 1951-1979, Box 3, The U.S. National Archives and Records Administration at College Park, MD (NACP).

代中期，虽然激进反共仍是美国对菲宣传总体目标中不可或缺的重要一环，但其优先级地位却总体呈下降趋势。与之相对的，"增进菲律宾人对美国政策的理解和支持"这一目标却变得愈加重要。以至于在1958年菲律宾美新处的宣传计划中，"促进美菲相互理解"的重要性超过了反共宣传。该政策的制定者认为，前者是美国实现对菲有效宣传工作的首要目标和先决条件。① 在此理念指导下，美国对菲的宣传越来越注重两国情感和认识上的相互理解与"融合"，并以此为中心采取了诸多措施。下文对大量海报材料的分析亦直接证明了这一点。

此外，美国中情局、国际开发署、国务院、国防部的相关机构也会在各自的职能范围内与美新署合作，共同推进美国对菲情感融合的宣传策略。例如，国际开发署在这一时期经常划拨专款来改善菲律宾的教育设施，还增加奖学金并开展教育交流计划让菲律宾学生留美或前往其他"自由世界"国家。这些活动旨在鼓励和协助公共、私人组织在菲律宾实现稳定的民主，让菲律宾人民认同东亚其他国家正在进行的反共、反帝斗争。② 同时，该"情感融合宣传话语"的构建也十分注意自身的隐蔽性，"以友好和乐于助人的方式在菲律宾发展美菲关系和相关活动，避免采取看似监管、控制菲律宾国内事务和领导人的行动"。③

当然，除了美国的重视与支持，冷战初期美国对菲"情感融合宣传策略"的推行也得益于连续三任亲美的菲律宾总统的配合，他们分别是曼努埃尔·阿库纳（1946—1948年在任）、埃尔皮迪奥·基里诺（1948—1953年在任）和拉蒙·马格赛赛（1953—1957年在任）。其中，马格赛赛和美国的配合尤为突出，曾多次受到美国官员的赞赏。④ 两相配合下，美国在菲的

---

① Operating Plan for USIS Philippines-FY 1958, July 10, 1957, RG 306, Records of the Office of Research, Foreign Service Despatches, 1954-1965, Box 2, The U.S. National Archives and Records Administration at College Park, MD (NACP), pp. 1-2.

② NSC 5413/1, No. 359, Memorandum by the Executive Secretary (Lay) to the National Security Council, April 5, 1954, FRUS, 1952-1954, East Asia and the Pacific, Vol. XII, Part 2, p. 595.

③ Ibid.

④ 详见："Rural Control in an Insurgency: An Analytic Framework Applied to Guatemala and the Philippines," February 1, 1984, (FOIA)/ESDN (CREST): 05462027, CIA FOIA, p. 8。

"情感融合"策略产生了很好的效果,促成了20世纪50年代后半期菲律宾国内对美国极为有利的舆论环境。这甚至让美国政府于1954年削减了菲律宾美新处的预算开支、人员编制及活动数量。①

但是,"情感融合"的策略与美国对菲宣传的其他组成部分一样,始终接受着菲律宾民族主义的质疑和挑战。1957年,亲美的菲律宾总统马格赛赛因飞机失事去世,有反美倾向、代表国内民族主义势力的总统卡洛斯·加西亚上台(1957—1961年在任)。由此,这种质疑开始表现得更为突出。民族主义者要求重新审查美菲间的历史联系,呼吁菲律宾采取更为独立的外交政策。②美国国会甚至因此大幅削减了对菲律宾的经济援助。③这些都令加西亚时期的美菲关系出现了相当大的危机。

即便如此,美国对菲律宾的宣传仍极为注重"情感融合"方面的努力。如上所述,1958年菲律宾美新处的宣传计划首次将"促进美菲理解"的重要性提升到反共宣传之上,并将之视为美国在菲开展一切有效宣传工作的基础。④美国1958年制订的对菲政策仍然强调人员交流计划,并更加重视在首都马尼拉以外的地区开展此类活动。⑤同年,美国还在菲律宾秘密推进"马尼拉劳动中心"和"反颠覆学校"计划。⑥其中,马尼拉劳动中心项目

---

① "鉴于菲律宾目前存在相对有利的心理环境,该国的美国新闻处计划将减少……新闻和出版物材料的数量将比一年前减少。美国的人员编制将从17人减少到13人。"详见:"Report to the Executive Officer, Operations Coordinating Board," January 19, 1954, CIA-RDP80-01065A000300080006-1, CIA FOIA, p. 3。

② 详见:"OCB Report on U. S. Policy toward the Philippines," November 26, 1958, NSC Staff Papers, Disaster File Series, Box 62, Philippines (5), p. 2。

③ 栗田英幸:《美国中央情报局介入后的菲律宾社区发展》,载贵志俊彦、土屋由香、林鸿亦编《美国在亚洲的文化冷战》,李启彰译,稻乡出版社,2012,第215—216页。

④ Operating Plan for USIS Philippines-FY 1958, July 10, 1957, RG 306, Records of the Office of Research, Foreign Service Despatches, 1954-1965, Box 2, The U.S. National Archives and Records Administration at College Park, MD (NACP), pp. 1-2.

⑤ 详见:"NSC 5813/1, United States Policy toward the Philippines, National Security Council Report," June 4, 1958, FRUS, 1958-1960, South and Southeast Asia, Vol. XV, p. 868。

⑥ 详见:"OCB Report on U. S. Policy toward the Philippines," November 26, 1958, NSC Staff Papers, Disaster File Series, Box 62, Philippines (5), pp. 13-14。

通过教育援助给予底层民众生存所需要的生产劳作技能，鼓励菲律宾民众参与这一关乎个人幸福的"自由事业"。反颠覆学校则更重视"隐蔽"与"反颠覆"属性。这些活动试图以社会稳定与相互理解来达成"自由世界"里美菲的"情感融合"，以此形成对共产主义持久、稳定的抵抗力。

可以说，20世纪40年代末50年代初，美国的对菲宣传大都以尖锐、富有冲击力的话语对共产主义进行非理性的抹黑。但随着这种宣传模式的弊病日益凸显，美国的外宣策略于20世纪50年代开始出现重大调整，从先前空洞的非理性抹黑转变为注重传递积极情感的"情感融合"策略。美国20世纪50年代至60年代初的对菲文化宣传亦以此为方针，日趋注重给人以信心和希望的正面宣传，并取得了一定的效果。虽然在加西亚政府时期美菲关系恶化，但美国不仅没有放弃对菲律宾的"情感融合"，反而更加重视教育、交流活动在其中发挥的作用。在此过程中，美国"情感融合"的宣传策略日趋成熟。

二、美国对菲"情感融合"宣传策略的运用

如上所述，20世纪50年代至60年代初，美国对菲律宾的文化宣传活动很大程度上遵循着"情感融合"这一策略。以美国新闻署和中央情报局为代表的美国在菲宣传、情报机构制作了大量包含情感融合话语的宣传材料。这些材料中的情感话语紧紧依托菲律宾的民族主义运动、民主化改革和社会重建，可被归纳为"塑造民族主义"的情感话语、构建美菲"民主友谊"的情感话语和"关怀性"社会活动中的情感话语。

第一，美国的对菲宣传十分注重拉拢当地的民族主义者，安抚菲律宾的民族主义情绪。因为在第三世界反殖民运动如火如荼的大背景下，菲律宾民族主义运动中的反美情绪始终是美国对菲宣传的主要障碍，因此美新处的宣传试图表明：美国支持新兴发展中国家"具有建设性的、开明的"（意即亲美的）民族主义。[①] 但是，菲律宾的民族主义运动中始终存在着强

---

① Country Plan for USIS in the Philippines-FY 1960, October 14, 1959, RG 306, Records of the Office of Research, Foreign Service Despatches, 1954—1965, Box 2, The U.S. National Archives and Records Administration at College Park, MD (NACP), p.18.

烈的反美情绪。社会主义国家对美菲"主仆关系"的批评此起彼伏，美国政府对此也有着清醒的认识。① 同时，美国极为担心菲律宾的民族主义与共产主义相联合。这被美国政府看作"美国在菲律宾利益中面临的最严重的威胁",② 也促使美国更加重视对菲律宾民族主义情绪的争取与利用。因此，美国的政治精英在宣传材料中构建了丰富的情感话语，试图引导、塑造菲律宾的民族情感。这类话语往往借用菲律宾民族英雄、政治家或文化名人的画像和语录，展示对当地民族主义的强烈同情与支持，以此获得受众的共鸣与认同，从情感上拉近美国与菲律宾人民的距离。但同时，这类材料也会断章取义地对历史和现实进行拼接，将符合美国冷战利益的思想观念自然地植入宣传材料中所塑造的民族情绪和民族意识当中。长此以往，菲律宾本地的民族情绪便更容易被导向亲美的道路。

两张以菲律宾国父何塞·黎刹（Jose Rizal）为主题的海报（图1）便是如此。黎刹在菲律宾民族主义者中的声望极高，故这类海报试图以黎刹的名望来调动菲律宾人的民族主义情感，并让宣传内容深入人心。两张海报均以黎刹的头像作为画面背景，其中一张似乎毫无冷战意识形态色彩，只是动人地写道："黎刹为你而死，要对得起他。"但如何才算"对得起"黎刹？美新处的工作人员在另一张海报中用黎刹的口吻给出了答案："没有自由就没有光明。"但实际上，黎刹是为了争取菲律宾国家独立、民族解放而在1896年反西班牙殖民的斗争中牺牲的。他所说的自由是争取国家主权、民族独立的自由，并非美国冷战中所倡导的"自由主义"意识形态。就在黎刹牺牲两年后的美西战争中，美国就背弃了让菲律宾人独立的承诺，强行占领菲律宾，并在此实行了数十年的殖民统治。同时，冷战时期美国在

---

① 详见："The Current Situation in the Philippines," February 3, 1949, (FOIA)/ESDN (CREST): 0000258577, CIA FOIA, p.4。

② 报告指出："极端民族主义的行动在经济上是不现实的，但这种情绪是真实的。事实上，美国在菲律宾利益面临的最严重威胁是，受到未来经济困难日益加剧的影响，左翼和民族主义分子可能联合起来，发起一场基础广泛的反外运动，从而改变目前的亲美倾向。"详见："The Current Situation in the Philippines," February 3, 1949, (FOIA)/ESDN (CREST): 0000258577, CIA FOIA, p.5。

菲律宾的美军基地和贸易条约也不同程度地侵害着菲律宾的独立与主权。因此，借用黎刹形象来实现美国在菲的冷战宣传目标，颇具讽刺意味。

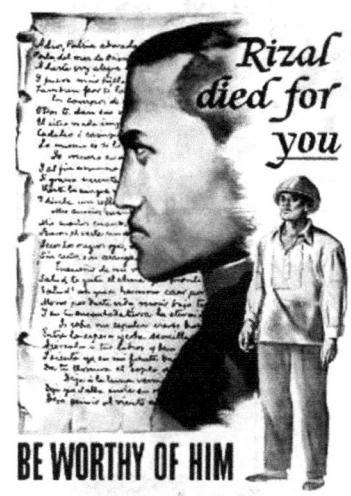 

图 1　两张以菲律宾国父何塞·黎刹为主题的海报
《黎刹为你而死，要对得起他》（左），《没有自由就没有光明》（右）

资料来源："Rizal Died for You: Be Worthy of Him," 1950-1955, Propaganda Posters Distributed in Asia, ca. 1950-1955, RG 306: Records of the U. S. Information Agency, 1900-2003, 5730063-306-PPA-164, National Archives and Records Administration; "Without Liberty There Is No Light," 8/6/1954, Propaganda Posters Distributed in Asia, ca. 1950-1955, RG 306: Records of the U. S. Information Agency, 1900-2003, 5729970-306-PPA-70, National Archives and Records Administration。

这类海报中所展现的民族英雄、政客、文化名人，往往不是在美菲战争前就已身亡（故未与美国有过直接冲突），就是与美国关系友好，或本就是美国在菲培植的政策代理人、经济利益保护者。这在1953年的一张集合了诸多菲律宾政治、文化名人的日历海报（图2）中有着鲜明体现。同时，这张集合了众多亲美政治家、诗人的日历海报还加入了对《联合国宪章》的宣传，此类主题也大量出现在这一时期菲律宾美新处制作的海报中。结合海报内容及这一时期苏联退出联合国、美国主导联合国话语权的情况可以看出：这类海报企图用亲美的世界公民意识来塑造菲律宾的民族主义，将菲律宾的"自我意识从狭隘的乡巴佬转变为具有全球意识的世界公民"。①

图 2　1953 年的日历海报

资料来源:"1953 Calender,"(原文有误,应为 Calendar)1950-1955, Propaganda Posters Distributed in Asia, ca. 1950-1955, RG 306: Records of the U. S. Information Agency, 1900-2003, 5730150-306-PPA-249, National Archives and Records Administration。

---

① Christina Klein, *Cold War Orientalism: Asia in the Middlebrow Imagination, 1945-1961*, p. 9.

此外，有的海报还将民主选举与菲律宾的民族认同、家庭亲情绑定在一起。这种手法旨在利用情感的力量塑造菲律宾的民族主义。例如，一张倡导公正选举的海报（图3）就用大字斩钉截铁地写道：" 你是一个菲律宾人！要维护选举的尊严。"海报该部分将菲律宾的民族身份与公正选举绑定在了一起。同时，海报的另一半绘制了一位菲律宾母亲，这位母亲用动人的话语将自己的荣誉、清白与菲律宾选举的公平正义相联系。这种处理将菲律宾的国家荣誉、民族认同、家庭亲情与民主观念紧密结合，暗指不维护民主选举就破坏了国家荣誉，玷污了菲律宾人的民族身份与家人名誉。

图3 倡导公正选举的海报

资料来源："You Are a Filipino," 10/25/1951, Propaganda Posters Distributed in Asia, ca. 1950-1955, RG 306: Records of the U. S. Information Agency, 1900-2003, 5730171-306-PPA-270, National Archives and Records Administration。

第二，美国通过构建美菲友谊来拉近美菲政府及民众间的关系，意图达到情感融合的效果。这一点在美新处制作的海报中亦有诸多体现。其中，有的海报以宣传美国对菲援助为主题，来构建美菲人民间的友谊，如《菲律宾进步的伙伴》《永远在一起》两张主题海报（图4）。这两张海报的部分内容使用了菲律宾最重要的本土语言——他加禄语撰写，试图拉近宣传

107

者与当地受众的心理距离。此外，因为菲律宾有大量人口信仰基督教，所以相关海报还会通过宗教话语来实现美菲友谊的构建，如海报《愿基督与你同在：来自美国人民对菲律宾人民的问候》（图5）。

图4 宣传美国对菲援助的海报
《菲律宾进步的伙伴》（左），《永远在一起》（右）

资料来源："Partners in Phi. Progress," 3/4/1953, Propaganda Posters Distributed in Asia, ca. 1950–1955, RG 306: Records of the U. S. Information Agency, 1900–2003, 5730042-306-PPA-141, National Archives and Records Administration; "Together Always," 2/17/1953, Propaganda Posters Distributed in Asia, between ca. 1950–1955, RG 306: Records of the U. S. Information Agency, 1900–2003, 5730100-306-PPA-200, National Archives and Records Administration。

图 5 《愿基督与你同在：来自美国人民对菲律宾人民的问候》

资料来源："May the Peace of Christ Be with You," 1950–1955, Propaganda Posters Distributed in Asia, ca. 1950–1955, RG 306: Records of the U. S. Information Agency, 1900–2003, 5729963-306-PPA-63, National Archives and Records Administration。

此外，美菲友谊的情感构建也极易糅合来自美国的冷战意识形态。这类海报常给美菲友谊冠以"民主""自由"的标签，从而在构建情感纽带的同时塑造共同的价值观念。海报《巴丹之声》（图6）对于"巴丹日"的美菲"历史友谊"的塑造便是这类主题中最为经典的一项。具体来说，巴丹半岛战役是第二次世界大战日本入侵菲律宾时，美菲军队联手抵抗日军的战役。该战役结束后，日军虐待美菲战俘，迫使他们在炎热、饥饿和疾病的煎熬中超远途跋涉，致使上万名菲军和约1200名美军死亡，故有巴丹"死亡行军"之称。[①] 每到巴丹战役纪念日，美菲两国总统都要相互致电，

---

① 金应熙：《菲律宾史》，河南大学出版社，1990，第574—575页。

反复诉说这段"历史友谊"。即使是在美国眼中具有"反美倾向"的菲律宾总统加西亚,也未曾间断这种互动。① 同时,加西亚与艾森豪威尔在电文中围绕"巴丹日"的互动也充满了"温情"。双方频频将"自由""民主"精神与美菲友谊深度结合,共同塑造两国人民曾携手为自由、民主事业进行斗争的历史叙事。但是,在实际的政治生活中,加西亚默许一些国内的政治人物前往社会主义国家,允许他们进行往来。② 美国更是于1958年策动了针对加西亚政权的阴谋政变。③ 因此,加西亚与艾森豪威尔有关"巴丹美菲历史友谊"的"深情"互动更像是一种政治姿态。

图6 《巴丹之声》

资料来源:"Voice of Bataan," 3/17/1953, Propaganda Posters Distributed in Asia, ca. 1950–1955, RG 306: Records of the U.S. Information Agency, 1900–2003, 5730149–306–PPA–248, National Archives and Records Administration。

---

① 详见:Philippine Islands (2). 1952–1958, President Dwight D. Eisenhower Office Files, 1953–1961, Part 2: International Series, ProQuest History Vault (PHV), p. 10。

② 详见:"OCB Report on U.S. Policy toward the Philippines," November 26, 1958, NSC Staff Papers, Disaster File Series, Box 62, Philippines (5), p. 16。

③ 金应熙:《菲律宾史》,第714页。

情感话语与战后初期美国在菲律宾的文化冷战

除了"巴丹日",美国还会通过举办第二次世界大战老兵重聚一类的活动来构建"美菲民主友谊",促进美菲民众间的"情感融合"和"自由世界"的团结。根据美新处制作的海报,这类活动包括美菲老兵的第一次大团圆、世界老兵日、世界老兵大会等(图7)。由此,美菲第二次世界大战老兵之间的"战友情谊"从一种私人化的情感力量变成了"美菲历史友谊"的重要佐证。这类活动的宣传同样会把美菲军人间的"老兵情谊"升华为对自由、民主的捍卫,并将这一非政治化的情感力量纳入冷战背景下国际关系的对话中。

图7 宣传第二次世界大战老兵情谊的海报
《美菲老兵的第一次大团圆》(左),《世界老兵日》(右)

资料来源:"1st Grand Reunion of USAFFE Veterans," 1950-1955, Propaganda Posters Distributed in Asia, ca. 1950-1955, RG 306:Records of the U. S. Information Agency, 1900-2003, 5730121-306-PPA-221, National Archives and Records Administration; "World's Veteran's Day," 6/16/1955, Propaganda Posters Distributed in Asia, ca. 1950-1955, RG 306:Records of the U. S. Information Agency, 1900-2003, 5730170-306-PPA-269, National Archives and Records Administration。

第三,对"关怀性"社会活动的组织与宣传,是美国对菲宣传中情感话语的一个重要类别。美国的政治精英试图借此与目标受众达成情感上的共鸣与交融。大体来说,这些活动旨在提高菲律宾公民的基本素养,满足当地儿童健康发展的身心需要,完善社区的现代化功能,并通过各种情感纽带团结菲律宾民众。这类带有公益性质的活动部分经由菲律宾政府推行,有的则是在美国援助下直接开展。很多时候美国也会为菲律宾政府开展的这类社会活动提供援助。美新署对这些活动进行了广泛的宣传,并制作了相关海报。这些活动包括图书馆读书会、研讨会、童子军大会,医疗卫生服务方面的宣传,社会公德与公民素养的普及教育,"美国之音"广播节目的宣传,国际节日的庆祝等。这些活动及记述材料几乎无法从表面上辨别出任何冷战意识形态,但本质上却都是以活动的"公益性""关怀性"来达成美国在菲的"情感融合"。因此,这类活动可以更隐秘地将菲律宾民众团结在美国"自由世界"的一边,是美国在菲文化冷战活动中不可分割乃至至关重要的一部分。例如,一张关心菲律宾民众身体健康的海报(图8)写道:"聪明点——保护你的眼睛。"该海报同时鼓励民众到附近的医院或诊所检查眼睛,表现出一种极为纯粹的善意和关怀。战后初期菲律宾医疗卫生的建设几乎离不开美国的援助,其中许多都取得了良好且长久的效果,这在美国档案中也多有记述。例如,公共服务部的史密斯将军就曾利用当地有限的条件极大地改善了当地的饮食、饮水卫生情况,消除了相关疾病的肆虐。这得到了菲律宾民众和美国政府部门极高的赞誉。相关经验也被积极推广传播。[1] 不仅如此,美国还资助、鼓励美菲两国间的教育交流来培养菲律宾本地的医生,向菲律宾传播美国先进的医疗技术和知识,并通过报纸、海报等材料对此进行系统宣传。[2] 这也在客观上促进了美菲两国间的人员交流,加深了两国的文化交融与情感依赖。

---

[1] 详见:"Paper Prepared in the Bureau of Far Eastern Affairs," March 6, 1950, *FRUS*, 1950, East Asia and the Pacific, Vol. Ⅵ, p.39。

[2] 详见:"Valley Bandillo," 4/15/1953, Propaganda Posters Distributed in Asia, ca. 1950-1955, RG 306: Records of the U.S. Information Agency, 1900-2003, 5730125-306-PPA-227A, National Archives and Records Administration。

情感话语与战后初期美国在菲律宾的文化冷战

图 8 《聪明点——保护你的眼睛》

资料来源："Be Wise—Save Your Eyes," 7/16/1956, Propaganda Posters Distributed in Asia, Latin America and the Middle East, ca. 1950–ca. 1965, RG 306：Records of the U. S. Information Agency, 1900–2003, 6949070–306–PPB–169, National Archives and Records Administration。

还有海报以菲律宾的社会公德建设、公民准则推广为主题，表达对于菲律宾文明建设、社会生活的内在情感关怀。例如，《公众的眼睛在看着你》《谨记司机的基本责任》两张海报（图9）就展现出美国在培育菲律宾公民素养、社会公德方面的努力。这两张宣传海报都以宣传社会公德为主题，前一张鼓励人们"要有礼貌、公正、诚实、坚韧，以此维护人民的信心"，后一张则提示汽车司机在文明用车方面的一些注意事项，试图培养司机在用车方面的良好习惯。通过宣扬公民的优良品质和基本素质，这类海

113

报试图帮助菲律宾培育公民素养，潜在地将建设菲律宾现代化国家的任务看作了美菲人民"共同的事业"。同时，海报不仅传递了情感上的关心，更展现了美国对菲律宾良好社会秩序的期盼，内在地构建了美菲两国人民携手创建现代菲律宾社会的美好愿景。

图 9　宣传社会公德的海报
《公众的眼睛在看着你》（左），《谨记司机的基本责任》（右）

资料来源："The Public Eye Is on You," 2/4/1955, Propaganda Posters Distributed in Asia, Latin America and the Middle East, ca. 1950-ca. 1965, RG 306: Records of the U. S. Information Agency, 1900-2003, 6949066-306-PPB-165, National Archives and Records Administration; "Primary Duties of Drivers," PO-234-E (Poster), 5/12/1954, Propaganda Posters Distributed in Asia, Latin America and the Middle East, ca. 1950-ca. 1965, RG 306: Records of the U. S. Information Agency, 1900-2003, 6949062-306-PPB-161, National Archives and Records Administration。

除此以外，美国政府还通过构建社会纽带的方式来加强菲律宾社会的团结。美国的政治精英认为：一个富足、稳定的社会不会主动选择共产主义。① 因此，社会的团结与稳定，也被美国视作"抵抗"共产主义"渗透"的重要积极因素。例如，两张美新署海报（图10）宣传了"全国童子军大会"。该活动旨在为菲律宾青少年提供成长所需的各种设施和活动，以此促进他们身心的稳定、健康成长，培养社会稳定所需要的情感纽带，加强青年人的团结与组织性，并为培养合格的菲律宾公民打下坚实的基础。② 上述美菲两国退伍老兵的重聚活动也有类似作用。"老兵重聚"不仅可以构建美菲民众之间的情感联结，也可以传达社会对菲律宾退伍军人的亲切关怀。作为一种积极的情感力量，这类活动在构建菲律宾社会纽带的同时也在维护当地秩序的稳定。

图10　全国童子军大会海报

纵观上述材料可知，美国的政治精英围绕各类积极的、深入民众日常生活的主题构建情感话语，试图与菲律宾受众进行情感上的接触与互动，并借此构建美菲两国间牢固的情感纽带。这类话语往往淡化反共元素，而以"民族自豪感""社会进步""老兵情谊""宗教宽容""青少年成长"

---

① 详见："Report to the National Security Council by the Executive Secretary (Lay)," December 8, 1950, *FRUS*, 1950, National Security Affairs; Foreign Economic Policy, Vol. I, pp. 445-446。

② 关于此次童子军大会的举行情况，详见：Scouts of the Philippines, National Scout Jamboree, "First National Boy Scout Jamboree-Boy Scouts of the Philippines," https://scoutheritage.com/first-national-boy-scout-jamboree-boy-scouts-of-the-philippines/，访问日期：2023年5月2日。

"言论自由""身体健康""社会公德"等积极元素作为宣传主题,并偶尔配以"自由""民主"等美国倡导的价值观念。美国的宣传人员试图借此将菲律宾民众日常生活中的积极情感与符合美国冷战利益的逻辑观念结合到一起,不知不觉地在政治宣传领域调动起非政治化的大众情感力量。这种模式进一步提升了文化冷战的深度与广度,将冷战的文化影响拓展到菲律宾大众日常生活的方方面面。

三、情感话语的效果与美国在菲的新殖民主义

放眼全球,菲律宾或许算不上美国文化冷战战略中最紧要的地方。但是,美国在菲律宾进行的文化冷战活动仍种类繁多,或指向明确或润物无声,效果各异,不可胜数。同时,不同宣传项目面向不同目标群体所产生的效果也必然是多样的,难以一概而论。菲律宾美新处留下了系统的宣传评估报告,这有助于我们了解 1947—1961 年美国对菲"情感融合"宣传项目的具体效果。此外,本文还将结合美菲关系的大背景和菲律宾民族主义、共产主义运动的发展,进一步论证美国在菲"情感融合"宣传的效果,并揭示这种情感话语的本质。可以说,美国对菲宣传的情感话语本质上来源于美国在菲律宾的殖民遗产。借助这种遗产,美国得以在后殖民时代对菲律宾继续施加特殊权力,直接干预菲律宾在冷战中的国内外事务,表现出一种新殖民主义的特征。这再一次警示人们,通过接近、影响他者的"主观性",情感可以成为行使权力的有效工具。政治行为体则可以利用这种工具,将他者纳入国际关系的角逐与博弈当中。

总体来说,1946—1957 年,在三任亲美的菲律宾总统的配合下,美国在菲的"情感融合"策略有着良好的落实环境。但随着代表菲律宾民族主义势力的总统加西亚 1957 年上台,这种氛围发生了转变。菲律宾民族主义中的反美情绪难以掩盖,这削弱了美国对菲宣传中情感话语的具体效果。具体来说,1946—1957 年,美国对菲构建的情感话语在宣传中有着相对良好的效果。尤其在拉蒙·马格赛赛总统时期,美菲关系极为密切。美国对

菲的"情感融合"在这位亲美领导人的配合下有着良好的效果。① 美新署因而于1954年削减了马尼拉美新处的预算和开支。② 同时，在马格赛赛与美国的合作下，菲律宾的共产主义和菲共领导的胡克运动被残酷镇压，并在美菲政府心理战攻势下被遏制。可以说，这一时期美国在菲文化冷战中"情感融合"策略的运用在整体上比较成功。但到了卡洛斯·加西亚总统时期，具有反美倾向的菲律宾民族主义运动愈演愈烈。代表菲律宾民族主义势力的总统加西亚与美国政府的矛盾愈加尖锐，菲律宾内部政治派别的斗争也一度走向极端。1958年，与美国中情局有紧密联系的菲律宾国防部部长赫苏斯·巴尔加斯（Jesus Vargas）参与了推翻加西亚政权的政变，并于政变失败后被迫辞职。③ 1960年，马尼拉美新处的工作人员也认识到：极端的民族主义者会让菲律宾人相信，美国的政策甚至援助都是纯粹自私的，菲律宾必须单打独斗。同时，大量的菲律宾人在过去和现在都不相信自身的独立地位。④ 虽然加西亚时期菲律宾美新处的评估报告对宣传工作整体持肯定态度，但在具体的评估部分多采用"主观来说""应当""大概"等大量含混、模糊的言辞。⑤ 这再次证明，美新处此时的在菲宣传面临着相当大的压力，评估者自身也对宣传效果持批判性态度。这种压力使"情感融合"的宣传效果遭到削弱。这种削弱不同程度地体现在各个具体的宣传项目上。例如，一项宣扬美国政治体制的文化活动就在此时面临菲律宾民族主义的质疑。该项目的评估报告指出：鉴于菲律宾民族主义的普遍情况发展，工

---

① 详见："Rural Control in an Insurgency: An Analytic Framework Applied to Guatemala and the Philippines," February 1, 1984, (FOIA)/ESDN (CREST): 05462027, CIA FOIA, p. 8。

② "Report to the Executive Officer, Operations Coordinating Board," January 19, 1954, CIA-RDP80-01065A000300080006-1, CIA FOIA, p. 3。

③ 金应熙：《菲律宾史》，第714页。

④ 许多菲律宾民族主义者此时认为，美国仍控制着菲律宾的政治和经济命脉，所谓"独立"不过是一个"骗局"。详见：1960 Assessment Report, March 27, 1961, RG 306, Records of the Office of Research, Foreign Service Despatches, 1954–1965, Box 2, The U. S. National Archives and Records Administration at College Park, MD (NACP), p. 20。

⑤ Country Plan for USIS in the Philippines-FY 1960, October 14, 1959, RG 306, Records of the Office of Research, Foreign Service Despatches, 1954–1965, Box 2, The U. S. National Archives and Records Administration at College Park, MD (NACP), p. 6。

作组不得不在此项目中谨慎行事。尽管美国的例子无疑为菲律宾人思考和达成成就提供了良好的样板，但当地的主要进步必须仰赖当地人的活动……工作组目前还没有在这方面制订真正的全国性计划，总体进展也不太令人满意。①

然而，无论美国对菲构建的情感话语取得了何种效果，都无法改变这一话语背后深刻的利益考量与冷战逻辑。可以说，这类话语本质上是美国基于自身的殖民遗产在菲律宾开展的冷战宣传。它看似温情脉脉，却处处与菲律宾的共产主义宣传针锋相对。情感话语试图掩盖美菲间诸多难以调和的矛盾，这些矛盾包括美国资本在菲律宾享有的特权，在美国支持下菲律宾社会愈加严重的土地问题，美军基地对菲律宾主权的损害及民众的抗议等。马格赛赛与美国的合作最为密切，故菲共在宣传文本中对他的指责也最为集中。菲共认为，美国联合军事顾问小组（JUSMAG）在菲律宾的活动成功控制了总统马格赛赛，完全掌握了菲律宾的政治、经济、军事甚至教育。这些控制中最关键的莫过于美国对菲律宾军事力量的掌握。② 这类矛盾集中体现在菲律宾共产党的宣传文本和政治话语中：

> 谁在统治那些落后的小国？谁是统治的工具？菲律宾不是由美国主导吗？据说我们被授予了"独立"，但事实上，我们没有自由，因为帝国主义统治的毒液浸透了菲律宾的自由……谁是他们的统治工具？不正是国家中占主导地位的少数资产阶级吗？在菲律宾，他们的工具是马格赛赛、奎林·奥西亚斯……谁在咒骂劳动者和农民？谁在利用工人劳动者？谁又在吞并小资本家所拥有的小工厂和工业？正是大地主、大资本家，他们是美国帝国主义

---

① 1960 Assessment Report, March 27, 1961, RG 306, Records of the Office of Research, Foreign Service Despatches, 1954-1965, Box 2, The U. S. National Archives and Records Administration at College Park, MD (NACP), p. 20.

② 详见："Memorandum by the Officer in Charge of Philippine Affairs (Wanamaker) to the Director of the Office of Philippine and Southeast Asian Affairs (Bonsal)," December 5, 1952, FRUS, 1952-1954, East Asia and the Pacific, Vol. XII, Part 2, pp. 518-519。

统治和剥削的工具。因此，真正的问题是如何利用共产主义的自由把国家从机会主义与帝国主义的统治、大地主和大资本家的压迫中拯救出来——这些问题得到了胡克军和代表大多数人福利的共产党的支持。如果我们允许自己被那些使我们远离真相的问题所左右，那么强大的帝国主义者、大土地所有者和资产阶级就不会被铲除。同时，土地会继续集中在少数人手中，贫穷和痛苦会继续蔓延，对劳动者和农民的奴役也将持续下去。①

同时，菲共在宣传中构建的美好愿景及贴合菲律宾现实的政治理论也与美国的情感话语形成了强力竞争。这些愿景极力展现共产主义治理下人人平等、物质富足的美好未来，以争取底层民众的支持。② 此外，菲共也宣传属于共产主义的自由民主，意在与美国争夺现代核心价值观的话语权，揭露美菲政府的抹黑。他们认为，共产主义在言论、集会、思想和表达方法上的自由更加全面，并把国家的发展进程比作梯子，指出菲律宾仍处在发展的起步阶段，目前的斗争不是民主和共产主义的斗争，而是把国家从帝国主义统治下解放出来的斗争。在菲共看来，新民主主义是发展社会主义和共产主义的先决条件。美菲政府对菲共的批评则完全建立在对这一民主进程的颠倒之上，是对人民的误导。这种误导会使大众远离菲律宾现实中的根本问题。总之，美菲政府为了掩盖民主的真实发展而指责共产主义是不民主的。③

为了对此类指控作出回应，菲律宾美新处利用情感话语塑造了丰富的意象和故事情节，将矛盾的根源直指共产主义和农民运动。这在一份由他加禄语撰写的反胡克运动的海报中有着充分的体现。该海报用前胡克运动

---

① 详见："Documents Distributed by HMB in Quezon Province for Indoctrination of Recruits," March 31, 1953, CIA-RDP80-00810A000800460004-9, General CIA Records, CIA FOA, p. 2.
② Ibid., pp. 1-2.
③ Ibid., p. 2.

游击队员的口吻讲述其"幡然醒悟""弃暗投明"的故事。① 美新署试图以此粉碎菲共所构造的美好愿景,打破民众(尤其是底层农民)对于共产主义社会的美好幻想,以此与菲律宾共产党争夺人心。这种处理手法在一部由美新署拍摄的反胡克木偶剧《托马斯和胡克》(Tomas and the Huks)中亦有鲜明体现。②

根据上述材料不难看出,美新署的宣传试图回避菲共对菲律宾严重社会问题的批判,并将战争罪责和社会问题的根源转嫁给苏联和胡克运动,但这与实际明显不符。值得注意的是,战后菲律宾共产主义的"暴力革命路线"本就是在遭受美菲政府残暴镇压后被迫作出的选择。菲律宾共产党的早期路线与胡克运动并不相同,其主张采用非暴力手段进行和平斗争。但美菲政府军出于意识形态原因,在战后随即对菲共展开了血腥镇压,并在这一过程中劫掠村庄、大规模屠杀无辜平民、强奸妇女,这才使菲共的战略方针转向激进的武装斗争,与胡克运动逐渐合流。③ 胡克运动本质上也只是底层菲律宾农民反抗地主压迫、争取土地的民族主义运动。绝大多数胡克成员并不清楚何为共产主义。菲共和胡克运动的活动在这一时期也始终未受到中苏的正式帮助。虽然美国一再指责是国际共运策划了胡克运动这个"阴谋",但美国的在菲情报人员始终没有找到中苏干涉的证据。所以,正因美菲统治阶层在战后制造的菲律宾社会问题难以解决,当地底层农民的悲惨境遇无法改善,美新署才试图通过积极的情感话语给予受众信心和希望,以缓和尖锐的阶级矛盾及其他社会问题。由此可见,看似温情脉脉、饱含民族自豪感和"同胞情谊"的情感话语,背后是深刻的文化冷战思维,有着极强的误导性。

此外,美新处构建的情感话语还服务于美国在菲律宾的新殖民主义利

---

① 详见:"Statement of a Former Hut Commander of the Philippine Veterans Legion," 1950-1955, Propaganda Posters Distributed in Asia, Latin America and the Middle East, ca. 1950-ca. 1965, RG 306: Records of the U. S. Information Agency, 1900-2003, 5730073-306-PPA-174, National Archives and Records Administration。

② 详见:United States Information Agency (USIA), Tomas and the Huks, 1952, https://unwritten-record.blogs.archives.gov/2014/05/14/with-strings-attached-rice-murder-and-awkward-communist-puppets/,访问日期:2023年4月15日。

③ 金应熙:《菲律宾史》,第654—655页。

益。也正因如此,该话语试图掩盖美菲关系中的主要矛盾及菲律宾社会中的诸多问题。对此,凯瑟琳·威克利(Kathleen Weekley)指出:"从冷战一开始,美国政府就一直在保护菲律宾的美军基地,并将菲律宾本土精英纳入一个庞大且分散的政治体系。对这些人的支持,总比满足其他菲律宾人的政治、经济诉求更加重要。推行真正的土地、经济改革,扩大政治体系以容纳下层声音的种种机会则总是被回避。这被用来取悦精英阶层。因此,虽然菲律宾作为一个正式的民族国家被建立了起来,国家理论上是他们表达诉求的对象,但大多数菲律宾公民感觉自己和国家没有任何关系。"[1] 雷蒙德·邦纳(Raymond Bonner)也认为,美菲政府常常在互动中牺牲菲律宾长期的政治稳定和发展,以换取美国和菲律宾精英阶层的短期利益。[2] 斯蒂芬·R. 沙洛姆(Stephen R. Shalom)则指出,菲律宾是美国全球经济、军事战略布局中的重要节点。虽然美国给予了菲律宾大量的经济援助,但在二者的互动中,美国显然更重视自身在菲律宾的特殊权益,这些权益的价值远超援助和商业利益本身。[3] 丹尼斯·克鲁兹(Denise Cruz)则将美国对菲宣传中的这种"情感话语"称作"转向内心和家庭关系的修辞",揭示了该话语背后美国对菲宣传的情感导向和"家长制情结"。他指出,这种话语利用了民主在海外传播中的煽情叙述,为美国的扩张提供了持久的理由。[4]

---

[1] Kathleen Weekley, "From Nation-Building to State Building," *Third World Quarterly*, Vol. 27, No. 1 (2006), pp. 85–100.

[2] Raymond Bonner, *Waltzing with a Dictator: The Marcoses and the Making of American Policy* (New York: Times Books, 1987), p. 441.

[3] 参见沙洛姆关于两部著作的书评:Stephen R. Shalom, "*Illusions of Influence: The Political Economy of United States Philippines Relations, 1942-1960*, by Nick Cullather; *Managing Nationalism: United States National Security Council Documents on the Philippines, 1953-1960*, by Nick Cullather, ed.," *Bulletin of Concerned Asian Scholars*, Vol. 28, No. 3-4 (1996), pp. 105–111。

[4] "冷战时期对美国公众的再教育,与运用修辞转向内心和家庭关系的策略有着重要的、迄今未被承认的联系,这些策略是为了掩盖在菲律宾的帝国主义统治,以及掩盖美国占领期间(1898—1946)的暴力。20世纪40—50年代,美国的公共话语忽略了这些岛屿上的帝国主义和种族主义暴力历史,并维护了两国之间的家庭关系。这种论调利用了对民主在海外传播的煽情叙述,为美国的扩张提供了持久的理由。"详见:Denise Cruz, "Pointing to the Heart: Transpacific Filipinas and the Question of Cold-War Philippine U. S. Relations," *American Quarterly*, Vol. 63, No. 1 (March 2011), p. 4。

他认为，该话语掩盖了美国在菲律宾问题中的野心、特权和暴力，并为自身在全球范围的扩张提供了煽情的理由。因此，"情感融合"的宣传话语本质上是美国战后对菲律宾施加政治影响力的特殊工具，它从根本上来源于美国在菲律宾的殖民遗产，具有新殖民主义的特质。对此，克莱恩评论道："同情的力量可能是一把双刃剑，它在差异和分歧之间建立令人满意的情感纽带。通过接近他人的主观性，情感可以作为行使权力的工具。"① 关于这一点，美国的政治精英并非毫无察觉。他们指出：美国的对菲宣传始终因过于认同菲律宾本土统治集团和美国的在菲特权而遭受质疑。这阻碍了美国在菲律宾实现最大心理影响的尝试。②

四、结语

其实，不论自由国际主义意识形态还是民主价值观，都需要借助情感争夺人心。没有情感的思想观念难以转变为政治信仰，不触及情感的宣传也难以深入人心。在冷战中，美苏都尝试通过各类宣传技巧和形象主题去调动受众的情感，传播自身信仰，以争夺人心。因此，情感应当是文化冷战研究中一个重要的考察维度。这被克里斯蒂娜·克莱恩的研究所证实，情感自此被正式纳入对国际关系博弈的历史考察中。

冷战初期，美国对菲律宾的宣传亦围绕情感展开。这种情感不仅是积极、深入日常生活的，更深度结合了菲律宾的历史传统和文化特色，以拉拢本地的民族主义者。它给予了受众一种内在的情感关怀，因而在政治宣传领域调动起非政治化的情感，服务于美国对菲宣传的总体目标。同时，这种情感话语亦充分利用了美国在菲律宾的殖民遗产，构成了战后美菲"特殊关系"中独特的一环，展现出一种新殖民主义的特质。

---

① Christina Klein, *Cold War Orientalism: Asia in the Middlebrow Imagination, 1945-1961*, pp. 14-15.
② 美国政府在 1952 年关于全国心理战进展的报告中指出："政策利益的冲突，阻碍了美国项目在该地区（泛指东南亚且包括菲律宾）实现最大心理影响的尝试。"详见："Progress Report on the National Psychological Effort for the Period July 1, 1952, through September 30, 1952," October 30, 1952, (FOIA) /ESDN (CREST): 02119060, General CIA Records, CIA FOA, p. 41。

越战梦魇后的希望：1976年美国革命200周年纪念和美国国际形象的重塑[*]

欧倚天[**]

摘　要　冷战时期，美国和苏联在文化和意识形态领域展开了激烈竞争，两大阵营在世界上的人心之争旷日持久，双方都利用一切所能使用的资源从宣传领域来笼络人心。美国在20世纪60年代开始策划，并最终在1976年举办的美国革命200周年庆典是美国对自己形象投射的典范。美国革命200周年纪念成功地提供了契机，使美国的公共外交官员把美国国内和海外的注意力从美国在越南战争当中的丑陋行径转移到了美国的诞生缘起上。美国的公共官员认为，美国革命的影响力并不局限于一个国家范畴，美国革命是世界性的革命，亦是非常优秀的宣传素材。最终，美国在1976年成功举办了美国革命200周年纪念庆典活动，而美国的公共外交官员也成功地将活动的影响力传播到了世界各地。

关键词　尼克松；福特；美国新闻署；美国革命200周年纪念

近年来，国际学术界对于"文化冷战"的研究愈加深入。其中，关于尼克松-福特时期美国宣传政策的研究较少，而这一阶段美国本土文化与其公共外交战略之间的关系却十分复杂。2018年公布的尼克松时期《美国对

---

[*]　本文是国家社科基金重大项目"知识外交与战后美国学术话语体系的全球建构研究"（20&ZD243）的阶段性成果。

[**]　欧倚天，英国伦敦大学国王学院社会科学与公共政策学院研究生。

外关系文件集》的公共外交卷,是关于上述研究非常充实的档案资料。20世纪60—70年代,由于陷入越南战争泥潭,以及经济出现衰退,美国国内的社会气氛颓废,民权斗争不断。中国历史学者张杨认为,尼克松和基辛格曾试图复兴"美国精神",凝聚美国的国家力量,否则失去凝聚力的美国将输掉整个"文化冷战"。"文化冷战"最终是要决出美苏谁能掌控世界,哪一方能代表未来的潮流,[1] 而书写美国故事、系统输出美国意识形态,将是美国在"文化冷战"中的立足点。

1976年美国革命200周年纪念庆典是美国公共外交活动的经典案例,中国学者石庆环、张一帆对美国革命200周年庆典活动有相关研究,其从政治伦理视角分析了美国的这次庆典活动,但是忽略了这次庆典活动带来的全球范围的政治和文化影响。[2] 在国外研究方面,塔米·S.戈登的专著《1976年的精神:商业、社区和纪念政治》[3] 和弗吉尼亚·迈海尔的博士学位论文《"新美国革命":文化政治、新联邦主义和1976年200周年纪念》观察了美国的商业文化在美国革命200周年庆典期间的发展,以及其与历史文化和大众社会文化的融合互动。[4]

本文试图依托相关美国政府档案,以1976年美国革命200周年作为聚焦点,不仅从美国国内视角,更在冷战的历史背景下去分析这次历史事件对美国国内及其在世界范围内的影响,从而观察整个尼克松-福特时期美国公共外交政策的特征和转向。在当今国际关系更加强调多边和多元的背景下,对这一案例的研究也会为理解当下美国的公共外交战略提供一定的历史参考。

---

[1] 张杨:《文化冷战:美国的青年领袖项目(1947—1989)》,中国社会科学出版社,2020,第107—110页。

[2] 石庆环、张一帆:《形式之争与政治博弈——基于美国革命两百周年庆典活动筹备始末的考察》,《辽宁大学学报(哲学社会科学版)》2022年第5期。

[3] Tammy S. Gordon, *The Spirit of 1976: Commerce, Community, and the Politics of Commemoration* (Amherst: University of Massachusetts Press, 2013).

[4] Virginia Myhaver, "The 'New American Revolution': Cultural Politics, New Federalism, and the 1976 Bicentennial" (Ph. D. dissertation, Boston University, 2014).

一、美国革命 200 周年纪念活动的缘起和准备工作

20 世纪 60 年代，美国的国际声誉下降，国内社会气氛萎靡，经济和精神上的双重打击让国内保守势力和激进左翼势力矛盾冲突不断。国内和国际出现了越来越多的针对美国的指责声音，甚至谴责美国的罪行。美国总统林登·约翰逊在 1966 年开始筹划美国革命 200 周年纪念庆典。约翰逊把美国革命看作一场社会革命，认为它标志着一个人民可以享受"平等、自由、追逐幸福"权利的国度的诞生，"不仅在庆祝美国理想的诞生，也在庆祝全球理想的诞生"。约翰逊还利用这次活动来为南越政权造势，试图粉饰这个岌岌可危的政权，声称"'自由世界'支持南越人民争取自由，美国的使命和南越争取自由的努力息息相关"。①

美国在越南的暴行致使其与很多处于冷战前沿的欧洲国家的双边关系受损。同时，美国在越南军事行动的失败导致了美国和美军国际声望的下降，越来越多的欧洲国家开始和北越接触并承认其政权合法。在德意志联邦共和国（联邦德国），美国驻军被联邦德国民众敌视。一方面，联邦德国民众畏惧美军在越南的暴行会降临在联邦德国人民的身上；另一方面，美军"战无不胜"神话的打破，让联邦德国人民担忧驻德美军无法保护联邦德国不受外部侵犯。对于作为永久中立国的瑞典，虽然其政治上保持中立，但是强烈的道德责任感让瑞典政府非常踊跃地在国际事务上呼吁抵制美国在越南问题上的霸权主义行为。在整场越南战争当中，美国的盟友中只有五个国家对美国在越南的军事活动表示支持。② 美国的对外宣传机构，即美国新闻署（United States Information Agency, USIA）非常忧虑美国热爱和平、

---

① Letter to the President of the Senate and to the Speaker of the House Proposing the Establishment of an American Revolution Bicentennial Commission (120), March 10, 1966, *Johnson, Lyndon B. Internet Archive* (Washington, D.C.: National Archives and Records Service, 1967).

② Hallvard Notaker, Giles Scott-Smith, and David J. Snyder (eds.), *Reasserting America in the 1970s: U.S. Public Diplomacy and the Rebuilding of America's Image Abroad* (Manchester: Manchester University Press, 2016), pp. 214-215.

勇于斗争的形象被质疑。糟糕的国家形象和低落的国家信誉会导致美国的盟友无法信服美国可以阻止来自"共产主义扩张"的侵略。美国新闻署的研究表明,美国的战后声望因为越战而达到了历史新低。①

美国的公共外交官员早就疲于每天解释美国的越南政策的合法性,美国新闻署的年轻官员厌恶对外解释美国在越南活动的合法性的同时又要回应外界对美国不断扩大战争的质疑声。为了扭转局面,美国的外交官员和学者敏锐地察觉到了美国革命200周年庆典振奋人心的功用,尤其是对于那些对美国失望的国家。恢复美国光荣形象可以修复和这些国家的关系,至少可以保持正常有效的沟通,让美国的对外宣传工作重心从解释美国在越南的行动和政策转移,转而介绍美国革命,介绍美国作为正常社会的一面。②

为了成功举办美国革命200周年纪念庆典,在1966年,美国设立了美国革命200周年纪念委员会(American Revolution Bicentennial Commission,ARBC),这个委员会专门负责统筹设计整个纪念庆典的地点、项目、活动。在1969年,美国革命200周年纪念委员会参考了尼克松的意见之后,发表了关于活动的提纲和设计。在提纲中,委员会强调"纪念美国革命200周年是一个庆祝过去的场合,但更重要的是,它可以让美国人民重新挖掘埋藏在历史中的理想,并为未来更大的挑战做好准备"。纪念美国革命200周年并不仅是纪念在1976年依然存在的美国,同时也是展望2076年,致力于美国理想可以持续到更遥远的未来。③ 此外,这场纪念活动既关乎美国历史,也关乎美国与外部世界的关系。由于美国人认为美国建国独特的历史意义是具有世界性的,美国的举办方一方面要考虑如何庆祝过去的历史,

---

① U. S. Department of State, *Foreign Relations of the United States* (*FRUS*), 1969-1972, Vol. Ⅷ, Public Diplomacy (Washington, D. C.: Government Printing Office, 2018), p. 1.

② Hallvard Notaker, Giles Scott-Smith, and David J. Snyder (eds.), *Reasserting America in the 1970s: U. S. Public Diplomacy and the Rebuilding of America's Image Abroad*, pp. 214-217.

③ *FRUS*, 1969-1972, Vol. Ⅷ, Public Diplomacy, p. 116.

另一方面则是要诉说如今美国和各国之间相互依存的关系。① 美国革命200周年纪念委员会是美国200周年纪念活动的总指挥部门。该委员会有五个部门，按领域分为：媒体，艺术、人文和科学，商业和劳工，活动和展览，志愿、军事和服务组织。委员会有义务帮助州政府、地方组织和私人组织在美国革命200周年纪念项目上达成合作和规划项目。②

美国革命200周年的海外宣传和交流则由两个美国的对外宣传机构——美国新闻署和美国国务院教育与文化事务局（Bureau of Educational and Cultural Affairs）负责。③ 最初美国新闻署的官员并不准备参与到美国革命200周年的筹备工作当中。因为时任约翰逊政府美国新闻署署长伦纳德·马克斯（Leonard Marks）不愿意成为公务在职委员，④ 所以最初美国新闻署是作为咨询部门来辅助美国革命200周年纪念委员会举办活动。美国新闻署署长不参与相关事务，仅派一名美国新闻署代表哈罗德·F. 施奈德曼（Harold F. Schneidman）参与到美国革命200周年纪念委员会的工作当中。

然而，由于美国新闻署的庞大资源为美国革命200周年纪念活动服务再合适不过，所以到了尼克松时期，新一任的美国新闻署署长弗兰克·莎士比亚（Frank Shakespeare）递交给美国革命200周年纪念委员会一份备忘录

---

① Hallvard Notaker, Giles Scott-Smith, and David J. Snyder (eds.), *Reasserting America in the 1970s: U.S. Public Diplomacy and the Rebuilding of America's Image Abroad*, pp. 216-217.

② *FRUS*, 1969-1972, Vol. Ⅷ, Public Diplomacy, p. 116. 在1973年，尼克松决定建立一个美国革命200周年纪念行政署（American Revolution Bicentennial Administration, ARBA）来取代美国革命200周年纪念委员会继续200周年纪念的准备工作。最终美国革命200周年纪念行政署在纪念活动成功结束后的1977年解散，所有遗留事务和资金由美国内务部园林司（Department of Interior, Park Service）处理。U.S. Department of State, *FRUS*, 1969-1972, Vol. XXX, Public Diplomacy (Washington, D.C.: Government Printing Office, 2016), p. 260.

③ 在1953年，艾森豪威尔为了建立独立的宣传机构，将美国新闻署从美国国务院独立出来，并将国际宣传工作交予美国新闻署负责，而教育与文化交流事务依然保留在美国国务院，由国务院教育与文化事务局负责。

④ U.S. Department of State, *FRUS*, 1973-1976, Vol. XXXVIII, Part 2, Organization and Management of Foreign Policy (Washington, D.C.: Government Printing Office, 2016), p. 295. 公务在职委员（Ex-Offcio）的意思是公务员执掌自己公务单位的同时成为某个委员会或者研讨小组的成员。在美国，美国副总统兼任参议院议长就是公务在职委员的典型。

《美国革命200周年庆典中美国新闻署角色规划》（Plan for USIA's Role in the American Revolution Bicentennial Celebration），强调美国新闻署可以为200周年纪念庆典作出更多的贡献，美国新闻署控制的新闻、广播、电视和电影、展览节目，是外国观众了解200周年纪念及主题的重要渠道。在文件中，美国新闻署表示愿意为扩大200周年纪念活动影响力作出更多的贡献，并列举了美国新闻署可以提供的宣传资源和渠道，包括英语培训、海外展览、国际贸易博览会、"美国之音"广播、电影和电视节目、杂志、对外国媒体援助项目和多媒体项目等（例如，"美国之音"将在世界各地播放系列讲座，讲述美国政府、文学、音乐和美国人民的种族起源，播放美国20世纪中期的几位总统和其他重要人物的演讲）。莎士比亚希望美国新闻署能够进一步参与到纪念活动的工作当中，安排美国新闻署的政策计划办公室（IOP）和信息中心处（ICS）协调和计划美国新闻署相关的200周年纪念活动。莎士比亚在1972年8月18日给美国革命200周年纪念委员会主席大卫·J.马奥尼（David J. Mahoney）的备忘录中概述了美国新闻署已经推出的美国革命200周年纪念相关的出版物、电影和电视项目、"美国之音"节目的信息。莎士比亚认为，美国新闻署已经不能像在1968年的时候一样，作为边缘组织筹划200周年纪念活动了，这次纪念活动已经和美国新闻署的初始使命，即"帮助实现美国外交政策目标"趋同。美国革命200周年纪念活动将影响海外公众态度，莎士比亚给美国革命200周年纪念委员会主席斯特林寄了一份文件，并向他保证："美国新闻署已准备好尽一切可能协助美国革命200周年纪念委员会，使200周年庆典在国际化层面取得成功。"在这之后，美国新闻署派出成员参加到美国革命200周年纪念委员会的行政部门当中。①

随着美国新闻署深入到美国革命200周年纪念的工作当中，美国革命200周年纪念委员会发现，这次活动也是美国新闻署和美国国务院下属机构教育与文化事务局加强合作的一次机会。实际上，美国新闻署在1970年的

---

① FRUS, 1969-1972, Vol. Ⅷ, Public Diplomacy, p.180. 相对于其他参与部门，美国新闻署迟来了四年，在纪念委员会创立之初，相关部门都要派出工作人员参与到委员会的行政工作当中。

《论美国新闻署在美国革命 200 周年庆典中的贡献》中就已经提出一些对于教育与文化事务局工作的意见,表达出愿意积极协助事务局工作的意愿(例如,协助事务局在海外举办 200 周年纪念主题的表演艺术节;在外国大学的美国研究机构中设立相关研究席位;新闻署邀请与事务局密切合作的学者参加 200 周年纪念研讨会)。委员会经常同时下达命令和建议给两个机构,并要求美国新闻署尽力支持教育与文化事务局的文化项目。[1]

在之后的几次会议当中,美国新闻署进一步加强了和教育与文化事务局的合作。在 1972 年 8 月 18 日递交给纪念委员会的备忘录中,莎士比亚提到,美国新闻署将组织一个美国革命 200 周年临时规划委员会(USIA/CU Ad Hoc Bicentennial Planning Committee),这个委员会是由美国新闻署组织的,但主要参与人员是八位高级文化事务官员(Senior Cultural Affairs Officer, SCAO),还有几位是美国新闻署官员。1972 年 9 月,美国革命 200 周年临时规划委员会召开会议,会议由前高级文化事务官员、耶鲁大学教授罗宾·温克斯(Robin Winks)主持。1972 年 9 月 5—7 日,委员会确定了 200 周年纪念活动的主题,并敦促教育与文化事务局和美国新闻署共同行动,在资金和工作人员方面合作,使这些建议从想法变成现实。双方在项目和主题上的共识基本达成。[2]

这次行动中,教育与文化事务局和美国新闻署在学术领域通力合作。在临时会议上,双方认为,美国应该把更多促进国际交流的责任委托给那些和美国有紧密联系的组织。由于国际社会主流国家都拥有"美国研究"(American Studies)及与美国有关联的学术组织,教育与文化事务局将欢迎这些组织访问美国。至于资金方面,教育与文化事务局将使用 1976 财政年度的资金款待来参加研究的学术组织。[3] 在教育与文化事务局和美国新闻署的委托和支持下,罗宾·温克斯在 1975—1977 年组织了五场关于美国研究

---

[1] *FRUS*, 1969-1972, Vol. Ⅷ, Public Diplomacy, p. 180.
[2] Ibid., p. 450.
[3] Ibid.

的学术会议。①

自此之后，关于美国革命200周年的筹划活动，各部门的基本职责基本明确。美国革命200周年纪念委员会专门负责统筹设计整个纪念的相关地点、项目、活动，也是总指挥部门。美国新闻署从原来的咨询部门逐渐转变为整个活动的"设计师"和"经理"。教育与文化事务局从美国革命200周年纪念委员会处获得资金，并在美国新闻署的海外站点获得沟通渠道和信息支持，开展"美国主题"的文化交流活动。

二、美国革命200周年纪念活动的实施

尽管美国革命200周年纪念活动的举办从一开始就有着政治和外交意图，但是其具体的形式有一个转变的过程。设计者最初希望能够利用一场国际博览会来吸引国际注意力。美国革命200周年纪念委员会向总统提出建议，将200周年纪念国际博览会的消息迅速转交美国驻各个国家大使馆，由大使馆作为中转站将信息传播到世界，并收取其他国家的反馈。委员会将博览会的地点、主题、时间和组织方法告诉了美国驻各国大使馆。② 在1969年11月5日，美国革命200周年纪念委员会发给法国大使馆电报，表示美国国内的美国革命200周年纪念委员会将和美国商务部部长一起确定这场国际博览会的设施要求和基本花销。至于获得世界博览会许可的事宜，美国革命200周年纪念委员会授予美国驻法国大使馆全权来与协调和管理世界博览会事务的政府间合作组织——国际展览局商讨相关事宜。③ 最终在1969年11月28日，美国代表在国际展览局的会议上成功预定了这次活动。1970年1月，美国国务卿罗杰斯找到美国商务部部长莫里斯·H. 斯坦斯（Maurice

---

① Richard T. Arndt, *The First Resort of Kings: American Cultural Diplomacy in the Twentieth Century* (Washington, D. C.: Potomac Books, Inc., 2005), p.461.

② *FRUS*, 1969-1972, Vol. VIII, Public Diplomacy, p.97.

③ 国际展览局（Bureau International of Expositions, BIE）是协调和审批世界博览会事务的政府间合作组织，总部设于法国巴黎。1928年11月22日，31个国家的代表在巴黎签署了《国际展览公约》，并根据公约精神，成立了国际展览局作为执行机构。

H. Stans）商讨成功在1976年组织一场国际博览会的可能性。罗杰斯表示，既然国际展览局已经允许预定了，则需要斯坦斯尽快确定博览会的选址、主题和日期。此时，已经有60个国家准备加入美国革命200周年纪念当中。国务卿罗杰斯在1970年4月向美国商务部部长斯坦斯表示，许多博览会项目在外交政策领域提供了和外国互动的机会，尤其是很多海外国家也积极参与到1976年博览会活动当中。罗杰斯进一步表示，这就意味着美国可以借博览会进一步宣示美国的外交立场。①

美国革命200周年纪念活动获得了美国国内很多州的支持。美国革命200周年纪念委员会与50个州的州长沟通并确定了纪念活动可以扩展到全国。在这之后，委员会又听取了波士顿、费城和华盛顿特区的请求，准备在这三座城市里挑选一座城市来举办纪念美国革命200周年的国际博览会。尼克松最终决定在费城举办一场盛大的国际博览会。虽然后来美国革命200周年纪念委员会和费城地方负责的公司——费城1976年200周年庆公司在选址问题上发生分歧，②从而导致整个国际博览会计划失败，但美国各州的积极性已经被调动了起来。③

1970年，美国新闻署发现，从技术角度来看，在1976年，费城难以举办国际博览会。美国革命200周年纪念委员会最终作出了一个重大决定，不再寻求在美国境内举办单一的国际博览会活动，而是准备在美国50个州同时举办庆祝革命活动。届时还会有许多其他的小型庆祝活动，委员会期望这些活动能在美国民众中产生热烈的反应。美国新闻署也向美国革命200周年纪念委员会建议在美国国内改善内政和社会问题，从改善实际的社会问题出发，来加强宣传效果。例如，在1976年清理波多马克河，把河流设置为游泳区；打击华盛顿地区的毒品问题；在国内外扩大美国革命的影响力，

---

① *FRUS*, 1969-1972, Vol. Ⅷ, Public Diplomacy, p. 190.

② 费城1976年200周年庆公司（The Philadelphia 1976 Bicentennial Corporation）是美国费城市议会在1967年专门为了竞标美国革命200周年国际博览会而设立的非营利公司，最终国际展览计划由于选址冲突而取消。

③ *FRUS*, 1969-1972, Vol. Ⅷ, Public Diplomacy, p. 97.

如将"自由钟"① 作为纪念品在世界各大城市展示;宣布在1976年开始新的航天征程;动员学术界和艺术界发表以美国革命为主题的作品,如百老汇音乐剧《1776》全国巡演。②

1975年,美国政府开始了第一项官方组织的活动——美国自由列车行动。"自由列车"在特拉华州威尔明顿启程,将围绕美国巡回到访48个毗邻州,直到1976年12月结束,全程长达40,858千米。③ 之后的每个月,都会有数量可观、冠名"200周年"的活动。美国革命200周年纪念行政署每月出版的《200周年时报》(Bicentennial Times)的最后一版会有活动的目录,供游客阅览。据估计,在美国革命200周年纪念期间,有超过1.8万个项目和同样多的大规模庆祝活动。④ 到了1976年7月4日,纪念活动进入了高潮阶段,一支由高桅帆船组成的大型国际舰队在"独立日"聚集在纽约市港口,然后起航前往波士顿,在大约一周后到达。这场航海游行被命名为"航行行动"(Op Sail),并为数百万民众所见证。美国总统杰拉尔德·福特在华盛顿特区主持了这场活动,和各国外交官在美国航空母舰上欣赏了这一盛事。福特总统表示:"美国的200周年纪念是一个值得庆祝的时刻。但是,在游行和烟花之间,除了我们200岁生日的快乐,我们美国人应该停下来考虑一下我们的国家对我们意味着什么——以及它对世界的意义。"⑤

根据《200周年时报》的报道,1976年7月4日,在美国各州,各地人民使用各种方式庆祝200周年。为了激发美国各地人民的积极性,美国革命200周年纪念行政署在美国总共建立了12,000个美国革命200周年社区。这12,000个社区都可以参考三个国家主题,即"传承1976"(Heritage'76)、"美国节日"(Festival U.S.A.)和"视野1976"(Horizons'76),并根据当

---

① 自由钟(Liberty Bell)是美国独立的标志性象征,位于美国宾夕法尼亚州费城,象征着自由和公正。1776年7月8日随着《独立宣言》公开,自由钟才以纪念美国独立为由而被敲响。

② *FRUS*, 1969–1972, Vol. Ⅷ, Public Diplomacy, p. 14.

③ President Ford Announces American Freedom Train to Carry Historic Exhibits to 48 States on 17,000-Mile Bicentennial Tour, Box 64, John Marsh Files, folder "American Freedom Train (1)," Gerald R. Ford Presidential Library.

④ "America's Young Are Taking Part by the Millions," *Bicentennial Times*, July 1976.

⑤ "The Celebration Is Everywhere!" *Bicentennial Times*, July 1976.

地的风土人情来组织庆典活动。例如，38个印第安部落被美国革命200周年纪念行政署指定为美国革命200周年社区，北达科他州的立岩苏族部落（Standing Rock Sioux）翻新了保留地上的历史遗迹，亚利桑那州的纳瓦霍保留地（The Navajo Nation）扩大了印第安人与世界其他地区之间的接触和交流。① 美国各州政府都组织了盛大的活动（例如，在亚拉巴马州，有4万人参加了在拉德体育场举行的花车游行庆祝活动。在哥伦比亚特区，当地政府组织了一场壮观的烟花秀，庆祝美国200年的历史。伊利诺伊州在芝加哥艺术学院组织了名为"富兰克林和杰斐逊的世界"的国际贸易博览会），波多黎各等美国自治区也以自己的方式表达祝贺。②

1976年12月31日，福特总统在由哥伦比亚广播公司播出的《200周年进行时》节目当中宣布了活动的圆满完结。"从1974年，我们就开始了200周年纪念的庆祝活动。现在是时候重新审视我们的过去，携手走向我们的未来了"，"让我们在新年，继续1976年的精神和活力"。③

三、美国革命200周年纪念活动中投射的美国形象

在美国革命200周年纪念活动当中，美国新闻署所设计的美国形象是要去纠正那些对美国的错误认识。如何讲述美国故事是美国革命200周年纪念的策划者们需要考虑的重要问题。随着美国新闻署的诞生，这个问题就一

---

① "President Commends Bicentennial Communities," *Bicentennial Times*, July 1976. 美国革命200周年社区计划是由美国革命200周年纪念行政署组织的，旨在刺激美国民众更积极地参与全国200周年纪念活动，允许当地社区策划由该社区具有广泛代表性的团体选择的活动。

② "Top 55 Independence Day Events for 1976," *Bicentennial Times*, July 1976.

③ Recorded Remarks, CBS Bicentennial Minute, December 10, 1976, Box 42, the President's Speeches and Statements: Reading Copies, Gerald R. Ford Presidential Library. 《200周年进行时》（*Bicentennial Minutes*）是美国革命200周年纪念行政署策划的一系列时长一分钟的历史教育美国电视节目，以纪念美国革命200周年。这些片段由哥伦比亚广播公司（Columbia Broadcasting System，CBS）制作，从1974年7月4日至1976年12月31日每晚播出。1976年7月3日，由副总统纳尔逊·洛克菲勒讲述。1976年7月4日，由第一夫人贝蒂·福特讲述。1976年12月31日节目播出的最后一分钟，由杰拉尔德·福特总统讲述。

直困扰着整个美国新闻署。从 19 世纪末到第二次世界大战,在美国成为经济强国之后,美国的孤立主义者和自由国际主义者展开了外交大辩论。双方都回溯了美国血脉里的基因,旨在为自己定义美国的方式来作依据,探索美国的国际定位。最终在 20 世纪 40 年代初,美国从国家层面确定了"承担未来世界领袖的责任"的国家使命。冷战到来后,自由国际主义因有了外在的敌人而稳定,有了清晰的目标。美国的官方信息活动和文化活动逐渐成为美国塑造"战后世界"的外交政策的一部分,而讲好"美国故事"是塑造美国国际形象的立足点。美国的民主自由叙事力图"输出真实信息,关于美国、美国人民、美国生活方式和美国政府的真相"。①

1968 年,美国新闻署政策研究办公室开启了"世界重点主题"(Worldwide Priority Theme)计划。这个计划是针对美国新闻署的海外站点——美国新闻处(United States Information Services,USIS)作出的主题指导方针,旨在从宣传层面解释美国的国家特征。美国新闻署认为,20 世纪 60 年代初,海外民众所理解的美国形象为:美国是一个在经济、科学技术和社会各领域为世界瞩目的"成功典范";但是,美国的形象后来总是被牵扯进政治暗杀、城市暴力、种族冲突、学生运动等负面新闻当中。美国新闻署认为,这些缘于海外对美国的不了解。美国新闻署声称,国外对"言论自由"原则的不了解是这些误会的根源,"言论自由"原则是美国适应社会快速变化的重要的一部分。反抗社会,当然不免受到法律制裁,但这也是美国传统的一部分,甚至是社会发展动力之一。②

美国新闻署希望海外民众理解美国是一个广袤的大国,社会结构复杂。在这样一个高速发展的国家,实现社会进步和转型是需要过程的。此外,这样的国家一直是世界现代化的先驱,这样一个国家在现代化道路中遇到的挫折和积累的经验,将会是其他国家宝贵的财富。美国新闻署希望这样的论调可以调和海外民众在接收关于美国的信息时所产生的矛盾感,并缓解新闻上美国的暴力和冲突造成的印象冲击。这样全球民众就可以理解美

---

① 张杨:《文化冷战:美国的青年领袖项目(1947—1989)》,第 16—17 页。

② U.S. Department of State, *FRUS*, 1964-1968, Vol. Ⅶ, Public Diplomacy (Washington, D.C.: Government Printing Office, 2016), p.612.

国在社会转型的过程当中所遇到的困难，从而形成对美国的共情和认同。①

美国新闻署希望能够重新塑造一个新的"现代美国"来改变那些对美国的错误认知。1969年，美国新闻署研究与评估办公室的报告显示，世界舆论认为，美国已经被社会矛盾撕裂，充满了黑白矛盾、贫富差距、年龄代沟。美国枪支泛滥、暴力冲突不断，更加深了世界舆论对美国的刻板印象。这就导致了观察家们使用"不安"（malaise）或者"病态社会"（sick society）来形容美国。对于美国的错误认识不仅存在于国外，美国国内媒体和保守派也对美国的局面非常惶恐。② 1969年，美国新闻署青年官员政策专家咨询组下属的目标委员会（USIA Goals Committee of the USIA Young Officers' Policy Panel）为美国新闻署如何"讲述美国"提出了意见。其中一条意见是新闻署的海外媒体工作者应该建构一个对"当代美国"的认识（builds an understanding of contemporary America），"当代美国"是从多方面认识美国：美国和谐多元的文化及文化背后的理想、历史、制度、成就和显现的问题。③

1971年，美国新闻署在"世界重点主题"计划的基础上进一步详细地规划了关于宣传美国社会形象的基本纲要："如果给每个国家的风格定调的话，美国是运动的、创新的、实验的。美国生活绽放出来的生命力应该像磁铁一样吸引着外界，尤其是对年轻人"，"我们在各处的办公室、中心和项目中营造出来的氛围，应该表现出这个国家是先进和朝气蓬勃的"。美国新闻署认为，设计这些主题就是要向海外传播关于美国国家构建过程的知识，引导海外民众理解美国的外交政策。④

在上述背景下，进入20世纪70年代，美国新闻署愈加深入到美国革命200周年纪念活动的设计工作当中。美国新闻署在美国革命200周年纪念上耗费了大量资金，其目标是在1976年投入1500万美元到纪念活动项目上。除此之外，美国新闻处还经常要用自己的资金来填补美国国务院教育与文

---

① FRUS, 1964–1968, Vol. Ⅶ, Public Diplomacy, p. 612.
② FRUS, 1969–1972, Vol. Ⅷ, Public Diplomacy, p. 14.
③ Ibid., p. 121.
④ Ibid., p. 335.

化事务局的美国革命200周年纪念相关文化交流项目的资金空缺。美国新闻署希望借助美国革命200周年纪念活动来向世界展示新的美国形象,它不用再向世界解释美国在越南战争中的暴行,而是展现美国充满活力的一面。①

在1970年,美国革命200周年纪念委员会倡议在1976年举行"自由节"(Festival of Freedom)。这个"自由节"将分为三部分:"传承1976"即通过活动呼吁全国追忆历史;"美国节日"即鼓励海外民众来体验美国的风土人情;"视野1976"即通过活动呼吁全国展望更美好的未来。美国新闻署全程参与了"自由节"。首先,在"传承1976"活动当中,美国新闻署与外国政府合作,以举办文物展览的方式展现双方的历史友谊。其次,美国新闻署还在"美国节日"活动当中大规模邀请国外游客来美国参观。最后,美国新闻署在"视野1976"活动当中邀请海外学术团体来美国,旨在促进学术思想的自由交流。美国新闻署试图通过这次美国革命200周年纪念活动来宣传美国的过去、现在和未来,让美国的形象更加多元整体,一方面美国在呼吁对过去的传承,另一方面则讲述现在的美国,畅想未来,积极营造美国充满活力的一面。②

为了迎合当时世界上出现的文化多元主义和全球化趋势,美国的外交官员引入了全球视角来讲述美国历史,从而映射整个20世纪70年代全球各国之间相互依靠的关系。美国新闻署官员用"诸国促成的国家"(nation of nations)来形容美国,称这个国家是"因移民而建立、因流亡者而强大",就是在"这种移民文化背景下,美国才能形成民族凝聚力,完成民族建构"。美国新闻署强调美国的移民国家身份,这就代表美利坚民族并不单一。因为世界上各个地方的人群族裔都在美国重新繁衍,所以世界各地的人就和美国息息相关。同时,美国革命是有世界意义的,这场革命标志了这个国家诞生的意义。因为美国独立本身就是独立、自主、解放的活生

---

① *FRUS*, 1969-1972, Vol. Ⅷ, Public Diplomacy, p. 445.

② Nicholas J. Cull, *The Cold War and the United States Information Agency: American Propaganda and Public Diplomacy, 1945-1989* (New York: Cambridge University Press, 2008), p. 351.

的典范,所以美国从建国起就影响了世界。①

关于美国的政治体系,在1971年对海外美国新闻处规定的主题的指导中,美国新闻署认为海外新闻处宣传的最重要的主题之一就是"自由是美国制度的根本",并且认为这个主题最重要的依据就是1776年的《独立宣言》和1789年的美国宪法。美国新闻署阐述"两个世纪前,随着美利坚合众国建立而诞生的宪政体制,在经过时代要求的演变后,与时俱进,体现了自由的精神。不同于那些试图抑制'异端'思想的社会制度,美国愿意帮助所有为自由国度作出贡献的人"。②

1972年,美国新闻署将200周年纪念的代表人物定为托马斯·杰斐逊。美国新闻署认为,"杰斐逊时代"这个主题更有影响力。1976年,美国新闻署投入了25万美元用于举办关于托马斯·杰斐逊的展览。法国是启蒙运动的发源地,法国政府尤其表示希望在弗农山或蒙蒂塞洛山组织一个纪念美国革命的"启蒙的光和声音"的展览。美国新闻署之所以如此重视托马斯·杰斐逊,就在于杰斐逊对美国《独立宣言》的贡献和对"美国自由精神"的象征意义。后来卡特时期的美国新闻署署长莱因哈特就表示,"美国的教育和言论自由的传统都可以追溯到托马斯·杰斐逊和美国的《权利法案》,以及1948年联合国的《世界人权宣言》中对自由公开交流思想的承诺"。③

对于现代美国的生活,美国新闻署认为要强调目前美国的状况是社会转型的一部分。对于当代美国社会生活中发生的暴乱,美国新闻署认为可以归因于"快速变化"上。对于新一代的美国人,美国新闻署形容他们是"受过高等教育且感性的","美国抗议者都是反对暴力的个人主义者,也是拒绝所有等级制度的民主主义者"。美国新闻署选择把新一代的年轻人形容成"爱国者",这些爱国者不在乎个人物质利益的得失,并因为无法忍受美

---

① Hallvard Notaker, Giles Scott-Smith, and David J. Snyder (eds.), *Reasserting America in the 1970s: U.S. Public Diplomacy and the Rebuilding of America's Image Abroad*, pp. 217-219.

② *FRUS*, 1969-1972, Vol. VIII, Public Diplomacy, p. 393.

③ U.S. Department of State, *FRUS*, 1977-1980, Vol. XXX, Public Diplomacy (Washington, D.C.: Government Printing Office, 2016), p. 99.

国的缺陷而痛苦敏感。① 尽管美国新闻署对青年人非常重视，希望青年人能够积极参加美国革命200周年纪念活动，但是也担忧青年人群体可能会对整个美国革命200周年纪念活动持冷漠态度，甚至和整个活动保持距离。美国新闻署在美国修建了大批青年旅舍，并鼓励邀请海内外青年在美国旅游。② 通过在美国举办活动或者庆祝节日，美国新闻署希望能够向海外展示美国社会的真实场景。美国新闻署计划在丹佛、洛杉矶举办运动会，在波士顿、费城和华盛顿举行大型博览会，以及举办无数的音乐、舞蹈和电影节，艺术和历史展览，文学和其他艺术比赛。③

对美国建国以来的政治理想，美国新闻署认为应该在200周年纪念活动项目的规划当中强调三个重要元素。第一，历史进步是需要共识和合作的，美国是世界上最古老和最持续稳定的立宪制国家之一，将引领世界走向社会进步。第二，美国有社会质询机制，这套系统下的美国可以不断地进行自我批评和改革，展现了美国的制度自信和美国体系不断进步的决心。第三，美国是一个开放的社会、一个充满机遇的国家，文化多样性、流动性是这个国家的标志，这个国家拥有成熟的能力来认清问题的本质而不是隐藏问题。④

1972年，美国新闻署制作了两部纪录片——《美国的目标》（*The American Purpose*）和《不断的革命》（*The Continuing Revolution*）。《美国的目标》的主旨是展示美国如何从一个落后的、个人主义的农业国逐渐转变成一个高度城市化的后工业国家，主要突出美国"不忘初心"，一直坚持守护着"生命、自由和追求幸福"的宪法原则。《不断的革命》主要突出美国的"革命性质"，即美国诞生于革命，同时美国的制度是欢迎变革的。⑤

为了提高美国新闻署制作的200周年相关媒体产品的质量，在综合了多方意见后，美国革命200周年临时规划委员会在1972年9月建议设计六个

---

① *FRUS*, 1964–1968, Vol. Ⅶ, Public Diplomacy, p. 612.
② *FRUS*, 1969–1972, Vol. Ⅷ, Public Diplomacy, p. 116.
③ Ibid.
④ Ibid., p. 450.
⑤ Ibid., p. 445.

专题。这六个专题将作为主题表现在美国新闻署制作的全部 200 周年相关媒体产品上，包括：专题 1. 美国的地方主义和多样性；专题 2. 实用主义和创新主义：美国实验的社会回应；专题 3. 秩序与冲突：对社会责任的探寻；专题 4. 传统和持续；专题 5. 多元主义和共识；专题 6. 流动和变化：可持续社会和不间断革命。①

四、美国革命 200 周年纪念活动的影响

美国革命 200 周年纪念活动的举办塑造了一个非常复杂的美国形象。但这个形象的塑造却产生了深远的影响。各国对美国革命 200 周年纪念活动的态度不同，它们对美国的重要意义也有区别。此外，美国给予了非国家行为体相当的重视，美国社会也从历史层面、社会层面和文化层面感受到了美国 200 年前建立的艰辛及发展成世界强国的不易。

作为美国的盟友，法国在美国革命 200 周年纪念这件事情上扮演了比较积极的角色，主动计划在弗农山庄举办一场花费约 100 万美元的巡回演出来纪念美国革命，其他欧洲国家、拉丁美洲国家和日本也对美国革命很感兴趣。② 尤其是随着美国新闻署决定将托马斯·杰斐逊和本杰明·富兰克林作为这次美国革命 200 周年纪念活动的代表人物，法国方面决定将大皇宫（Grand Palais）作为美国在法国举行美国革命 200 周年纪念活动的地点。美国新闻署方面意识到这是一次良机，决定让美国著名全能艺术设计师查尔斯·伊姆斯（Charles Eames）主持这次活动。在 1974 年，名为"杰斐逊时代"的国际展览在法国和日本率先举办。在展览结束后，美国新闻署将举办展览的全过程制作成录像带并传送到亚洲进行宣传。在法国，法国政府主动组建了法国的美国革命 200 周年纪念委员会来庆祝法美同盟和纪念 1783 年宣告美国独立战争结束的《巴黎条约》。法国在纪念活动中的积极表现让美国新闻署十分高兴，美国新闻署借机诉说美国革命和欧洲的启蒙运

---

① FRUS, 1969–1972, Vol. Ⅷ, Public Diplomacy, p. 450.
② FRUS, 1973–1976, Vol. ⅩⅩⅩⅧ, Part 2, Organization and Management of Foreign Policy, p. 298.

动之间的渊源。美国新闻署官员表示："这场活动代表的是美国殖民地时期，大西洋两岸之间的启蒙思想交流。这场活动是为了纪念启蒙运动对杰斐逊和其他殖民地领导人及美国政治和社会理想诞生的贡献。"①

然而，有些西方阵营国家对于这场纪念活动的态度是平淡甚至抵触的，如在美国建国时期扮演"反面"角色的英国。最开始，英国不愿参加在费城举办的国际博览会。但是，美国驻英国大使馆向国务院表示，由于英美特殊关系的特殊利益，英国必须以某种形式参与到这次纪念活动当中。美国执意让英国参与到这次纪念活动当中，一方面是为了加强英美特殊同盟的合作，希望英国以举办某种展览的形式参与进来，另一方面是因为英国作为国际展览局的创始国之一，在美国政府征求国际展览局允许在美国举办国际博览会的事宜上有话语权。美国也希望借助英国优秀的文化艺术机制来帮助美国举办博览会，贡献宝贵意见。英国方面最后表示能够接受参与这次活动，但是希望国际博览会的选址不要在约克等地。② 之后英国在活动安排上也有违背美国的意愿，如编写了一套纪念美国保皇派③的丛书。但是，越是接近美国革命200周年庆典，英国越是认可纪念活动成功举办后的良好效应。颇受鼓舞的英国政府转变思想，1976年7月，英国女王伊丽莎白二世访美，并向美方赠送了200周年纪念钟（Bicentennial Bell）。在庆典结束后，英国政府决定以英国视角在20世纪80年代举办展览，讲述美国的诞生。④

对于那些中立国家，这次纪念活动是一次外交成本极低的修复双边关系的契机。为了争取那些非核心盟友的国家，美国宣扬双方的历史友谊和其在美国建国时期的历史渊源，争取这些国家参加这次庆典。以瑞典为例，

---

① *FRUS*, 1977–1980, Vol. XXX, Public Diplomacy, p. 260.

② *FRUS*, 1969–1972, Vol. VIII, Public Diplomacy, p. 155. 约克镇战役是美国独立战争战略反攻阶段最重要的战役，战役中乔治·华盛顿将军率领的美军和罗尚博伯爵带领的法军联手围攻困守约克镇的英军，并最终获得了决定性的胜利。这对于英国来说是耻辱的战败。

③ 保皇派（Royalist）是指在美国独立战争时期，反对独立、忠于英王的北美殖民地人民——这些人包括英王任命的殖民地官员、圣公会牧师和各个阶层的保守派。支持独立的人自称"爱国者"（Patriot，或称独立派），忠于英王的人自称"保皇派"。

④ *FRUS*, 1977–1980, Vol. XXX, Public Diplomacy, p. 260.

越战梦魇后的希望：1976年美国革命200周年纪念和美国国际形象的重塑

瑞典并不是美国的主要盟友，甚至一度在越南问题上和美国产生了很大的舆论矛盾。瑞典最终选择支持北越政府，是东欧以外第一个和北越建立外交关系的欧洲国家。因此，美国驻瑞典大使馆通过讲述瑞典与美国革命的历史渊源及瑞典人民和美国民族建构之间的联系来获取瑞典的同情。美国新闻署讲述了美国和瑞典的"友谊"：曾经数百名瑞典人在美国独立战争期间帮助美国获得独立，而如今，已经有130万瑞典人移民到了美国。在政府和非政府组织的影响下，1976年，美国和瑞典都愿意组织活动庆祝美国革命200周年。从1976年5月到9月，美国外交官在斯德哥尔摩和哥德堡组织了多次庆祝活动，如7月4日在瑞典首都斯德哥尔摩的斯德哥尔摩博物馆和斯坎森休闲公园里举办了庆祝美国国庆的活动。在美国大使馆及斯德哥尔摩市政府、瑞典-美国协会的赞助下，他们以音乐、舞蹈来举办庆祝活动，瑞典前首相塔格·埃兰德（Tage Erlander）作为嘉宾发表演讲。此外，瑞典国王卡尔十六世·古斯塔夫（Carl XVI Gustaf）在1976年首访美国。1976年7月4日，瑞典参加了美国革命200周年纪念的标志性活动之一的"航行行动"。30个国家在纽约港集合了224艘帆船，其中仅瑞典一个国家就贡献了16艘具有瑞典特色的远洋高帆船，这一幕通过电视转播到世界各地。凭借这次美国革命200周年纪念活动的突出表现，美国实现了和瑞典外交关系的正常化。很多国家都选择参与这次美国革命200周年纪念活动，并认为这是一次"稳赚不赔"的外交机遇。英国、西德、法国、日本都以资助文物或者办展的方式来援助美国200周年革命庆典，以修复国与国之间的摩擦冲突造成的恶果。①

美国新闻署的研究表明，苏联和社会主义阵营对美国革命200周年纪念活动的态度既关注又否定。美国革命200周年纪念活动的盛况已经将苏联历史学界的注意力集中在美国革命时期。美苏双方的历史学家产生了激烈的观点碰撞。美国新闻署认为，从政治意义上来说，美国革命的影响力过大可能威胁"苏联是一个优越的社会，代表一个完美的革命"的苏联叙事。

---

① Hallvard Notaker, Giles Scott-Smith, and David J. Snyder (eds.), *Reasserting America in the 1970s: U. S. Public Diplomacy and the Rebuilding of America's Image Abroad*, pp. 220-221.

从史学意义上来讲，苏联史学界对于美国革命的认识极端矛盾。苏联方面也公开承认"到目前为止，1776年第一次美国革命是苏联美国史学界最被忽视的领域之一，苏联把更多的研究精力放在了美国第二次革命，即美国内战研究上"。① 美国新闻署认为，在近年苏联为数不多的美国革命研究成果当中，只有历史学家阿列克·弗森科（Aleksandr Fursenko）的作品值得关注。苏联史学界方面，美国外交史专家尼古拉·博尔霍维蒂诺夫（Nikolai Bolkhovitinov）认为，美国革命200周年纪念将会刺激"苏联历史学家对美国革命的初步探索"，② 可惜博尔霍维蒂诺夫的预言并没有成真，1971年时苏联关于美国革命的研究依然产出甚少。弗森科等历史学家认为，美国之所以大张旗鼓地准备美国革命200周年庆典，除庆祝共同的历史记忆之外，也是出于对苏联革命的挑衅。因此，弗森科在1971年的学术会议上声称美国革命不过是一场"军事政变"。针对美国史学界当时的新保守主义运动，苏联史学界颇有微词。博尔霍维蒂诺夫认为，美国的新保守主义史观是错误的，新保守主义史观放弃了美国革命的神圣性，这种趋势不值得赞扬，毕竟列宁也认为美国革命是"革命的榜样"。苏联史学界抨击新保守主义忽视了阶级和人民大众的力量，一味地把革命成功归功于"领袖魅力"。对于新左派史学观点，苏联历史学界则大为赞扬新左派肯定群众力量和阶级斗争在美国革命中的作用。美国新闻署认为，新左派史学背后显现了马克思主义意识形态。③

---

① "Soviet Writings on the First American Revolution and the Bicentennial," December 30, 1975, Box 71, John Marsh Files, folder "United States Information Agency—Research Report: Soviet Writings on the 'First' American Revolution and the Bicentennial," Gerald R. Ford Presidential Library.

② "Soviet Writings on the First American Revolution and the Bicentennial," December 30, 1975, Box 71, John Marsh Files, folder "United States Information Agency—Research Report: Soviet Writings on the 'First' American Revolution and the Bicentennial," Gerald R. Ford Presidential Library.

③ "Soviet Writings on the First American Revolution and the Bicentennial," December 30, 1975, Box 71, John Marsh Files, folder "United States Information Agency—Research Report: Soviet Writings on the 'First' American Revolution and the Bicentennial," Gerald R. Ford Presidential Library. 根据美国新闻署研究办公室的计算，1945—1970年，苏联的美国研究只有36个条目，专著、论文、文章数量共计3657部/篇。其中，关于美国革命的研究不到1%，第二次世界大战后平均每年产出不到两部学术著作。在美国新闻署眼中，这样匮乏的学术产出背后反映的是苏联历史学术思路的单一和限制。

越战梦魇后的希望：1976 年美国革命 200 周年纪念和美国国际形象的重塑

此外，美国新闻署认为，苏联以百科全书和教科书作为媒介，在公众当中传播对美国革命存有意识形态偏见的历史知识。苏联当时最新的第三版百科全书将美国革命介绍成："美国革命依然存在巨大问题：奴隶制在南方继续存在，各州的选举权高度依赖财产资格，公共土地被分配和出售到富有的土地投机者的手中。"这样一味强调美国革命的负面影响，美国新闻署认为，虽然过去的苏联公共教育和大众传媒当中也有对美国革命公允的评价，但是"苏联的喉舌对美国革命的思考是缺乏想象力、教条主义的。其明显以所谓肯定大众的革命力量的方式，贬损美国革命是欺压大众的资产阶级革命"。美国新闻署认为，在苏联喉舌的影响下，苏联的年轻一代相信"资产阶级绝不可能长期成为人民大众的领袖，资产阶级终将走向人民的对立面"。①

针对苏联的大众传媒和知识界的批评，美国新闻署组织历史学家访问了苏联，讲授"美国革命的意义"，讲座从 1976 年 1 月持续到 1976 年底。在 1970 年，美国新闻署决定，在 1976 年的庆祝活动期间，美国也应该在其他国家举办博览会或者国际商贸会，尤其是在柏林和东欧，扩大美国革命 200 周年纪念活动的影响力。② 1976 年 3 月，美国在莱比锡举办春季博览会"美国工业：一份 200 周年的调查"。1976 年 11 月 12 日至 12 月 24 日，美国在莫斯科举办"美国——土地、人民和思想"博览会。作为回应，苏联方面要求在洛杉矶举办十月革命 60 周年纪念展。美国在莫斯科举办的展览每天吸引了 1 万名游客，每名参展的游客都可以领到美国革命 200 周年纪念的徽章、《独立宣言》和美国宪法的译本，以及一些美国音乐唱片。③ 在苏联和波兰等地，美国新闻署资助了地下杂志《传承》（*Heritage*）、《视野》（*Horizons*），详细介绍了美国革命 200 周年纪念活动，向社会主义阵营宣传

---

① "Soviet Writings on the First American Revolution and the Bicentennial," December 30, 1975, Box 71, John Marsh Files, folder "United States Information Agency—Research Report: Soviet Writings on the 'First' American Revolution and the Bicentennial," Gerald R. Ford Presidential Library.

② *FRUS*, 1969–1972, Vol. Ⅷ, Public Diplomacy, p. 180.

③ Nicholas J. Cull, *The Cold War and the United States Information Agency: American Propaganda and Public Diplomacy*, *1945–1989*, p. 357.

这次活动的盛大。① 在活动结束之后,一些社会主义国家,比如波兰,看到美国革命200周年纪念活动的影响力之后,也想根据自己国家在美国独立战争中的作用,尝试举办美国革命主题的纪念活动。

在国际社会,美国革命200周年纪念活动很大程度上改善了近年美国社会动荡造成的恶劣舆论影响。美国新闻署认为,其他国家继续将美国视为一种不完美的社会模式,但美国模式是有效的,并能够在一个不完美的世界里生存下去。美国社会模式的问题根本在于世界本身就有问题,而美国的思想、技术、价值观和制度在现行的世界秩序下是可行的。在意大利,1960—1980年美国没有成功举办过任何艺术展览。但是,因为美国革命200周年纪念活动的契机,所以美国文化事务官员终于成功在意大利举办了文化交流艺术展览。② 此外,尼日利亚接受了美国的教育投资,埃及向西方市场经济重新开放,这些都代表了对美国革命200周年纪念的认可,让其他国家再次承认美国制度的优越性。这次活动在外交上硕果累累,并且国际社会对美国宪法200周年纪念的兴趣也非常浓厚。③

在高等教育领域,美国新闻署一直资助美国大学,并为与外国大学和研究中心开展合作提供条件,引导外国学界深入对美国革命和美国社会发展的研究。美国新闻署非常注重以学术研讨会的形式,为美国革命造势。美国革命200周年临时规划委员会曾建议美国新闻署组织研讨会,劝说教育与文化事务局以研究所或者以协会的形式组织美国研究专家交流互动,传播美国的文化或者知识。1974年,教育与文化事务局组建了美国研究专家国际研究会美国革命200周年委员会 (Bicentennial Committee for International Conferences of Americanists, BCICA),分别在日本、伊朗、奥地利、科特迪瓦和美国得克萨斯州举行了五场学术研讨会。之后在1976年7月,美国新

---

① *FRUS*, 1969-1972, Vol. Ⅷ, Public Diplomacy, p. 445.

② Richard T. Arndt, *The First Resort of Kings: American Cultural Diplomacy in the Twentieth Century*, p. 367.

③ *FRUS*, 1977-1980, Vol. XXX, Public Diplomacy, p. 308.

闻署在华盛顿又举行了一场国际会议，继续探讨美国研究的重要性。① 在海外，美国革命编年史学家理查德·莫里斯和R.R.帕尔默曾被美国新闻署邀请在1976年7月去瑞典乌普萨拉大学（Uppsala University）演讲。② 这一系列研讨会在1977年还引起了美国新闻署内部的激烈讨论：对于那些在美国新闻署推动下"生产"的"美国研究"学术成果，能不能作为宣传材料传播到美国国内？③

在美国国内，美国革命200周年纪念活动最终极大地振奋了人心，12,000个社区的民众进行了广泛参与，不同种族的社区都张灯结彩。此外，活动重新燃起了美国新一代对于未来的希望，几个主要项目——200周年自行车赛、200周年青年辩论、"约翰尼·视野"计划④——都有数百万美国年轻人参加。《华盛顿邮报》和《纽约时报》在1972年前不停地抨击美国政府的费城博览会计划，认为这次博览会是市侩的、孤立的、政治味道浓

---

① Nicholas J. Cull, *The Cold War and the United States Information Agency: American Propaganda and Public Diplomacy, 1945-1989*, p.354.

② Hallvard Notaker, Giles Scott-Smith, and David J. Snyder (eds.), *Reasserting America in the 1970s: U.S. Public Diplomacy and the Rebuilding of America's Image Abroad*, p.219. 理查德·莫里斯（Richard Morris），美国历史学家，专注于美国革命的宪法、外交和政治历史研究，任教于哥伦比亚大学。R.R.帕尔默（R.R. Palmer），美国著名历史学家，先后执教于普林斯顿大学、华盛顿大学和耶鲁大学，曾任美国历史学会主席，著有《冷战到全球化》。

③ *FRUS*, 1977-1980, Vol. XXX, Public Diplomacy, p.99. 受到《史密斯-蒙特法案》的严格限制，美国新闻署的宣传材料不能在美国境内传播使用，但是学术活动一直被当作和国际信息项目所区别的文化事务处理，所以在美国国内能否使用这些学术活动成果，在美国新闻署内产生了激烈争论。

④ "约翰尼·视野"计划（Johnny Horizon Program），由美国内政部于20世纪70年代初设立，旨在提高环保意识并鼓励人们共同努力改善和保护环境。"约翰尼·视野"是这次活动中的一个象征性人物，他希望在美国1976年接近建国200周年之时帮助美国保持清洁。

重的。还有批评家指出该计划忽视了少数族裔。① 但是,到了1976年,当博览会转为社区模式,以及美国革命200周年民俗节的成功举办,几乎所有媒体都认为200周年民俗节是一个巨大的成功。就连一贯持批判态度的《纽约时报》都对此次活动不乏溢美之词。② 1975年,"自由列车"装载着大量纪念品,如奖章、自由钟的复制品,以及印有200周年纪念主题图案的服装到访各地,并且销量极佳,也传播了美国深远的历史。③ 美国人在这次活动当中爆发的真挚情感被美国公共史学界所关注。美国历史学家雷姆斯扎·帕夫洛斯卡认为,"对于美国的历史记忆而言,不仅是过去已经成为一个时空,可以探索和建立个人和社区身份,而且对于那些想要带来政治、社会或文化变革的人来说,历史既成为表达当代问题的语言,也成为需要审视的场所。许多不同的活动家围绕新的历史调查和解释组织起来,使过去成为他们话语的核心"。④

在国际上,这场庆典极大地增加了世界对美国的了解,世界其他国家在参加美国革命200周年纪念后和美国产生了"友谊"。这一事件"无疑改善了美国外交政策的总体环境"。美国革命200周年纪念活动的火热超出了任何一个职业外交官的想象,以至于在白宫1977年结束了美国革命200周年纪念行政署的工作后,美国新闻署又开始筹划关于1789年和1791年两部

---

① "Bicentennial Commission," three successive articles, *The Washington Post*, August 14, 15, 16, 1972; "Bicentennial Group Accused of by Rivals of a Political Role," *The New York Times*, September 8, 1972, pp. 5-16; "Topics: The Real Revolution or Doodle Dandy?" *The New York Times*, September 27, 1969, p. 32; "Nixon Aims Slogan at Bicentennial Year," *Philadelphia Inquirer*, February 19, 1971; "An American Tragicomedy," *Saturday Review*, July 1, 1971, pp. 28-33; "The Red, White and Blue LEFT," *The Progressive*, November 1971; "Bicentennial Ignoring Minorities," *The Washington Post*, December 5, 1972. 转引自:Virginia Myhaver, "The 'New American Revolution': Cultural Politics, New Federalism, and the 1976 Bicentennial"。

② "An Open-Air Attic of Our Origins," *The New York Times*, July 4, 1976, 转引自:Virginia Myhaver, "The 'New American Revolution': Cultural Politics, New Federalism, and the 1976 Bicentennial"。

③ Virginia Myhaver, "The 'New American Revolution': Cultural Politics, New Federalism, and the 1976 Bicentennial," pp. 177-178.

④ M. J. Rymsza-Pawlowska, *History Comes Alive: Public History and Popular Culture in the 1970s* (Chapel Hill: University of North Carolina Press, 2017), p. 159.

宪法的 200 周年纪念。①

五、结语

  美国的外交事务和国内事务是纠缠错杂的，这种错综复杂的关系亦延伸到了公共外交领域。美国标榜美国的生活方式和自由、多样的美国本土文化，但核心一直是美国的主流文化精神。当这种文化在本土遭到疯狂质疑，美国的海外形象也会被认为名不副实。越南战争和国内动乱让美国颜面尽失，国际社会厌恶这样的美国。在尼克松时期，美国新闻署一直为改善美国的形象寻找突破口，最终选择了利用美国革命 200 周年这个契机。美国革命 200 周年纪念活动的筹备跨越了三位美国总统，由约翰逊总统发起，尼克松总统动员各方力量，最终由福特总统成功举办。

  美国公共外交家在国内和国际舆论一片关于"美国怎么了"的质疑声中作出了"你了解美国吗"的回应。这一方面是为了在这次纪念活动当中重新刻画出一个"充满活力"的美国形象，另一方面则是启发世界其他国家及其人民重新思考自己和美国的关系。

  美国革命 200 周年纪念委员会、美国新闻署及国务院教育与文化事务局共同组织和设计的美国形象，综合了美利坚民族的历史、美国现在的生活方式和坚持的理想及美国的未来。美国的宣传和文化交流活动让美国革命和美国形象在世界眼中更加饱满并富有全球意义与文化多元内涵。在这层意义之下，美国革命 200 周年纪念庆典是团结了整个西方世界的标志性事件，肯定了美国立国即"美国试验"的先进意义，在世界两大阵营当中都影响广泛。一个积极的美国形象被展示在世界舞台上，也让美国人民对美国梦重燃希望。美国宣传的形象结合更加隐蔽的文化交流，可以动员大量的海外非政府群体，给学术界带来的影响也更加深刻。美国的学术界和海外的美国研究相关学术群体也在不知不觉当中成为美国宣传活动的帮手，

---

① Hallvard Notaker, Giles Scott-Smith, and David J. Snyder (eds.), *Reasserting America in the 1970s: U. S. Public Diplomacy and the Rebuilding of America's Image Abroad*, p. 224.

从而以美国革命为主题，内外并进，共同宣传美国诞生的意义。

如今，由于变乱交织的国内和国际环境，美国的形象在国际社会中广受质疑，美国国内青年学生运动和保守力量间爆发着激烈的冲突。在未来的2026年，美国又将举办一场美国革命250周年纪念活动。2021年，美国哥伦比亚大学文学教授珍妮弗·芬尼·博伊兰（Jennifer Finney Boylan）曾撰文响应2026年的美国革命250周年庆典，① 表示未来任重道远。她回忆了自己青年时期的经历：1976年，当听到自己母亲劝说她要"理解美国和自由的意义"的时候，愤世嫉俗的她气得"直翻白眼"。但是，现在的她就像母亲当年一样，怀念自己青年时期的那个美国。如今美国是否愿意用同样的方式来诉说自己的历史，希望未来会有更多的研究。

---

① https://www.washingtonpost.com/opinions/2021/07/02/remember-bicentennial-celebrating-might-be-even-harder-americas-250th-birthday/.

评 论
Review Articles

综 述

Review Articles

试析约翰·加迪斯冷战起源观中对美苏责任认知的变化

刘彦伊*

摘　要　从20世纪70年代初到90年代末,约翰·加迪斯对于冷战起源及美苏对冷战爆发责任问题的观点几经变化。除了20世纪70年代末曾一度认为美苏双方近乎均等地对冷战发生负有责任,加迪斯在更长的时段里都认为苏联应该负主要责任,而美国则负次要乃至不负责任。在美苏双方所负责任的程度方面,加迪斯对苏联经历了从较为审慎的批判到歇斯底里的指控这一变化,对美国则经历了从较为客观的评估到全盘赞扬的变化。加迪斯看法的这些变化,一方面受到美国外交史学界的思潮发展变迁的影响,另一方面则与国际形势的变化息息相关。

关键词　约翰·加迪斯；冷战起源；后修正派；新冷战史

20世纪70年代,美国史学界对冷战起源问题正展开着如火如荼的论争。在这样一种学术环境中,约翰·加迪斯携《美国与冷战起源(1941—1947)》(以下简称《美国与冷战起源》)[①]一书于1972年初登史坛并引起极大反响。此后,加迪斯对冷战起源的问题持续予以关注,并在不同的著述中都阐发了对这一问题的看法。围绕冷战起源,学术界就许多问题都

---

* 刘彦伊,伦敦大学学院历史系博士研究生。

① John Lewis Gaddis, *The United States and the Origins of the Cold War, 1941-1947* (New York: Columbia University Press, 1972).

有所探讨与争论。然而，各种问题中最引人注目的问题之一就是冷战爆发究竟是谁的责任，具体来说就是要考察美苏两国在冷战爆发中所扮演的角色。在对这一问题的看法上，先后作为后修正派旗手和新冷战史研究倡议人的加迪斯存在着一定的转变，最主要的特点就在于美国在加迪斯的论述中，从负有次要责任到最终变成完全没有责任。在加迪斯的论述中，美国是如何走向"无罪"的呢？本文试图通过论述加迪斯从20世纪70年代初到90年代末的冷战起源观的变化，来对这一问题进行回答。

对于加迪斯的史学思想，国内外学者多有研究。戴超武于1998年发表的《"新冷战史"与战后美国外交史学思潮的发展》①是国内较早的对加迪斯史学思想的研究，但他和陈兼、余伟民等人都聚焦于加迪斯的新冷战史研究，而较少关注加迪斯此前的学术观念发展。近年，出现了一些从新视角对加迪斯史学思想进行较为全面考察的论文，如吉林大学王申蛟就在其论文《约翰·加迪斯对结构现实主义理论的借鉴与批判》②中考察了加迪斯的史学思想与结构现实主义国际关系理论之间的关系；曲升的文章《约翰·L.加迪斯冷战史研究的方法论转向》③则从方法论转变的角度论述了加迪斯的史学思想。国外虽然没有专文对加迪斯的史学思想进行分析，但在不同时期都会有一些书评及与加迪斯进行论战的文章出现，从这些文章中也可以看出其他学者对加迪斯史学思想的相关看法。总体来说，国内外都有学者对加迪斯的史学思想进行论述，国内的研究关注的角度较为多样，论述的时间段也较长；国外学者的观点则相对分散，且没有较为全面的考察。但在国内外的研究中，少有人仅就加迪斯的冷战起源观进行阐述与分析。本文试图从这一角度去阐述加迪斯的史学思想，并试图通过这一个案分析来更为集中地展现史学研究与其所处时代之间的关系。

---

① 戴超武：《"新冷战史"与战后美国外交史学思潮的发展》，《世界经济与政治》1998年第6期。
② 王申蛟：《约翰·加迪斯对结构现实主义理论的借鉴与批判》，《史学集刊》2018年第3期。
③ 曲升：《约翰·L.加迪斯冷战史研究的方法论转向》，《史学理论研究》2018年第2期。

一、苏联主责论：20世纪70年代初加迪斯对冷战爆发责任的初步判定

1972年，加迪斯的第一部著作《美国与冷战起源》一书问世。如书名所示，该书所着重考察的正是当时学术界讨论的热点话题，即冷战起源问题，而他所意欲与之对话的则是当时在美国外交史这一领域风头正盛的修正派。修正派兴起于20世纪60年代，以威斯康星大学的威廉·A.威廉姆斯（William A. Williams）为代表。其时，美国外交史研究尚以正统派的理论观念为盛。尽管在研究路径上正统派内部有保守派、自由派和现实主义派之分，但他们都力图赋予美国的外交政策以正当性与合理性，为美国外交进行辩护与颂扬。① 不满于正统派的论断，威廉姆斯在他日后将引起广泛关注的著作《美国外交的悲剧》（*The Tragedy of American Diplomacy*）中对美国外交的动机作出了新的解读。在威廉姆斯看来，美国的外交行为很多时候与其说是正义的，不如说是一场"悲剧"。威廉姆斯指出，美国很大程度上将它的对外政策与它对经济事务的考量交织在一起，并认为美国内部的安全与发展有赖于通过尽可能地在全世界扩张美式经济体系以形成一种有利于美国的国际环境。在这样一种思想的指引下，威廉姆斯指出，美国极容易误读他国的行为并忽视他国的真正诉求，进而使美国在外交中产生所认为的正义感不过是一种自我赋予的幻觉：它满足的不过是美国的利益而非它所认为的为他国谋福祉。②

威廉姆斯提出的这一"门户开放帝国主义"（Open Door Imperialism）解释范式极大地挑战了正统派的观念，并得到以劳埃德·加德纳（Lloyd Gardner）为代表的诸多学者的肯定与发展。然而，在加迪斯看来，以威廉姆斯为首

---

① 曲升：《美国外交史学转型研究》，人民出版社，2019，第112—113页。
② "Introduction: History and the Transcendence of the Tragic, Williams," in *The Tragedy of American Diplomacy* (50th Anniversary Edition), ed. William Appleman Williams (New York: W. W. Norton & Company, 2009), pp. 1–17.

的修正派体现的是一种狭隘的经济决定论。① 不满于他们论述中的这一狭隘性，加迪斯决定在他的《美国与冷战起源》一书中对他们发起挑战。在此后的数十年中，加迪斯都在不停地对修正派进行批判，并在此过程中形成了自己的诸多学术观点。

在《美国与冷战起源》中，加迪斯考察了从第二次世界大战到杜鲁门主义出台这一时段的美苏关系。不同于修正派经济视角的解读，加迪斯主要通过分析美国对苏联和对自身的认知，以及美国国内政治体系来阐述美国对苏政策变化的原因。在加迪斯看来，美国从以合作为目标走向对抗苏联的原因主要有四点。第一，加迪斯认为，西方对斯大林的误解在其中起到一定的作用，即西方误将斯大林通过建立势力范围以保障苏联安全这一目标理解为斯大林想要在世界范围内传播共产主义。第二，加迪斯认为，斯大林未能明确地表述出他的目标的有限性，② 而这样一种有关斯大林目标的有限性的观点，如今已经得到了修正派与非修正派史学家们的公认。③ 第三，加迪斯认为，华盛顿凭借自己对原子弹的垄断，认为自己拥有按自己的愿望塑造世界的能力。在美国看来，自己不需要对斯大林可能要做的事情予以姑息，因为斯大林只能选择接受美国的和平方案。第四，加迪斯认为，美国国会和民众向政府施加了很大的压力，不允许它再继续向苏联妥协。不过，他也表示在1946年仍存在一些自由主义（要求继续与苏联进行合作）与孤立主义的声音，而1947年杜鲁门主义的出台在一定程度上就是要"教育"自由主义与孤立主义。加迪斯认为，杜鲁门主义的出台是美国政府有意为之的，即通过对美苏冲突的极端性描述，杜鲁门与他的顾问们试图借此恫吓国会与民众，使他们同意支持政府的对苏强硬政策。④ 杜鲁门主义的出台使美国上下都转向了对苏强硬，也标志着冷战的最终爆发。

仅通过上述论述来看，加迪斯似乎认为美国应该为冷战爆发负主要责任，但通过对"冷战是否可以避免"这一假设性问题的探讨，加迪斯在责

---

① John Lewis Gaddis, *The United States and the Origins of the Cold War, 1941–1947*, p. ⅷ.
② Ibid., p. 355.
③ Ibid., p. 355, note 1.
④ Ibid., p. 317.

任判定上却出现了重心的偏移。在他看来,实际上,无论美国政府是否确实满足苏联所提出的条件,它也不可能成功避免冷战爆发,因为苏联并不会接受美国这一意在和解的姿态。加迪斯认为,不管美国的领导人是谁,传统的对外国人的不信任和意识形态的不同阻碍了苏联与美国构建起一种相互信任的关系;而斯大林的"多疑"和围绕在他身边的"怀疑成性"的官僚则使情况更为糟糕。①

在这样一种分析的基础上,加迪斯引出了最为重要的一个问题,即究竟谁应该为冷战的爆发负责。起初,加迪斯表示他认为美苏双方对冷战的爆发都负有一定的责任,但他认为如果一定要说谁的责任更大的话,那么鉴于冷战是双方相互作用的产物,故应该从谁的行动自由更大、更具有选择余地这一角度来进行思考。通过这样一个角度,加迪斯认为,相比于美国,苏联的行动自由与选择余地更大,故苏联本应是有更大的可能性去克服内部限制的。②然而,鉴于苏联并没有这样做,故实际上它应该为冷战的爆发负更大的责任。

加迪斯对冷战起源问题上美苏双方责任作出的这样一种判定,在一些书评作者的眼中体现了向正统派回归的倾向,如巴顿·J. 伯恩斯坦(Barton J. Bernstein)更是将他的书评直接命名为《冷战正统派的重申》(Cold War Orthodoxy Restated)③。但应当注意的是,虽然加迪斯认为苏联应负主要责任而美国负次要责任,但他仍然着重强调双方之间所存在的误解,在选取与解读美方档案时也力求做到客观全面,并未对体现美国外交"进攻性"的档案进行裁剪,却为苏联进行了某种程度的正名(如前文提及的苏联的目标并不是无限的)。可以说,这一时期,加迪斯在看待苏联的态度上是较为温和的。这一方面是由于此一时期可以获得的苏联材料太少(他在该书前言中便言明了这一点),使他无法对苏联妄下评判,④另一方面则是由于史

---

① John Lewis Gaddis, *The United States and the Origins of the Cold War, 1941–1947*, p. 359.

② Ibid., pp. 360–361.

③ Barton J. Bernstein, "Cold War Orthodoxy Restated," *Reviews in American History*, Vol. 1, No. 4 (December 1973), p. 458.

④ John Lewis Gaddis, *The United States and the Origins of the Cold War, 1941–1947*, p. Ⅶ.

料的缺乏导致他在有关苏联的很多观点上只能跟随学界存在的一些主流意见。鉴于这些主流意见对苏联动机的评估较为积极，故在此时他的论述中没有对苏联进行大范围的否定。

二、美苏共责论：20世纪70年代末加迪斯对冷战起源中美苏责任认知的变化

在《美国与冷战起源》一书中初次阐明自己对冷战爆发责任判定的观点之后，加迪斯于1978年又出版了《俄国、苏联与美国：一部阐释的历史》（以下简称《俄国、苏联与美国》）①。不同于此前对美国情势的单方面侧重，在该书中，加迪斯引入了苏联的视角，并相应地调整了他对于冷战起源的阐释：虽然在一些具体论点上并没有作出很大的调整，但在冷战起源的责任判定上，加迪斯却作出了有利于苏联的转向，即不再将主要责任归于苏联，而是认为美苏双方都负有一定责任。

在追溯冷战的起源时，加迪斯将目光拓展至第二次世界大战中英美苏大同盟时期。他认为，第二次世界大战时期美苏双方军事战略的不同反映了战后规划的不同，从而为日后的冲突埋下了隐患。② 但是，加迪斯更着重强调的是另外四点原因，他认为这四个方面的冲突与误解才是促使双方走向对抗的深层原因。

第一，是美苏历史观的不同所导致的对安全理解的不同，即苏联倾向于以空间求安全，而美国则希望以体制求安全。两国几乎不相容的安全观是双方出现冲突的一个重要原因。具体来说，加迪斯指出，虽然英美同意在苏联周边建立起对苏联友好的国家以保障苏联的安全，即同意苏联建立势力范围的做法，但是不像英美得以较为顺利地将自身的影响扩展至西欧与地中海地区，苏联的扩张是"不得民心的"。这使斯大林发现他只有通过"冒犯"西方的安全才能践行他自己的安全观（即通过建立势力范围以获得

---

① John Lewis Gaddis, *Russia, the Soviet Union, and the United States: An Interpretive History* (New York: John Wiley and Sons, 1978).

② John Lewis Gaddis, *The United States and the Origins of the Cold War, 1941-1947*, p.174.

安全),而这给苏联带来的只是新的敌对及一个不安全的世界。① 值得注意的是,此一时期加迪斯就已注意到美苏两国的扩张在被扩张地区所收到的反响的不同,但他在此处并未深究出现不同反响的原因何在,对这一问题的探讨要在几年后才得以明晰起来;而相关观点在建立之后,将极大地影响加迪斯对美苏两国的看法及对于冷战起源的解释。

第二,加迪斯继承并进一步发展《美国与冷战起源》中的观点,再次强调意识形态上的误解导致了双方的对立。加迪斯指出,西方认为斯大林要利用欧洲的共产主义运动来加速推进苏联在东欧地区的影响力,而这加剧了西方对苏联的恐惧,使西方认为斯大林要重启世界革命。但在加迪斯看来,这是对斯大林的一种误解。加迪斯指出,斯大林一直都将苏联的安全置于国际共产主义运动的利益之上,前者才是推动他在东欧进行扩张的动机。② 不过,与在《美国与冷战起源》中一样,加迪斯也指出,斯大林的问题在于他未能使西方明白他的首要关切在于苏联的自身安全。正因如此,西方在面对苏联在东欧的扩张和世界范围内共产主义运动中复兴的反资本主义调子,以及考虑到不久前的对德绥靖所带来的惨痛教训时,倾向于认为只有遏制才能阻止苏联的野心。

第三,美苏在经济和军事上的差异也造成双方的紧张关系。加迪斯认为,这样一种差异所带来的美苏权力差使美国人夸大了他们影响世界其他地区事务的能力,也使苏联人深深地感受到了自身所处的劣势与脆弱感。③ 在这样一组心理状态下,美国拒绝对苏联提供战后贷款及利用《租借法案》来帮助苏联进行重建一事使苏联大受刺痛。此外,1946 年美国开始减少德国美占区的对苏赔偿供应更使苏联感觉自己被排除在了西方的技术成果之外,从而加深了双方之间的矛盾与不满。

第四,加迪斯认为,双方领导人的个性——美苏双方领导人的虚张声势——也加剧了达成相互同意的安排的困难,从而使双方在战后很难继续

---

① John Lewis Gaddis, *Russia, the Soviet Union, and the United States: An Interpretive History*, p. 177.
② Ibid., pp. 177–178.
③ Ibid., p. 178.

进行合作。在加迪斯看来，双方之所以会采取这种虚张声势的态度，原因是不同的。在美国一方，加迪斯指出，杜鲁门采取强硬态度是因为担心任何的软弱表现都会被视为鼓励苏联提出更多要求；在苏联一方，则是因为斯大林对西方的惧怕与西方对他的惧怕一样多，加上杜鲁门的强硬言辞及广岛的原子弹爆炸，这些因素都再度加强了斯大林的信念，即如果他表现出一丝的软弱，他所希望得到的一切就都没有了。

正是由于安全观的不同、意识形态的误解、技术差距所造成的实力差距及双方刻意为之的虚张声势，才为美苏最终走向冷战播下了种子。第二次世界大战结束后在欧洲出现的权力真空使美苏双方不得不直面对方的这一事实，则为双方最终走向对抗提供了合适的土壤。

可以看出，在分析冷战起源这一问题时，加迪斯对苏联的态度变得更为温和：他不再主张苏联相较于美国有更多的自由行动空间，而是更加关注美苏实力对比与美国政策变化给苏联方面带来的心理影响。在笔者看来，造成加迪斯对美苏双方态度出现转变的原因，一方面在于加迪斯的考察视角与方法的转变，另一方面则与当时的国际形势有所关联。在《俄国、苏联与美国》中，加迪斯更加注重考察美苏之间的互动，从而在考察冷战起源问题时一定程度上避免了《美国与冷战起源》中出现的美国中心主义倾向——加迪斯将美苏双方置于一个较为平等的位置上，并通过考察双方对自己及对彼此的看法来探究冷战的起源，这与此前相比有着很大的不同。在考察视角与方法上，正如《俄国、苏联与美国》前言所说，加迪斯试图通过利益与意识形态之间的互动来解读并评判美俄及美苏关系。[①] 加迪斯认为，调和好利益与意识形态之间的关系将有助于外交政策的推进乃至双边关系的发展，否则就会带来一系列问题。他批评与赞扬美国不同阶段的外交政策，以及对沙俄、苏俄、苏联时期外交政策的批评都基于这条主线。在这样一种研究方法的指导下，具体到评价冷战起源这一问题上，加迪斯同样倾向于考察美苏双方的利益与意识形态是否得到了有效调和，并以此

---

① John Lewis Gaddis, *Russia, the Soviet Union, and the United States: An Interpretive History*, p. XV.

作为评判双方外交行为的标准。正如前文所述，在加迪斯看来，双方都未处理好这二者之间的关系，因此他倾向于不再强调主次责任之分，而只是强调双方的误解造成了冷战的爆发。除考察视角与方法的变化对加迪斯的判断产生影响外，当时的国际形势也与这种判断的转变有着一定的联系。在20世纪70年代末，美苏之间的"缓和"走向失败，两国都存在着某种程度上的过度扩张。在加迪斯看来，两国当时都在奉行普遍主义政策，即追求将世界同质化以确保自身安全，①而他认为这是不可取的。

三、苏联主责论的回归？：20世纪80年代加迪斯冷战起源观的再调整

在加迪斯的冷战起源观中，他对美国的态度于1978年达到谷底。此后，加迪斯对美国的看法越来越积极，而相应地对苏联的评价则越来越消极。这反映在冷战爆发的责任判定中，就是加迪斯不断地弱化美国所负的责任。

在1983年发表的《正在形成中的关于冷战起源的后修正主义综合》②一文中，加迪斯通过与修正派的观点进行一一对照，首次明确阐述了自己的后修正主义冷战起源观。

加迪斯指出，不同于修正主义认为美国应负主要责任的观点，后修正主义认为，应该由斯大林治下的苏联负主要责任。尽管在《俄国、苏联与美国》一书中，加迪斯一度降低了对苏联批判的调门，并为苏联在战后所感受到的脆弱与恐惧感正名，但这种对美苏"各打五十大板"的态度似乎只是昙花一现。借鉴沃伊切克·马斯特尼（Vojtech Mastny）的《俄国通向冷战之路》（*Russia's Road to the Cold War*）一书中对苏联，特别是对斯大林的观点，如今加迪斯指出，斯大林根本没打算将苏联在战后的安全寄托于与西方进行合作这一政策上，相反，他从一开始就决定通过单边主义的方法来寻求安全。此外，斯大林的头脑中根本没有有关苏联安全需求的明确

---

① John Lewis Gaddis, *Russia, the Soviet Union, and the United States: An Interpretive History*, p. 278.
② John Lewis Gaddis, "The Emerging Post-Revisionist Synthesis on the Origin of the Cold War," *Diplomatic History*, Vol. 17, No. 3 (Summer 1983).

界限。在这种情况下,西方的失败不在于未能给斯大林的要求留出足够的空间,而在于西方的被动(passivity),即未能对斯大林的行动作出强硬且及时的反应。加迪斯认为,如果作出这样的反应,斯大林就会表现出理智与克制。由此,加迪斯认同马斯特尼的看法,即冷战爆发的首要原因在于斯大林自身含混不清的野心,以及他通过在国际竞争场所中以几乎不给其他国家留出余地的方式来寻求自身安全的行为模式;而次要原因则在于西方未能迅速作出反应以阻止斯大林。①

对美帝国性质的认知也同样影响了加迪斯对冷战起源责任的判定。借鉴库尼霍姆·布鲁斯(Kuniholm Bruce)和盖尔·伦德斯塔特(Geir Lundestad)的观点,加迪斯认为,美国是一个被邀请(by invitation)的帝国:它更符合防御型而非进攻型扩张模式,更多的是一个被邀请的帝国,而非强制性的帝国,更多的是一个即兴而成的帝国,而非仔细规划的帝国。② 尽管此时加迪斯对于"被邀请的帝国"这一概念尚未全盘接受,并认为对这一概念的适用范围仍需进一步考察,③ 但这样一种对美帝国性质的研判仍可以体现出加迪斯对美国的温和态度。马斯特尼、布鲁斯及伦德斯塔特对加迪斯的影响在《长和平:冷战史考察》④ 一书的第二章"获胜后的不安全感:美国与第二次世界大战后的苏联威胁观"中得到了更为充分的展现。在该章中,从核心观点的提出到具体论述的展开,乃至档案材料的选取,加迪斯都体现出一种扬美抑苏的倾向。在这样一种整体倾向下,虽然此次加迪斯并未明言冷战爆发的责任究竟在谁,但答案已呼之欲出,即冷战爆发的首要责任仍然在于苏联。

在该章开篇,加迪斯便提出了将要探讨的核心问题,即第二次世界大战甫一结束,苏联的哪些行为使美国政治家们确信美国的安全再度处于危

---

① John Lewis Gaddis, "The Emerging Post-Revisionist Synthesis on the Origin of the Cold War," p. 176.

② Ibid., p. 182.

③ Ibid., p. 177.

④ 约翰·刘易斯·加迪斯:《长和平:冷战史考察》,潘亚玲译,上海人民出版社,2011。

险之中？① 这一设问即存在较强的导向性，即已预先判定是苏联首先挑衅与刺激美国而非反之。在这样一种行文倾向下，加迪斯展开了详细论述。不同于1978年的时候认为是苏联在战后因为与美国的差距而存在脆弱感，如今加迪斯指出，第二次世界大战后是美国而非苏联存在着脆弱感，且与此同时在美国形成了一种全球主义的新共识，即"美国战后的首要利益现在不仅在于保证西半球的安全，还在于保证东半球免遭单一的潜在敌对大国的控制……这暗示着战后美国在战后世界事务中的作用将更为积极"。② 脆弱感与全球主义的结合塑造了美国战后的新战略，即防止欧亚大陆为任何潜在的敌对大国所控制。

在这样一种心理及对战后格局的认知中，加迪斯认为，苏联的单边主义行动对美国的刺激进一步加剧了美方的疑惧并加速了冷战的到来。加迪斯指出，在第二次世界大战期间，美国仍然希望在战后继续与苏联保持合作，但战争末期与战后初期苏联的单边主义行为激起了英美等国的疑虑与不安。随着战争结束后苏联的单边主义行动愈益增多，杜鲁门最终授权在政府内部对美苏关系进行一次全面研究，而研究所得的结果即克利福德报告。杜鲁门总统对克利福德报告中所列举的苏联的单边主义表现作出了较为谨慎的反应，这虽然反映了一种避免采取轻率和不明智行动的决心，但美苏存在共同利益的假设已经不复存在了。这样一种共同利益的消失，在加迪斯看来，全部是由苏联的错误造成的。加迪斯认为，苏联一再漠视其前盟友最优先考虑的事项和情感，到现在为止，这种做法事实上已耗尽了美国人在战争期间培养起来的对苏联的善意，③ 而在这种善意被耗尽之后，美国转向对苏强硬也是意料之中。

在分析完美国对苏政策转向的过程之后，加迪斯进一步探讨了美国解释苏联行为的方法。在他看来，美国所采取的是一种"极权主义-意识形态"解释模式，在这一解释模式框架下，美国意在强调苏联对来自外部的

---

① 约翰·刘易斯·加迪斯：《长和平：冷战史考察》，第22页。
② 同上，第23页。
③ 同上，第34页。

克制或善意的表示没有反应。① 运用这样一种解释模式，有助于使美国免于承担合作破裂的责任，也使未来任何紧张关系的缓解都取决于苏联而非美国心理的转变。可以说，这样一种解释模式有助于让美国人更好地迎接冷战的到来。②

综合来看，加迪斯认为，虽然是美国自身先拥有了要在战后维护均势的观念，但它并未从一开始就将苏联预想为自己的敌手，而正是由于苏联自己的单边主义行动和乔治·凯南（George Kennan）1946年初在长电报中对苏联行为根源的分析，才使美国将苏联作为了心中的敌手。可以说，正是因为苏联到1947年已经成为一种"可信的威胁"，才使美国的遏制战略得以真正发展。③

为加强自身论证的说服力，即苏联对西方而言确实是一种"可信的威胁"，加迪斯引用了"被邀请的帝国"这一概念作为一大论据。加迪斯指出，如果并不存在可信的苏联威胁，西欧这些"第三方"国家就不会首先要求美国权势的扩张。④ 加迪斯总结道："在战后的头几年里，苏联的行为不仅引起了美国人的警觉，而且也引起了其余世界的相当一部分人的警觉。但至于警觉的理由有多充分或它如何准确地反映了塑造苏联政策的现实，则是可以质疑的问题。但要否认这种警觉本身的真实性，或否认不仅美国存有这一警觉，则是透过棱镜所看到的不必要的歪曲。毕竟，恐惧可以是真实的，哪怕是非理性的。"⑤

通过加迪斯的这样一种论述，可以看出他依然认为导致冷战爆发的主要责任在苏联，只不过此次换了个角度，即从"是谁威胁了谁"来探讨这一问题。值得注意的是，虽然加迪斯仍会指出美国对苏联的一些看法存在误解，但对此予以强调的目的已不再是为苏联正名，或者说强调误解在导致冷战爆发中起到了重要作用，而是意在表明西方对苏联出现误解的合理

---

① 约翰·刘易斯·加迪斯：《长和平：冷战史考察》，第38页。
② 同上，第39页。
③ 同上，第39、42页。
④ 同上，第39、44页。
⑤ 同上，第39、45页。

性：是苏联自身的扩张性行动与言辞促成了这些误解的产生，而这些误解也进一步加剧了西方对苏联的恐惧。在史料的选取利用上，加迪斯也体现出了对美国的"偏向性"，即不再像在《美国与冷战起源》一书中对美国外交进攻性的一面直言不讳，而是变得更加谨慎，力求为美国的外交决策"正名"。加迪斯对"被邀请的帝国"概念的引入进一步从理论上佐证了美国行动的合理性。该概念意在表明这种苏联所带来的威胁感在西方的普遍存在。因为正如前文所述，如果没有威胁的话，这些国家也不会邀请美国介入，故而进一步证实是苏联威胁美国而非反之，故而是苏联应负更大的责任，美国的责任则相对极小（如果对苏联威胁的反应过度也算是美国应负的责任的话）。应当指出的是，尽管此一时期加迪斯强调苏联所带来的威胁，但他对这种威胁是否真实存在仍有一定的怀疑，故他对苏联的态度仍然较为谨慎。此外，由于相信两极体系最为稳定，对作为两极中一极的苏联，加迪斯的整体观感也较为温和，毕竟，"国际体系就像跳探戈一样，至少需要两个相当活跃的、健康的参与者"。[①]

从20世纪70年代末到80年代，除了20世纪70年代末受到考察视角与方法的变化，以及国际上美苏两国过度扩张的影响，加迪斯一度非常短暂地对美国持有十分消极的看法；进入20世纪80年代以后，在加迪斯对冷战爆发责任的判定中，美国所负的责任越来越小。在笔者看来，这主要是由加迪斯对马斯特尼有关斯大林和苏联的论述，以及布鲁斯和伦德斯塔特有关"被邀请的帝国"这一概念的借鉴吸收而导致的。但应当指出的是，由于加迪斯对苏联的一些行动与观念仍然存疑且由于信奉结构现实主义国际关系理论，他对苏联的整体看法虽然出现消极化倾向，但并非全然否定。这就使在对冷战责任的判定上，加迪斯并不认为美国无须负任何责任。尽管他对这部分责任提及得越来越少，并且对双方之间的误解论述得也越来越少，但他并未否认在冷战爆发问题上美国也负有一定的责任，哪怕只是轻微的。

[①] 约翰·刘易斯·加迪斯：《长和平：冷战史考察》，第39、316页。

四、美国无罪论的确立：后冷战时期
加迪斯对冷战起源的新解读

冷战甫一结束，加迪斯便开始呼吁从冷战如何终结出发去重新考察冷战的起源。加迪斯在1992年所写的一篇书评中提出了自己关于冷战终结在冷战史研究中所发挥的作用的看法，他认为，冷战的终结使我们需要一种有关冷战起源的综合的新解释。① 后冷战时期加迪斯在研究方法上的转变，则在一定程度上决定了这一所谓的"综合的新解释"的发展方向。1991年，苏联解体标志了冷战的终结，这一事件给加迪斯带来极大的震撼：这样一种美国阵营的完全胜利与苏联阵营的完全溃败是信奉结构现实主义国际关系理论的加迪斯所完全未能预见的，而在冷战结束后国际形势也并未出现他曾经所预测的那种动荡，美国也没有和其他国家形成新的两极体系，而是进入了美国的"单极时刻"。② 这些都使加迪斯对此前他非常钟爱的结构现实主义理论对历史事件的解释力度与可信度产生了质疑，并使他开始对自己以往的研究方法进行反思。在苏联解体后的第二年，加迪斯发表《冷战、长和平以及未来》一文，对所谓的"政治科学"提出了质疑：通过强调人与人的行为的不确定性，加迪斯意在将研究人的学科与研究客观物体的自然科学区分开来，从而对国际关系学乃至历史学对"科学化"的追求提出质疑。国际关系理论对冷战结局预测的失败，使加迪斯初步认识到冷战具有不可预测性和多重面向——冷战中并非只有政治-军事力量具有重要

---

① John Lewis Gaddis, "*Dawning of the Cold War: The United States' Quest for Order* by Randall B. Woods and Howard Jones," *The American Historical Review*, Vol. 97, No. 1 (February 1992), p. 313.

② 加迪斯对冷战终结方式的预测，参见：John Lewis Gaddis, "How the Cold War Might End," *Atlantic*, Vol. 260, No. 5 (November 1987); John Lewis Gaddis, "Toward the Post-Cold War World," *Foreign Affairs*, Vol. 70, No. 2 (Spring 1991)。加迪斯认为，"后冷战"世界会出现碎片化倾向，而美国有可能会缩回孤立主义，具体可参见：John Lewis Gaddis, "Toward the Post-Cold War World," *Foreign Affairs*, Vol. 70, No. 2 (Spring 1991); John Lewis Gaddis, "The Cold War, the Long Peace, and the Future," *Diplomatic History*, Vol. 16, No. 2 (Spring 1992)。

性，人类及人类行为的不确定性对冷战进程的影响同样不容忽视。① 同年年底，出于对国际关系理论的预测失效的深刻反思，加迪斯更是发表长文《国际关系理论与冷战终结》②，从思考为何国际关系理论在预测冷战结局时会如此失败出发，对国际关系理论现实主义流派各个时期的重要学术方法提出全方位的质疑。鉴于国际关系理论的幻灭，加迪斯在20世纪90年代才开始尝试找寻其他研究方法对冷战史进行阐释，而意识形态因素则逐渐替代国际关系理论，成为加迪斯分析史学问题的重要视角。

冷战终结的形式与外交史学界"文化转向"潮流的出现，共同促使加迪斯开始尝试从文化观念和意识形态维度去分析冷战史。与此同时，他将意识形态维度置于道德评判的指导之下，这在很大程度上改变了加迪斯对冷战爆发责任判定的看法，并促成他对其他诸多问题的认知的转变。

以美国的全面胜利而告终的冷战、苏联流出档案所揭露的苏联内部的"残暴"及后冷战时代的美国"单极时刻"的出现，使美国史学界出现了对美国制度和意识形态的高度自信，③ 所有这些都促使加迪斯倾向于将美国的价值观与意识形态视作正确的，而将苏联的视作错误的。1996年，在《论道德对等性与冷战史》一文中，加迪斯明确提出了道德评判在冷战史研究中的重要性。他写道："我们需要重新认识这样一个古老的观念，即历史中存在正邪之分，故而历史学家的作用不仅是要看到这种正邪之分，而且要为这种区分划定更具体的标准。"④ 冷战终结的方式所造成的在加迪斯眼中结构现实主义国际关系理论的破产及由此导致的他研究方法的转向，即引入受道德维度影响的意识形态因素，这二者共同影响了他对冷战起源的解读。

---

① John Lewis Gaddis, "The Cold War, the Long Peace, and the Future," *Diplomatic History*, Vol. 16, No. 2 (Spring 1992).

② John Lewis Gaddis, "International Relations Theory and the End of the Cold War," *International Security*, Vol. 17, No. 3 (Winter 1992-1993).

③ 牛可：《第三世界的冷战、历史悲剧和当代世界——读文安立〈全球冷战〉》，《世界知识》2009年第17期。

④ John Lewis Gaddis, "On Moral Equivalency and Cold War History," *Australasian Journal of American Studies*, Vol. 15, No. 1 (July 1996), p. 18.

在新方法论的指导下，加迪斯作出的对于冷战起源的新阐释最初展露于《冷战史的悲剧》① 一文中。不同于此前对双方误解的论述，也不同于此前对苏联与斯大林较为审慎克制的看法，加迪斯在他的新论述中转而强调双方观念冲突的不可避免及对苏联与斯大林的批评。加迪斯认为，虽然美国有意在战后通过构建一个新体系（美国仅为此制定规则与提供资源）及与他国以集体安全等方式进行合作来实现自身的利益，② 但苏联的理念却截然不同，这些理念体现了斯大林掩盖在国际共产主义意识形态外衣下的"大俄罗斯"观。加迪斯认为，对"极权主义国家"而言，掌控国家机器的人至关重要，故实际上斯大林就是冷战爆发的"罪魁祸首"。

1997年，加迪斯的《我们现在知道了：重新思考冷战史》③ 一书面世。如果说加迪斯此前的文章在冷战起源问题上对斯大林与苏联的责任都只是"点到为止"，那么该书可以算作对斯大林与苏联的"总清算"——在该书中，加迪斯明确地表明了斯大林与苏联应为冷战的爆发负全部责任，而美国等西方国家则完全没有责任。

在该书第一章"分割世界"（Dividing the World）中，加迪斯开篇便率先对美苏两国进行了二元对立的性质界定，即"民主制度最优秀的学生与专制制度最邪恶的践行者"，④ 而这样一种界定为加迪斯对整个冷战起源问题的论述奠定了基调。通过分析美苏之间的不同及斯大林的性格，加迪斯进而得出结论，认为是斯大林与苏联导致了冷战的爆发。

首先，加迪斯分析了美苏双方的安全观，并认为安全观的不同导致了冷战的不可避免。以前加迪斯认为，双方的安全观还有部分相互包容性；如今加迪斯认为，双方的安全观是截然对立的，以至于是无法共存的。加迪斯指出，西方民主国家奉行多边主义的安全观，认为安全应当是所有国

---

① John Lewis Gaddis, "The Tragedy of the Cold War History," *Diplomatic History*, Vol. 17, No. 1 (January 1993).

② Ibid., p. 4.

③ John Lewis Gaddis, *We Now Know: Rethinking Cold War History* (New York: Oxford University Press, 1997).

④ Ibid., p. 1.

家都得以享有安全；斯大林奉行的则是单边主义的安全观，即一个国家得到安全便意味着需要剥夺其他所有国家的安全。加迪斯认为，有鉴于此，双方的冲突不可避免。①

其次，加迪斯以"被邀请的帝国"与"强制性的帝国"这一组概念为基础，分析了美苏两国对外施加影响的方式，并认为双方施加影响方式的不同造成了一种不对称性，从而一定程度上促使了冷战的爆发。② 具体来说，在加迪斯看来，斯大林将安全等同于对领土的控制是使战时合作无法延续到战后的一个首要原因。英美在战时虽然认同了斯大林在东欧建立自己的势力范围，但由于民主体制要求它们必须考虑到国内对斯大林建立势力范围这一行为可能作出的反应，故它们要求斯大林在这些地区实行民族自决。但由于苏联是一个"极权国家"且斯大林本人"缺少民主程序经验"，故他低估了尊重民主原则的要求，这导致他在东欧的单边主义行为不仅引起了英美的猜疑，也在东欧本地造成了他所未能预见的局面，即他在东欧建立的势力范围不为当地民众所接受。加迪斯认为，在这样一种不受欢迎的氛围中，苏联在东欧的单边主义行为使英美处在了十分尴尬的境地，因为它们如果继续与苏联进行合作就会公然背弃它们自己所宣布（也曾经似乎为斯大林所支持）的那些体现多边主义思想的原则。在这样一种情况下，双方很难继续合作下去。③ 在对上述两个问题的论述中，加迪斯自己都站在了英美这一边，明显地表露出自己对多边主义的肯定与对单边主义的否定。在这样一种情感倾向下，加迪斯通过论述所力图呈现的是苏联而非英美对战时大同盟的破坏，因为在加迪斯看来，英美已经给予了苏联足够的善意。

最后，加迪斯借助社会心理学讨论了斯大林的性格，并认为这对冷战爆发也有重要的作用。加迪斯认为，斯大林的行为属于社会心理学家所说的"个性行为"（dispositional behavior），即惯于按照自己的性格行事而不顾

---

① John Lewis Gaddis, *We Now Know: Rethinking Cold War History*, pp. 14–15.
② Ibid., p. 17.
③ Ibid.

周围环境的变化。① 具体而言，加迪斯指出，斯大林对资本主义和民主制度的怀疑根深蒂固，故他从来没有真正相信过英美。此外，斯大林总会不断与他人进行斗争并最终使一切都臣服于他，这一个性也会体现在他的对外政策中，即只有通过强硬控制才能感到安全，故在这样一个人掌握着苏联的国家机器时冷战是不可避免的。在该章的末尾，加迪斯自问自答道："斯大林寻求冷战吗？怀疑、不信任及持久的'人皆自私论'（cynicism）不仅是他所偏爱的，也是他生活的必要环境，没有了这个环境他将无所适从。"②

在最后一章中，加迪斯更是再度提起了冷战起源的问题，但与第一章不同的是，他采用了另一种方法来自问自答。通过排除变量法，他进一步佐证了他的观点——加迪斯认为，如果在当时的历史中没有杜鲁门、艾奇逊、丘吉尔等人，冷战仍旧会爆发，但如果没有斯大林的话，就有可能出现另一条道路。③ 他非常明确和肯定地指出，冷战爆发的责任"总的来说在于威权主义，具体来说在于斯大林"。④ 至此，在加迪斯的论述中，美国在有关冷战爆发的责任判定这一问题上被完全宣布为无罪，而苏联则承担了所有的罪责。

五、结语

在对冷战起源问题的探讨上，加迪斯自1972年第一本著作问世以来便对美国和苏联谁应为冷战爆发负更多责任这一问题多加关注。整体而言，他对美苏双方责任的判定除20世纪70年代末采取"各打五十大板"，即认为双方都负有相当程度的责任外，长期以来都更倾向于认为苏联负首要责任，而美国则负次要乃至不负责任。尽管从表面来看加迪斯的论断似乎变化不大，但实际上他对苏联的批判力度及相应地对美国的赞扬力度则一直在不断变化。对造成此种程度变化的原因进行分析，则可以为窥视史学研

---

① John Lewis Gaddis, *We Now Know: Rethinking Cold War History*, p. 17.
② Ibid., p. 25.
③ Ibid., p. 294.
④ Ibid.

究与整体学术思潮及国际形势变化之间的关系提供一个有益的案例。加迪斯思想的变化在某种程度上体现了20世纪70年代以来美国外交史学思潮的发展演变。可以说,20世纪70年代初修正主义存在的不足"鼓励"了加迪斯尝试从更加多维的角度对冷战起源进行解读;20世纪80年代美国外交史学界对结构现实主义国际关系理论的依赖则在一定程度上促使加迪斯在对苏联进行批判时持审慎态度;20世纪90年代"文化转向"的兴盛则促使加迪斯加大了对意识形态维度的重视,并影响了他看待美苏两国的视角。应当指出的是,加迪斯亦受到国际形势变化的影响,这在20世纪90年代体现得尤为明显——冷战终结对他造成的震撼不仅影响了他的研究方法,也影响了他的研究论述。

在后冷战时期,加迪斯将道德评判掺杂于历史叙述之中,并采取由果及因的方法从冷战终结的方式来倒推分析冷战的起源。他预先为美苏作出的道德评判在两国之间画出了善恶二元对立的分界线,从而使美国占据了道德制高点,而冷战则成为"正义斗士"美国对抗"极权主义恶魔"苏联的二元对立叙事。在这样一种叙事中,苏联彻底走到了美国的对立面,美国因为它的"道德纯洁性"与"道德高尚性"而完全被预判为"正确"的一方,苏联则因为它的"道德腐败"与"邪恶"被完全预判为"错误"的一方。不需要具体的史实论述,加迪斯便已经预判了谁对谁错。正是借助于将道德维度引入历史叙事中的做法,加迪斯实际上站到了美国政府的立场之上,并在他的论述中完全免去了美国在冷战爆发上的责任。

在冷战胜利的热情逐渐冷却之后,加迪斯对美苏两国的看法逐渐有所改变。在2005年出版的《冷战:一部新历史》①中,加迪斯对美苏的论述不再具有如此强烈的感情色彩,也在一定程度上恢复了对双方之间存在误解的这一观点的强调。但是,在从意识形态维度进行分析时,加迪斯仍然受到道德评判的影响,这使他对于美苏对冷战爆发责任的判定乃至对整个冷战期间美苏关系的研究都存有一定的片面性。也许只有当加迪斯摆脱了对道德评判的痴迷,他才可以对美苏作出更为客观公正的考察与评价。

---

① John Lewis Gaddis, *The Cold War: A New History* (New York: Penguin Press, 2005).

冲突之道：托克维尔与詹姆斯·布莱斯眼中的美国政治冲突

任姝欢[*]

摘　要　政治冲突自人类构建有序共同体以来便是重要议题。19世纪，美国在经历内战与重建的重大考验中逐步形成了独特的政治制度。法国观察者亚历克西斯·德·托克维尔与英国政治家詹姆斯·布莱斯对美国民主的研究，揭示了他们对政治冲突及其解决之道的深刻见解。托克维尔着重探讨了自由与平等、联邦与州主权、南北方性格差异引发的冲突，强调了自由结社和公民宗教等特殊的民情在美国社会稳定中的作用。布莱斯则关注宪法设计、政党竞争与法律冲突，强调活跃的公众舆论是理解美国政治结构与动态的关键。

关键词　托克维尔；《论美国的民主》；詹姆斯·布莱斯；《美利坚联邦》

政治冲突自人类开始尝试构建有序的共同体生活以来，一直是无法回避的核心议题。在19世纪，美国从世纪初的一个位于大西洋沿岸的小国，迅速崛起为世纪末的全球经济大国。然而，其政治制度在这一过程中经历了多次严峻考验，尤其是在内战与重建时期的重大危机中得以生存与发展。19世纪，两位来自大西洋彼岸的著名观察者，即法国贵族亚历克西斯·德·托

---

[*] 任姝欢，武汉大学历史学院博士后。

克维尔（Alexis de Tocqueville，1805-1859）[①]和英国政治家詹姆斯·布莱斯子爵（Viscount James Bryce，1838-1922），分别于1831年和1870年首次踏上美国土地。作为外交家，他们被美国独特的社会与政治体系深深吸引，并分别撰写了经典著作《论美国的民主》（*Democracy in America*）和《美利坚联邦》（*The American Commonwealth*）。这两部作品为我们提供了不同时代美国政治冲突及其解决之道的宝贵见解，成为理解这一时期美国政治发展的重要文献。

一

自从人类社会试图组建一种有秩序的共同体生活以来，政治冲突就一直被视为不可避免的话题。伊朗先知兼诗人查拉图斯特拉（Zarathustra，公元前628—前551年）将冲突描述为"光明的力量"和"黑暗的力量"在群体间及个人内心中的持续斗争。希腊诗人和政治思想家是最早关注冲突的制度性后果的群体之一。柏拉图认为，战争是政治的一种不可避免的表达方式。[②]亚里士多德则提倡对话和协商的政治，认为意见的交锋中暗含着冲突。[③]马基雅维里首次从正面意义分析、讨论"冲突"理念。他认为，人与人之间的政治性冲突是天性使然，为了限制冲突，人们要制定并遵守相应的法律。在《论李维》中，马基雅维里指出良好的法律往往起源于纷争，罗马共和国的自由与强大，正是建立在平民与元老院冲突的基础上。[④]

霍布斯则认为，自然状态就是战争状态，需要通过一个"利维坦"来克服冲突，维护秩序。[⑤]孟德斯鸠在《罗马盛衰原因论》中阐述合理的冲突

[①] 有关托克维尔的贵族出身及早年经历对其成名作的影响，参见：Hugh Brogan, "Ⅳ. Alexis de Tocqueville and the Liberal Moment," *The Historical Journal*, Vol. 14, No. 2, 1971, pp. 289-303。

[②] Ralph M. Goldman and Stephan E. Nikolov, "Political Systems and Conflict Management," in *Encyclopedia of Violence, Peace, and Conflict*, ed. Lester R. Kurtz (San Diego: Elsevier Science & Technology, 2008), p. 1642.

[③] 亚里士多德：《政治学》，吴寿彭译，商务印书馆，1965。

[④] 马基雅维里：《论李维》，冯克利译，上海人民出版社，2005，第52、56—57页。

[⑤] 托马斯·霍布斯在《利维坦》（*Leviathan*）中阐述了自然状态下的战争状态及其政治意义。

有助于制裁权力的扩张，虽然他否定了古代共和国的模式，但仍然保留了政治冲突的合理性和必要性，认为存在良性的冲突和对抗。① 古典经济学之父亚当·斯密认为，经济竞争是一种特殊形式的冲突，对私利的追求及自由运作的市场秩序，最终会导致一种和谐的分工，实现社会资源的合理分配。② 与此不同，卡尔·马克思将人类历史解释为不同阶段的"阶级斗争"，认为人类社会最终会发展到不存在政治和冲突的共产主义阶段。③ 卡尔·施米特认为，政治本身的内容不是观点、利益的交锋与制约，而是生与死的斗争及其解决，这种生与死的斗争及其解决在国际层面将永远存在。④ 现代哲学家克劳德·勒弗进一步指出，不确定性是现代民主的特征，而差异和冲突是维持民主活力的根本因素。⑤

在现代政治生活中，国内政治冲突既可以被视为社会活力的体现，也可能引发暴力行为乃至内战。由于政治冲突从未真正消失，如何创造和维持社会共识始终是重要问题。因此，在设计政治体制时，如何在维护自由和良性冲突的同时避免恶性的冲突乃至战争，成为不可回避的核心议题。

美国政治本身当然也包含冲突的成分。革命年代的建国之父们在设立美国宪法和政治体制时，就考虑到对政治冲突的制约和引导作用。詹姆斯·麦迪逊在《联邦党人文集》第十篇中，指出派系斗争的原因不能排除，只能控制其结果。他认为相较于民主政体，共和政体能够更好地保护公共利益和私人权利免受派系斗争的威胁，同时保持民众政府的精神和形式。⑥《联邦党人文集》第五十一篇的作者阐释了在设计政府的内部结构时，要通过分权制衡使立法、行政和司法机构各守本分，强调用野心来对抗野心，使

---

① 孟德斯鸠：《罗马盛衰原因论》，许明龙译，商务印书馆，2016。
② 亚当·斯密：《国富论》，胡长明译，人民日报出版社，2009。
③ 卡尔·马克思在《共产党宣言》中详述了阶级斗争理论。
④ 卡尔·施米特在《政治的概念》中提出了政治的敌友划分理论。
⑤ Claude Lefort and John B. Thompson, *The Political Forms of Modern Society*: *Bureaucracy*, *Democracy*, *Totalitarianism* (Cambridge: Polity Press, 1986).
⑥ 汉密尔顿、杰伊、麦迪逊：《联邦党人文集》，程逢如、在汉、舒逊译，商务印书馆，1995，第48—50页。

政府既能管理被统治者，也能管理自身。①

在 18 世纪 80 年代，当联邦党人为新的联邦宪法辩护时，麦迪逊所谓的"纯粹的民主"还只是一种类似于古希腊城邦中"小国寡民"式的直接参与民主，他坚称美利坚应该成为一个"共和制"而非民主制的联邦。但大约 50 年后，到了 19 世纪 30 年代，法国贵族出身的托克维尔在《论美国的民主》一书中，分析了"民主"作为一种社会形式在美国的政治、文化和社会生活中是如何展开的。托克维尔的"民主"的概念指向是社会的分类。对托克维尔来说，与"民主"相对应的是"贵族"，而非"专制"。② 又过了大约半个世纪之后，到了 19 世纪 80 年代，英国政治家詹姆斯·布莱斯在其《美利坚联邦》中认为，美国的民主是一种政府形式或者政治制度。布莱斯拒绝像托克维尔那样把民主说成是一种不可抗拒的、无形的时代精神，他认为"民主实际上意味着全体人民通过投票来表达他们的主权意志"。③

托克维尔《论美国的民主》的两卷本分别出版于 1835 年和 1840 年，布莱斯《美利坚联邦》的三卷本是 1888 年首次在伦敦出版的。与半个世纪之前相比，19 世纪 80 年代的美国在地理范围、人口规模、经济力量、政治结构和国际地位方面已经发生了巨大变化。如果说托克维尔关注的是美国的社会形态的话，那布莱斯阐释的则是美国整个国家的政治制度。作为一名法学家、历史学家和政治家，布莱斯力图通过其著作呈现出当时美国制度和人民的本来面目，追溯它们所特有的东西。托克维尔与布莱斯都注意到了美国政治中所固有的各种各样的冲突，但因所处时代和知识背景不同，他们眼中美国政治的冲突及其解决之道也存在差异。

二

托克维尔所关注的美国政治与社会中存在的冲突大体上可以分为三组：

---

① 汉密尔顿、杰伊、麦迪逊：《联邦党人文集》，1995，第 263—264 页。
② 段德敏：《托克维尔的"民主"概念》，《学术月刊》2015 年第 4 期，第 108 页。下圆点为作者所加，下同。
③ James Bryce, *Modern Democracies* (London: Macmillan, 1921), Vol. I, p. viii.

一是自由与平等的冲突；二是联邦与州两种主权之间的冲突；三是南北方民众不同的性格变化所暗含的冲突，以及各州之间潜在的利益冲突。

第一组冲突，是自由与平等的冲突。在托克维尔眼中，自由代表着权利观念和行使权利的习惯，平等意味着没有等级差别的身份平等，这容易造成个人主义，可能促成权力集中进而走向过度的行政集权。托克维尔认为自由所赋予的本性与平等造成的倾向之间有一定的冲突，因此他在美国看到二者并行时十分惊讶，并指出美国不同于欧陆国家的原因。首先，在英裔美国人来到新大陆之前，他们在母国已经养成了参与公共事务的习惯。乡镇自治、陪审制度、言论自由、出版自由和人身自由在美国人那里，是早就存在了的。他们具有权利观念和行使权利的习惯，并习惯于用这些东西来抵制政府对他们的侵犯。因此，民主转变为多数人的暴政的危险，在美国就小于在欧洲。其次，在美国人那里，因为自由是早已就存在了的，而平等则是比较晚近的，所以美国人能够以自由抵制平等所造成的个人主义，避免民主国家走向中央集权。① 但在欧陆国家，尤其是在借助暴力革命手段而使平等原则获胜的法国，人民长期以来不知道自由为何物，当革命突然带来身份平等后，中间团体不复存在，个人直接暴露在国家权力面前反而更显弱小，因此更容易被国家权力所俘获而走向中央集权。此外，托克维尔特别强调美国独特的民情，尤其是"正确理解的个人利益"。在乡镇自治传统下，美国人习惯于结社和合作，参与公共生活。享有政治结社的自由，是美国能够出现各种组织、社团和协会的基础。美国人通过结社把个人利益与公共精神结合起来，有利于政治体的长远利益。被誉为"第一个美国人"的本杰明·富兰克林，在其自传中就曾提到他在费城创办讲读俱乐部、建立公共图书馆、组织消防队、开办学校和热心公益事业等事例。② 富兰克林可以说是体现美国乡镇自治和结社精神的代表性人物之一。除了乡镇自治传统，托克维尔也将美国的宗教看作促成"正确理解的个人利益"的关键所在。托克维尔所指的宗教是一种"公民宗教"（civil religion）

---

① 托克维尔关于美国社会中的民主、平等和多数人的暴政的观点，详见：Morton J. Horwitz, "Tocqueville and the Tyranny of the Majority," *The Review of Politics*, Vol. 28, No. 3, 1966, pp. 293-307。

② 《富兰克林自传》，姚善友译，生活·读书·新知三联书店，1985。

而非超越性宗教，它使个人跳脱出自身狭隘的圈子，将公共利益纳入行动的动机范围。①

在自由与平等这一对冲突中，托克维尔认为美国人长久以来追求自由和行使权利的习惯，加上乡镇自治、自由结社和公民宗教等要素，共同促成了"正确理解的个人利益"，使美国能克服身份平等所带来的个人主义，进而避免使其民主制走向中央集权。值得注意的是，托克维尔认为制度对人的命运的影响只是次要的。他深信政治社会并不是由法律所决定的，而是由组成政治社会的人的感情、信仰、思想、心智习惯及他们的天性和教育所决定的。换句话说，托克维尔方法的精髓就在于通过分析特定社会的性质来理解政治。②

第二组冲突，是美国联邦与州两种主权之间的冲突。与全国只有一个中央政府的单一制国家不同，美国作为一个联邦制国家，其宪法承认联邦政府和州政府两种主权并存。托克维尔观察到，虽然宪法为联邦的主权规定了明确的界限，但在司法制度方面，联邦和州两种主权又以两种不同系统的法院为代表，所以在规定两个系统的法院各自的审理权时即使十分细心，也不足以防止两者之间经常发生冲突。③ 美国宪法承认各州有权制定法律，而这些法律又可能侵犯联邦的权利。为了解决冲突，只能采取危险最小的处理办法，也就是由联邦法院来裁定是非。④ 但这并不意味着会对州的主权造成威胁，因为州政府所拥有的实际权力要远大于联邦政府。

托克维尔指出，对于美国公民而言，联邦制在实际应用方面的难题简直不可胜数。实行联邦制要求被治者必须具有相当程度的辨别能力，因为联邦主权与各州主权互相交错，不可能一眼就分清其界限。在这样的政府中，一切事情都要经过反复的协议和复杂的手续，只有长期以来习惯于自治和政治

---

① 有关托克维尔对公民宗教的讨论，详见：Max Lerner, *Tocqueville and American Civilization*, 2nd ed. (New York: Routledge, 1994), pp. 53-54；段德敏：《托克维尔论现代社会的自由与宗教》，《复旦学报（社会科学版）》2014 年第 4 期，第 114 页。

② Morton J. Horwitz, "Tocqueville and the Tyranny of the Majority," p. 296.

③ 托克维尔：《论美国的民主》，董果良译，商务印书馆，1988，第 159 页。

④ 同上，第 166 页。

知识普及到社会下层的民族，才适于采用这套办法。托克维尔表示，他对于美国人在解决来自联邦宪法的无数难题方面表现的高超知识和能力，简直佩服得五体投地。①

但是究其根本，托克维尔认为"美国的立法者虽然使两种主权之间的冲突减到最低地步，但并未消除冲突的原因。甚至可以再重点说，他们在两种主权冲突时，还保证不了联邦主权获胜"。② 既然立法者无法防止在联邦制度中并存的两种主权发生危险的冲突，那就必须尽一切努力使联合起来的各成员不诉诸战争。如此，联邦制在美国的建立和保持，不仅要有良好的法律，而且要有有利的环境。托克维尔认为，有利的环境主要包括美国地理位置带来的优越性，各州有大致相同的利益、相同的起源和语言，以及必要的文明同质性。③ 正是这些因素使联邦制在美国得以保持。

在美国联邦与州这一对冲突中，托克维尔指出，虽然司法层面的冲突可以由联邦法院来裁定是非，但两种主权之间发生冲突时并不能保证联邦主权获胜。美国民众长期以来习惯于自治，政治知识普及程度高，加上美国地理环境对居民风气与习惯的作用，各州目前大致相同的利益、思想和文明水平，才使联邦制得以维持，联邦与州这一对冲突也暂时没有导致战争发生。

第三组冲突，是美国南北方民众不同的性格变化所暗含的冲突，以及力量不等的各州之间潜在的利益冲突。托克维尔认为，在当时国土辽阔的美国联邦，不同地区虽然各有自己的不同利益，但他并未发现它们之间有彼此对立的利益。反而国土的辽阔本身有利于国家的繁荣，因为政府的统一特别有利于国内不同产品的交换，便于产品的流通，使产品增加价值。④ 19世纪30年代时的美国南方、西部和北方之所以愿意保持联邦，是因为联邦的各部分之间有着紧密的物质利益联系，联邦存在本身有利于它们与世界其他各地保持自由来往。因此，托克维尔认为，威胁美国联邦的危险，将不是来自联邦不同地区的意见分歧或利害冲突，而是要到美国人的性格变化和激情

---

① 托克维尔：《论美国的民主》，第185—186页。
② 同上，第188页。
③ 同上，第188—189页。
④ 同上，第433—435页。

中去寻找。① 这种性格变化与南方蓄奴制密切相关。尽管蓄奴制并没有在南方产生与北方对立的利益，但它却改变了南方居民的性格，并在南方使人养成了与北方不同的习惯。托克维尔大胆预测，南北方居民的性格变化所暗含的冲突，才是日后威胁美国联邦的危险所在。事实证明，托克维尔是有先见之明的，甚至有助于理解当代美国的"冲击国会山"事件。

托克维尔善于概括也乐于尝试预测，他力求能比其他人看得更远，考虑"整个未来"，且相信这种洞察力不会削弱他所发现的事实和具体特征。② 在托克维尔旅美时，美国只有 24 个州，但正处于向西扩张的阶段。他指出："今天美国各州之间的利益虽然不是彼此对立的；但是，对一个每天都有新的城市建立，每五年就有一个新州加入的国家，谁能预见到它的不远未来的各种变化呢？"根据托克维尔的观察和分析，美国领土广阔，气候各异，他预计美国在 19 世纪末时将会拥有 1 亿人口，并将被划分为 40 多个情况不同和力量不等的州。联邦政府要设法避免这些州之间出现对抗和斗争，防止它们互怀野心，联合它们各自的自主行动去完成共同的事业，而这是一项艰难的事业。因此，托克维尔认为美国联邦政府的继续存在，只能是一个幸运的偶然事件。③

在美国南北方居民性格差异及各州潜在的利益冲突这一组矛盾中，托克维尔认为，只要美国南方人不改造自己的性格，不彻底转变，南方的白人和黑人之间迟早就会发生冲突并危及北方的利益，联邦各州暂时的利害关系随着时间发生改变后，很难保证美国联邦政府能够长期存在下去。

三

托克维尔善于对美国社会的总体情况进行描绘，并大胆对其未来作出预测。布莱斯的眼光则集中在美国宪法和政治制度设计中的内在冲突上。

---

① 托克维尔：《论美国的民主》，第 436 页。
② Edward T. Gargan, "Tocqueville and the Problem of Historical Prognosis," *The American Historical Review*, Vol. 68, No. 2, 1963, pp. 332–333.
③ 托克维尔：《论美国的民主》，第 441 页。

这些冲突主要包括以下三种：一是美国联邦制内含的主权冲突及法律冲突；二是政党之间的冲突；三是政府内部不同职能部门之间的冲突。在布莱斯这里，几乎所有的冲突都可以在美国宪法或者法律中看到端倪。

第一，美国联邦制内含的联邦与州的主权冲突及不同法律之间的冲突，构成了联邦制的重要矛盾。布莱斯指出，联邦宪法的设计旨在限制联邦与州之间的接触，从而避免潜在的冲突。国家政府的职能被严格限制在最低限度，以便将其他一切职能都留给各州。① 在这种权力分割中，州得到的最多，但国家得到的最高，所以两者之间的平衡得以维持。然而，内战期间，这一平衡遭到严峻挑战，联邦通过这场危机变得更加强大。托克维尔在19世纪30年代所说的两种主权冲突时，保证不了联邦主权获胜的情形在内战后有很大改观。联邦最高法院在内战后明确了联邦优先于州的原则，任何州无权宣布联邦行为无效，亦无权脱离联邦。② 与此同时，美国法律的层级结构亦反映了联邦的优先地位，联邦宪法及其法规高于州宪法和州法规，解决法律冲突时，较弱法律自动失效。③ 在美国的政治制度中，完全没有法院对立法行使否决权的概念，也没有国会与司法机构之间的直接对抗元素，解释所有法律的人理所当然拥有对最高法律的解释权。④ 这种法律上的优先关系为公民提供了清晰的指引，维护了联邦的权威与国家的整体稳定。⑤

布莱斯进一步认为，尽管联邦制将权力分配给各州可能引发政治争论，甚至削弱国家权威和爱国主义情感，但联邦制的松散结构与立法的多样性，实际上为不同地区提供了灵活的解决方案，能够避免地方矛盾升级为全国性冲突。⑥ 联邦制通过权力的分散，不仅缓和了冲突，还提供了有效的地方自治机制，使各州能够根据自身情况进行政策调整，从而减少全国性冲突

---

① James Bryce, *The American Commonwealth*, with an Introduction by Gary L. McDowell, 2 Vols. (Indianapolis: Liberty Fund, 1995), pp. 283, 287.

② Ibid., p. 298.

③ Ibid., pp. 220-221.

④ Woodrow Wilson, "Bryce's American Commonwealth," *Political Science Quarterly*, Vol. 4, No. 1, 1889, p. 157.

⑤ James Bryce, *The American Commonwealth*, pp. 292, 213.

⑥ Ibid., p. 309.

的爆发。因此,布莱斯强调,联邦制并非激化冲突,而是通过权衡利弊选择了一种能够有效避免更大规模冲突的体制。

此外,布莱斯还指出,美国宪法的弹性是缓和政治冲突的关键。宪法不仅能够通过修正案和司法解释适应社会的变化,还为不同利益群体提供了和平共处的框架。美国人民对宪法原则的尊重,司法部门与立法、行政部门的分离,以及联邦与州司法系统的相互学习与适应,确保了这一复杂法律体系的顺畅运作。正因如此,美国宪法被誉为"活着的宪法",为国家的稳定与发展提供了坚实的制度保障。

第二,政党之间的竞争与冲突。布莱斯认为,与欧洲不同,政党在美国政治体系中发挥着至关重要的作用。他将政党视为美国政治机器的核心动力,甚至将政党的力量比喻为"蒸汽之于火车头",强调政党是推动政府运作的关键力量。在布莱斯看来,美国的政党政治在历史上体现了两种"永久性的对立":一是中央集权与地方分权之间的对立;二是强调个人自由为社会首要价值的倾向与约束和规范个人行为的倾向之间的对立。简而言之,他也发现了托克维尔所提到的"对自由的热爱"和"对秩序的热爱"之间的张力。历史学家莫顿·凯勒(Morton Keller)指出,布莱斯作为19世纪中期英国自由主义激进派的一员,实际上与美国的保守派更契合,他与联邦党-共和党的立场更接近,而非杰斐逊-杰克逊-民主党的立场,这反映了当时英美文化的差异。[①]

尽管政党在维持政府运作方面至关重要,布莱斯却对19世纪末的美国政党感到失望。他观察到,19世纪末的政党竞争已失去早期的原则性和理念性,转而成为一种机械化、以获取权力为核心的操作方式。政党的主要目标不再是实现政策理念,而是通过党魁和政治机器控制选举,确保获得和维持政府的赞助与职位。布莱斯对政党逐渐远离原则、沦为获取权力工具的现象深感失望,特别是对金钱与腐败对政党竞争的腐蚀表示担忧,认为这削弱了政党应有的政治功能,使美国的政治冲突变得更加表面化和利益化,远离了对公共利益的真正讨论。

---

① Morton Keller, "James Bryce and America," *The Wilson Quarterly*, Vol. 12, No. 4, 1988, p. 90.

与此同时，布莱斯将希望寄托于美国的"贤能人物"（the best men）。他认为，19世纪末的美国城市中存在两大精英群体：一是通常缺乏修养的新兴资本家；二是长久以来受过良好教育的经济和社会精英，即"贤能人物"。布莱斯认为，这两类精英才是真正的统治者，政党的领导者和官员不过是他们的附庸。新兴的大资本家在政策决策中占据主导地位，而政党组织仅得到了普通的行政管理和职位分配。以律师为代表的"贤能人物"通过法律体系和公众舆论的渠道，在当时对资本家和城市老板们构成了相当的制约力量。资本家关注与自身经济利益相关的狭窄议题，而"贤能人物"追求整个社会的普遍利益，因此，两者之间往往存在严重冲突。布莱斯指出，城市老板们并没有独立的权力基础，城市中的穷人、移民和黑人更被布莱斯看作在政治舞台上几乎无足轻重的存在。① 然而，原本能够为公共利益服务的"贤能人物"却常常选择退出政治生活。布莱斯认为，如果"贤能人物"能够积极参与政治，他们本可以赢得"行为端正的小资产者"和有政治活动能力的穷人的支持，从而真正实现对美国城市的有效治理。②

因此，布莱斯寄希望于这些"贤能人物"承担应有的责任，积极参与政治，接手地方政党机器，并与社会中层及贫困群体联合，打破资本家的垄断，形成更广泛的社会支持基础，从而推动政党竞争朝着更健康、更具公共利益导向的方向发展。总体而言，布莱斯认为，美国的政党竞争可以通过鼓励精英群体承担更多责任、扩大其社会支持基础，从而缓解政治冲突，更好地服务于整个社会的共同利益。

第三，政府内部不同职能部门的冲突。由于美国司法部门的独立性相对较强，所以很少与立法和行政部门之间发生冲突。立法与行政机关之间由于职能存在交叉，相互接触和冲突之处则较多。根据布莱斯的观察，美国历史上，立法机关与行政机关，或者说国会与总统之间，曾发生过四次严重的冲突。在这四次冲突中，有两次是总统占了上风，一次是国会占了

---

① David Hammack, "Elite Perceptions of Power in the Cities of the United States, 1880–1900: The Evidence of James Bryce, Moisei, Ostrogorski, and Their American Informants," *Journal of Urban History*, Vol. 4, No. 4, 1978, pp. 373, 377–378.

② Ibid., pp. 377–378.

上风,还有一次二者势均力敌。但是,总统的胜利通常是消极的胜利。也就是说,总统的胜利不在于他达成了自己的目的,而在于他阻挠了国会得到其想要的东西。① 此类冲突当然有其弊端,但其好处可以用一句话来概括,那就是拖延公众舆论的胜利,从而使它们更安全地胜利。② 美国国会内部的参众两院之间也会发生冲突,但布莱斯认为,这种冲突并非来自阶级差别的激烈情感,而是多出于职业和个人自尊心的原因,非原则性对立,因此并不会造成严重后果。国会参众两院在美国并不是争夺霸权的敌对分子,而是同一个主人的仆人。③

此外,布莱斯还提到美国宪法在创制时就被设计为一种制衡的工具,确保立法、行政与司法之间的相互制约,以维持整体的政治平衡。每个部门在一定范围内保持独立性,并有能力抵抗其他部门的干扰,然而,这种分权制衡也导致了政府部门之间持续的冲突,类似于达尔文所描述的植物和动物之间的生存竞争。美国政府的每个部门都在努力扩大自己的权力范围,并都在某些方面取得了进展,但在另一些方面却受到其他部门同等或更大压力的制约。④

布莱斯进一步指出,美国政府机构间的权力失衡导致冲突和僵局频繁出现。在这种情况下,公众舆论作为仲裁者,能够打破僵局。由于政府的制衡机制和内部冲突的存在,公众舆论在美国比欧洲更为活跃和关键。⑤ 舆论在美国政治中占据中心地位,为美国政治制度注入生命力、意义、动力和权威。⑥ 舆论不仅有力量纠正和消除由于对每个部门施加的限制所造成的困难及它们之间可能发生的冲突,而且能防止完全由民众选举机制运作的

---

① James Bryce, *The American Commonwealth*, p. 258.
② Woodrow Wilson, "Bryce's American Commonwealth," p. 156.
③ James Bryce, *The American Commonwealth*, p. 169.
④ Ibid., p. 356.
⑤ James Bryce, *The American Commonwealth*, pp. 925-926.
⑥ Jason Russell, "(Re) Discovering America: James Bryce and *The American Commonwealth*" (Ph. D. Dissertation, Department of Politics of The Catholic University of America, Washington, D. C., 2016), p. 70; Francis G. Wilson, "James Bryce on Public Opinion: Fifty Years Later," *Public Opinion Quarterly*, Vol. 3, Iss. 3, July 1939, pp. 422-424.

制度所附带的缺陷,也就是有助于防止多数人的暴政。布莱斯把舆论看成整个国家的思想和良知,认为舆论凌驾于政党之上,比政党更冷静、更有远见、更具有无可争议的主权。①

布莱斯对美国舆论的分析介于两种观点之间——一种是托克维尔认为公众舆论是一种独立的力量,对美国公共生活具有强大的影响力;另一种是沃尔特·李普曼在《舆论》②中提出的更为现代的观点,即舆论是大众的非理性和强大的既得利益集团操纵的产物。③布莱斯认识到,舆论是美国政治生活中的重要现实,政治家若忽视舆论将自食恶果,但他也强调,舆论同样受到实质上的领导层的影响。尽管布莱斯对舆论的讨论充满模糊性,有时他将"舆论"视为所有直接或间接参与政治的人的观点,而在其他场合又明确指代"理性的意见",但整体来看,他特别强调"贤能人物"在舆论形成中的关键作用。④布莱斯指出,城市中这些受过良好教育、具有公共精神的人群对影响公共事件的舆论拥有与其人数极不成比例的显著影响力,实际上拥有潜在的主导权。布莱斯极为亲密的美国朋友,就多属于这一精英群体。

与英国相比,布莱斯指出,美国的政客并不引领舆论,反而是舆论引导他们作出决策。美国的舆论领袖,包括记者、文学家、神职人员、教授和律师,大多数人居住在少数东部城市。其中,律师被视为形成公众舆论的"领导阶级",而东部的大学则是美国理性舆论形成的重要力量。在布莱斯看来,文官制度改革不仅是"贤能人物"的首要目标,也是内战后公众舆论最大的成就。⑤

值得注意的是,布莱斯的舆论观带有明显的精英意识,他认为美国舆

---

① James Bryce, *Modern Democracies*, Vol. Ⅰ, p. 6.
② Walter Lippmann, *Public Opinion* (New York: Harcourt, Brace and Company, 1922).
③ Morton Keller, "James Bryce and America," p. 94.
④ David Hammack, "Elite Perceptions of Power in the Cities of the United States, 1880–1900: The Evidence of James Bryce, Moisei, Ostrogorski, and Their American Informants," pp. 375–376.
⑤ David Hammack, "Elite Perceptions of Power in the Cities of the United States, 1880–1900: The Evidence of James Bryce, Moisei, Ostrogorski, and Their American Informants," p. 376.

论在很大程度上是由精英群体所主导的。这在很大程度上解释了布莱斯并不像托克维尔那样担心在美国发生多数人的暴政。[①] 布莱斯承认农民、熟练工人和店主在影响其经济生活的问题上有自己的看法，但整体上认为城市中的移民群体往往未能形成独立的观点，他们"并不受普通政治力量的驱动，也不受普通的智力和道德影响，而是按照领导者的指示'团结一致'"。除移民外，布莱斯认为黑人群体在城市和南方的情况也与之类似。[②]

四

托克维尔认为美国政治与社会中，第一组自由与平等的冲突在美国因为"正确理解的个人利益"得以缓解，防止了民主制度在美国走向专政；第二组联邦与州两种主权之间的冲突，在托克维尔那个时代没有得到有效解决。如果说在第一组冲突中，托克维尔更注重描绘现实，第二组冲突则是现实与预测交织，托克维尔看到了联邦在两种主权发生冲突时可能落败的危机。第三组冲突，即南北方民众不同的性格变化所暗含的冲突，以及各州之间潜在的利益冲突，更多是对未来的预测。托克维尔所发现的美国政治冲突的解决之道主要在于美国社会中追求自由的传统和乡镇自治中行使权利的习惯，同时，他在19世纪30年代时就对于将来随着地理扩张与利害关系的变化，美国联邦制是否能够长久存在表示强烈怀疑。

与托克维尔更具文学性的直觉洞察力相比，布莱斯所采用的是一种更加经验性的、更偏向现代社会科学的方法。布莱斯力图呈现的是美国政治制度本身，他对宪法、法律及各级政府内部运作方式的描摹，较之托克维尔要精细得多。布莱斯整体上认为，美国宪法在设立之初针对联邦与州及政府各部门职能的分权制衡是一种避免冲突的精心设计。即便在具体的政

[①] Francis G. Wilson, "James Bryce on Public Opinion: Fifty Years Later," pp. 432-435; William R. Brock, "The American Commonwealth and the Dilemmas of Democracy," *American Nineteenth Century History*, Vol. 2, No. 1, 2001, pp. 95-96.

[②] David Hammack, "Elite Perceptions of Power in the Cities of the United States, 1880-1900: The Evidence of James Bryce, Moisei, Ostrogorski, and Their American Informants," p. 376.

治生活中摩擦不可避免，但总体来说这种设计也有效地遏制了更剧烈和更恶性冲突的发生。此外，布莱斯强调美国政治的稳定与冲突的避免，也得益于长期以来人们对宪法的普遍尊重，以及"贤能人物"在主导舆论和公共事务中所发挥的重要作用。

若说托克维尔的观察是印象派风格的，那么布莱斯则可谓一位不折不扣的"摄影师"。托克维尔在19世纪30年代访问美国后撰写了《美国的民主》，但他却从未重返美国，也未对该部作品进行修订，对其所描绘的美国社会缺乏持续深入的关注。有学者指出，托克维尔主要是为法国人分析美国，他只是以美国为案例分析法国未来应走向何方，而不是站在美国自身的立场上进行分析。① 正因如此，布莱斯批评托克维尔对美国的分析过于哲学化，认为托克维尔描述的并非美国的民主，而是他个人对民主理念的一种诠释，而且批评托克维尔因心中始终想着法国，从而把那些虽非法国所有，但是在英美政治结构中司空见惯的东西看作新奇的美国事物。②

与托克维尔不同，布莱斯以严谨的事实收集见长，他打算避免"演绎法的诱惑"，并通过对事实的列举、联系和呈现，让事实自己说话。③ 布莱斯于1870年、1881年和1883—1884年三度访问美国，他在近20年的时间里将美国政府与政治作为主要研究对象，撰写了长达三卷的《美利坚联邦》。该部作品初版即超过1800页，在随后三个版本中，布莱斯不断进行修订与扩充，展示了其对美国政治的持续深刻思考。④ 作为一位深谙罗马法的律师和学者，同时身为英国议会议员和宪政政治家，更于1907—1913年担任英国驻美大使，布莱斯能同时在理论和实践方面深入了解美国政治制度的根源。此外，布莱斯对欧洲主要国家宪法的历史和实际运作了如指掌，能精准识别美国政治实践中的独特性与普遍性。⑤ 布莱斯被同时代的美国人

---

① Morton J. Horwitz, "Tocqueville and the Tyranny of the Majority," pp. 294-295.
② Francis G. Wilson, "James Bryce on Public Opinion: Fifty Years Later," p. 421.
③ William R. Brock, "The American Commonwealth and the Dilemmas of Democracy," p. 79.
④ Morton Keller, "James Bryce and America," pp. 86-89.
⑤ Woodrow Wilson, "Bryce's American Commonwealth," pp. 154-155.

认为是与其最为相似的那类英国人,他无疑充分具备评判美国政治制度的资格。①

在进行实地观察和使用第一手资料,以及建立与美国人的友谊和通信网络方面,布莱斯甚至超越了托克维尔。布莱斯与当时美国的知识精英联系紧密,这些朋友为他提供了大量关于城市政治的洞察。布莱斯声称,他的研究数据有六分之五源自亲身观察和与美国人的交谈。他游历了广泛的地区,不仅游历新英格兰和东北部地区,还深入中西部、太平洋沿岸和南部地区。他依赖专家的知识与见解,力图"将我收集到的最优秀的美国观察家的最佳观点简单拼凑并再现"。他依赖于绅士文化的领导者,这些人大多属于大学校长、教授、律师和记者等群体,如《国家》(The Nation)杂志主编 E. L. 戈德金(E. L. Godkin)、哈佛大学校长查尔斯·W. 埃利奥特(Charles W. Eliot)、作家奥利弗·温德尔·霍姆斯(Oliver Wendell Holmes)、康奈尔大学校长安德鲁·D. 怀特(Andrew D. White),以及约翰斯·霍普金斯大学校长丹尼尔·科伊特·吉尔曼(Daniel Coit Gilman)等人。布莱斯甚至系统地向这些美国线人分发调查问卷和其书稿的样章,并通过他们坦诚的反馈进一步完善了他的研究。②

尽管布莱斯的《美利坚联邦》以生动而翔实的笔触描绘了19世纪末的美国政治体系,成为经典之作,但它在揭示美国社会本质方面未能达到托克维尔作品那样的深刻洞察,也未能带领读者升华对民主的理解。在《美利坚联邦》中,布莱斯赋予了事实本身最高的地位,而不是通过事实去提炼出更为宏大的原则或理论,这些丰富且繁杂的细节让读者难以从中梳理出连贯的思想体系。尽管存在这些局限性,《美利坚联邦》仍不失为一部国宝级著作,它以翔实的内容和情感充沛的叙述,生动再现了一个多世纪前美国人如何治理自己的国家。

---

① William R. Brock, "The American Commonwealth and the Dilemmas of Democracy," pp. 76-77.

② Morton Keller, "James Bryce and America," p. 89; David Hammack, "Elite Perceptions of Power in the Cities of the United States, 1880-1900: The Evidence of James Bryce, Moisei, Ostrogorski, and Their American Informants," pp. 366-368; William R. Brock, "The American Commonwealth and the Dilemmas of Democracy," pp. 76-77.

档案文献
Historical Sources and Archives

电影档案在美国对外关系史研究中的运用——以美国玛格丽特·赫里克图书馆资源为例[*]

王一哲[**]

摘 要 美国玛格丽特·赫里克图书馆馆藏的电影档案为对外关系史研究提供了重要而独特的资源。这些档案包括电影剧本、制作记录、通信记录及口述历史等,详细记录了电影从创意构想到制作完成的全过程。与传统外交档案相比,电影档案不仅补充了外交政策实施中的文化维度,还反映了国家如何利用电影塑造国际形象、传播核心价值观和引导国际舆论。尤其在第二次世界大战和冷战期间,美国政府通过电影这一文化工具,将娱乐与政治宣传结合,用以外交目标推进和意识形态传播。这些档案揭示了电影产业与政府合作的方式,展示了电影如何成为跨文化交流的重要桥梁,同时弥补了传统外交档案中缺乏大众传播和社会情感层面的信息。然而,电影档案在获取便利性、完整性和主观解读等方面仍存在局限性,需结合多元资料深入研究。

关键词 电影档案;美国对外关系;文化外交;玛格丽特·赫里克图书馆

---

[*] 本文是北京市社科基金规划项目"跨学科视野下的冷战电影史研究"(24LSC019)的阶段性成果。

[**] 王一哲,首都师范大学历史学院讲师。

在全球化背景下，电影不仅是一种娱乐形式，更成为国家形象和价值观的重要传播工具。在20世纪尤其是第二次世界大战和冷战期间，美国电影通过银幕影响了全球观众的认知，成为美国对外关系的延伸。随着电影档案资源的逐渐开放，学者们意识到，这些档案不仅对电影史研究至关重要，也为美国对外关系史的研究提供了独特视角。这些档案记录了电影产业的运作，反映了国家的政治、文化和社会变迁。

美国洛杉矶比弗利山庄的美国电影艺术与科学学院（Academy of Motion Picture Arts and Sciences）图书馆，即玛格丽特·赫里克图书馆（The Margaret Herrick Library）[①]，是电影工业资料和电影艺术研究的重要机构。该图书馆自成立以来，致力于保存和推广电影文化，馆藏丰富，包括超过32,000本图书、刊物等资源。[②] 研究者不仅可以在此找到与电影相关的书籍、报刊和影像资料，还可以查阅到美国电影组织和重要人物的原始文献。无论是美国历史（包括美国对外关系史）还是世界电影史的研究者，均能从中找到有价值的档案资料，为研究提供重要支持。

一、玛格丽特·赫里克图书馆的馆藏资源

玛格丽特·赫里克图书馆拥有极为丰富的馆藏资源，其内容涵盖了从电影创作、制作到推广的多个环节，主要分为以下几类。（1）电影剧本：图书馆收藏了大量原始电影剧本，为研究电影创作过程提供了宝贵的一手资料。通过分析经典电影剧本，研究者可以深入探讨编剧的创作意图与电影叙事结构。（2）电影制作记录：这些记录包括拍摄计划、预算、剪辑决策等信息，有助于研究者了解电影的制作过程及背后的经济因素。（3）通信记录：图书馆保存了大量与电影工作室、制作公司、个人和专业组织相关的通信记录，揭示了电影行业内部运作及其与政府互动的情况。（4）口

[①] 玛格丽特·弗洛伦斯·赫里克（Margaret Florence Herrick, 1902-1976）为美国图书馆馆员，曾任美国电影艺术与科学学院执行主任。1971年，为了纪念她，电影艺术与科学学院图书馆被命名为玛格丽特·赫里克图书馆。

[②] 玛格丽特·赫里克图书馆官方网站为：https://www.oscars.org/library。

述历史：图书馆收集并维护了电影行业的口述历史，提供了有关电影行业发展和变迁的第一手资料，尤其对少数族裔和女性制片人的研究具有重要意义。（5）电影海报和照片：这些视觉材料为研究电影的视觉艺术和市场推广提供了丰富的资源，反映了当时社会文化的潮流与审美。（6）电影相关的书籍和期刊：图书馆收藏了大量电影相关的书籍和期刊，这些文献为电影理论与批评研究提供了重要参考，尤其是电影批评史的研究。（7）电影音乐：馆藏的电影音乐乐谱和录音为研究电影音乐在叙事中的作用提供了宝贵资料。

馆藏的档案文献分为核心馆藏（Core Collections）和特别馆藏（Special Collections）。核心馆藏包括简报文章、制片厂新闻稿、广告材料、照片，以及电影节和颁奖典礼（不限于奥斯卡奖）的录像、入围影片、海报和口述史项目。特别馆藏则包括电影公司、电影组织及电影行业重要人物的历史档案。

图书馆的个人和机构档案十分丰富，以下择要介绍几类具有代表性的特藏档案。

（一）个人档案

（1）塞西尔·B. 戴米尔档案。[①] 塞西尔·B. 戴米尔是好莱坞电影史上最具影响力的导演之一，以拍摄史诗电影和开创性的大规模制作而闻名。该档案收录了大量珍贵资料，包括详细的剧本草稿、制作笔记、与电影工作室及合作者的通信记录，以及个人日记。这些文件不仅揭示了戴米尔的电影创作过程，还展示了他对好莱坞电影工业早期发展的深远影响。例如，他在经典影片《十诫》（The Ten Commandments）的制作中对布景设计、群众调度和宗教主题的选择体现了他对电影叙事和视觉效果的高度重视。这些档案为研究好莱坞早期的制作规模和戴米尔的艺术风格提供了翔实依据。

[①] 塞西尔·B. 戴米尔个人档案（Cecil B. DeMille Collection，1916-1980），目录参见：https://catalog.oscars.org/vwebv/holdingsInfo?searchId=80&recCount=50&recPointer=1&bibId=88678，访问日期：2024年10月3日。

(2) 阿尔弗雷德·希区柯克档案。① 希区柯克档案是研究悬疑与惊悚电影的宝贵资源。这些档案包括电影剧本、拍摄计划、与演员和剧组的通信，以及现场拍摄的珍贵照片。档案中详细记录了导演希区柯克在《迷魂记》（*Vertigo*）、《后窗》（*Rear Window*）等经典电影中的技术创新，如独特的镜头运用、色彩象征和叙事节奏的掌控。通过研究这些档案，学者能够深入理解希区柯克如何通过影像语言探索人性、建构悬念并引导观众心理。此外，档案还记录了他在电影发行过程中的国际反响，为分析其作品的全球影响力提供了重要资料。

(3) 凯瑟琳·赫本档案。② 电影演员凯瑟琳·赫本的档案收录了大量个人信件、剧本、舞台笔记及照片，展现了她多样化的职业生涯和对女性角色的独特理解。赫本以突破传统女性形象的坚强与独立著称，其档案反映了她在角色选择和电影制作中的主导地位，以及她对性别平等和电影艺术的深刻见解。例如，通过她与导演和制片人的通信，研究者可以追溯她在《费城故事》（*The Philadelphia Story*）等作品中的艺术贡献。赫本档案为研究好莱坞黄金时代女性电影人的职业发展和社会影响提供了独特视角。

（二）机构档案

(1) 华特·迪士尼制作公司档案。③ 迪士尼档案涵盖1928—1980年的丰富资料，包括故事片、短片和纪录片的发行记录，以及与政府、电影节

---

① 阿尔弗雷德·希区柯克个人档案（Alfred Hitchcock Papers），参见：https://catalog.oscars.org/vwebv/staffView?searchId=1123&recPointer=0&recCount=50&bibId=65275。图书馆将部分希区柯克的档案电子化，可参见：https://digitalcollections.oscars.org/digital/search/searchterm/Alfred%20Hitchcock%20papers!photograph/field/source!format/mode/exact!none/conn/and!and/order/date；https://digitalcollections.oscars.org/digital/collection/p15759coll7/search/searchterm/photograph/field/format/mode/all/conn/and/order/date/ad/asc，访问日期：2024年10月3日。

② 凯瑟琳·赫本个人档案（Katharine Hepburn Papers）可参见：https://catalog.oscars.org/vwebv/staffView?searchId=1131&recPointer=2&recCount=50&bibId=67192，访问日期：2024年10月3日。

③ 位于加州的华特·迪士尼档案馆（The Walt Disney Archives）专门收藏与迪士尼公司相关的历史资料和文物。玛格丽特·赫里克图书馆、南加州大学电影艺术学院分馆及加利福尼亚大学洛杉矶分校等地也藏有迪士尼公司相关档案。

和市场推广相关的通信。这些档案揭示了迪士尼公司如何从动画领域拓展至全球娱乐产业，并通过角色创造与故事叙述推动文化传播。例如，《白雪公主和七个小矮人》（*Snow White and the Seven Dwarfs*）的制作记录展示了迪士尼公司在技术革新上的贡献，而第二次世界大战时期与政府合作的宣传片则体现了其在政治传播中的作用。

（2）派拉蒙影业公司（Paramount Pictures）档案。派拉蒙影业公司的档案包括电影制作记录、财务报告、影评、宣传资料和内部通信。通过这些档案，研究者可以探讨派拉蒙如何在黄金时代确立其商业模式和运营机制。例如，派拉蒙在全球电影市场的拓展策略，以及在电影内容中对社会议题的表现，为了解其商业影响力和艺术贡献提供了重要参考。

（3）米高梅公司（Metro-Goldwyn-Mayer，MGM）档案。米高梅档案保存了详细的剧本、制作笔记、演员合同、海报与宣传册，以及财务记录。这些档案展示了米高梅在电影史上的地位，特别是其对明星制度（Star System）的塑造。例如，通过对葛丽泰·嘉宝（Greta Garbo）等明星档案的分析，研究者可以追溯米高梅如何利用演员形象推动电影票房和公司品牌的全球化。这些资料为研究好莱坞产业结构、艺术风格演变及其经济影响提供了深刻洞见。

（4）美国电影协会[①]档案。美国电影协会的档案包括电影评级记录、审查文件和行业报告，详细展示了美国电影审查制度的演变过程。例如，20世纪40年代针对性别与暴力内容的审查和冷战期间对反共主题的规定，都体现了电影审查如何反映社会规范与政治需求。这些档案为研究美国电影审查与社会文化之间的互动提供了翔实资料。除此以外，这些档案涵盖了

---

① 美国电影协会（Motion Picture Association of America，MPAA）成立于1922年，最初是为了应对行业面临的挑战，如版权保护和道德标准。随着时间的推移，美国电影协会逐渐发展为一个更全面的行业代表机构。2019年，该协会更名为电影协会（Motion Picture Association，MPA）。美国电影协会的创始会员为当初好莱坞的"八大电影公司"，它们分别是：派拉蒙影片公司、二十世纪福克斯电影公司、罗伊斯影片公司、环球电影公司、华纳兄弟影片公司、哥伦比亚影片公司、联艺影片公司和雷电华影片公司。参见：https://catalog.oscars.org/vwebv/staffView?searchId=1235&recPointer=11&recCount=50&bibId=68288，访问日期：2024年10月3日。

好莱坞协调委员会、好莱坞胜利委员会，以及战后美国众多信息机构的通信记录，为研究好莱坞与政府的互动提供了珍贵的史料。通过这些档案，研究者能够更好地理解电影在美国文化外交中的作用。

（5）涉及战争信息署的电影档案。① 战争信息署的档案是研究第二次世界大战期间美国政府如何利用电影进行国际宣传的核心资料。这些档案包括1941—1947年澳大利亚、比利时、加拿大、中国、英国、苏联和美国合作制作的战争影片的剪报、信件及其他文献。此外，档案中记录了美国电影行业与政府机构（如战争信息署、财政部和审查办公室）的通信，其中，《美国政府战争电影清单》（U. S. Government War Films Catalogue）尤为重要，展示了电影在提升盟国士气、打击敌国宣传方面的具体作用。这些档案为研究电影在公共外交和国际传播中的角色提供了宝贵的第一手资料。

二、馆藏资源在美国外交研究中的应用

在美国对外关系史研究中，电影档案的应用可以围绕以下几个核心主题展开。

（一）电影作为美国外交工具

电影作为一种大众传播媒介，自20世纪初便被赋予了外交功能。美国政府尤其在第二次世界大战和冷战期间利用电影传播国家价值观和政治立场，将其打造为外交策略的重要组成部分。例如，第二次世界大战期间，美国政府成立了战争信息署，通过制作和发行大量宣传片来提升盟国士气、打击敌国宣传。这些影片的制作背景、内容及影响深刻反映了特定历史时期美国的外交策略。

玛格丽特·赫里克图书馆馆藏的《战争中的电影》（Movies at War）一书由电影业战争活动委员会（War Activities Committee of Motion Picture Industry）

---

① 战争信息署（Office of War Information，OWI）相关档案目录可参见：https：//catalog. oscars. org/vwebv/staffView?searchId=1204&recPointer=0&recCount=50&bibId=68174，访问日期：2024年10月3日。

出版，记录了第二次世界大战期间美国如何利用电影动员公众，并探讨了电影在塑造国家形象中的作用。该书有助于理解战时资源限制和短缺如何影响电影制作，以及好莱坞与政府、军队的合作关系如何演变。此外，馆藏还包括威尔·海斯（Will Hays）在1945年作为美国电影制片人与发行人协会主席所作的年度报告。该报告为研究战时电影作为宣传工具的具体方式提供了重要线索，并揭示了电影如何塑造公众对战争的态度与认知。[1]

冷战期间，电影在美国文化外交中的作用进一步凸显。美国政府通过资助、推广和发行电影来对抗苏联的文化影响力。研究美国电影在海外市场的推广策略和观众反应，可以深入了解美国文化外交的成效与局限性。[2]例如，图书馆收藏了美国制片人、导演乔治·瓦拉赫的个人档案，[3]其中包括第二次世界大战后由美国陆军信号部队制作的去纳粹化新闻片《电影中的世界》（*Welt im Film*）的相关资料。这些档案为研究美国战后对德政策及电影在国际舆论塑造中的作用提供了独特视角。此外，瓦拉赫个人档案中还包含约翰·F. 凯尔森（John F. Kelson）编写的《被禁止放映的德国故事片和短片制作目录》（*Catalogue of Forbidden German Feature and Short Film Productions*）。该目录记录了战后美国驻德军政府禁止公开放映的电影清单，并反映了美国对德国电影产业的控制。这些资料为分析电影作为战时政治工具的作用，以及其在塑造公众对战争的理解和态度中的贡献提供了丰富素材，同时为研究战时德国文化与社会状况提供了宝贵的历史证据。

---

[1] Will H. Hays, *Motion Picture as Victory Approaches 1944–45: Twenty-Third Annual Report—President to the Motion Picture Producers and Distributors of America*, Inc., March 26, 1945. 目前电影协会年度报告已经电子化，参见：https://digitalcollections.oscars.org/digital/collection/p15759coll11/search/searchterm/c0d34r/field/all/mode/all/conn/and/order/title/ad/asc，访问日期：2024年9月24日。

[2] 相关研究可参见：Jean-Michel Valantin, *Hollywood, the Pentagon and Washington: The Movies and National Security from World War II to the Present Day* (London: Anthem Press, 2005); Tony Shaw, *Hollywood's Cold War* (Edinburgh: Edinburgh University Press, 2007); Matthew Alford, *Reel Power: Hollywood Cinema and American Supremacy* (London: Pluto Press, 2010)。

[3] 乔治·瓦拉赫（George Wallach）的个人档案目录，参见：https://catalog.oscars.org/vwebv/staffView?searchId=1100&recPointer=0&recCount=50&searchType=1&bibId=76524，访问日期：2024年10月3日。

简而言之,玛格丽特·赫里克图书馆的个人和机构档案为研究美国外交史提供了丰富的资料。这些档案展示了电影在国际关系中的多重角色,包括作为宣传工具、文化外交手段和跨国交流平台。通过深入挖掘这些档案,研究者可以揭示电影在特定历史背景下的外交功能和影响,进而为理解和分析现代外交政策提供历史借鉴。

(二) 电影人与跨国交流

在外交史研究中,电影人与跨国交流这一主题具有重要意义。电影作为一种软实力工具,长期以来被各国用来塑造国家形象、传播文化价值观和促进国际关系。电影人不仅是艺术创作者,也是文化外交的参与者,他们的跨国合作与创作实践常常与国家的外交政策紧密相连。电影人的跨国合作不仅促进了技术与艺术的交流,也成为国家间文化竞争与合作的重要形式。此外,国际电影节、联合制片项目等形式为电影人提供了平台,使他们能够跨越政治界限,深化国家间的文化理解。学者帕毕卡·普赖姆 (Pebecca Prime) 的研究就强调了电影产业中的跨国交流问题的重要性。①

历史经验确实为我们提供了丰富的例证,说明电影人与跨国交流如何超越文化表达,直接参与到国际政治和社会正义的维护中。华纳兄弟影片公司创始人之一哈里·华纳 (Harry Warner) 曾积极参与好莱坞反纳粹联盟 (Hollywood Anti-Nazi League),并资助欧洲难民、反法西斯组织等活动。这些行动表明,电影人不仅通过其作品传递立场,还利用自身的影响力和资源支持反法西斯事业,维护跨国社会正义。这种"非官方"的交流不局限于电影创作,还涉及电影人在文化和政治层面上的跨国行动。1939年,华纳兄弟影片公司制作的影片《一个纳粹间谍的自白》(*Confessions of a Nazi Spy*) 直接揭露了纳粹暴行,但在美国国内却遭到孤立主义政客的批评,被指责为"煽动战争情绪"的宣传片。② 这一事件揭示了在美国尚未正式参战

---

① 参见:Pebecca Prime, *Hollywood Exiles in Europe*:*The Blacklist and Cold War Film Culture* (New Brunswick:Rutgers University Press, 2014)。

② 参见:Martin Kaplan and Johanna Blakley (eds.), *Warners' War*:*Politics*, *Pop Culture & Propaganda in Wartime Hollywood* (Los Angeles:Norman Lear Center Press, 2004)。

前电影产业与政府的意识形态合作,以及电影对公众舆论的深刻影响。此外,这些电影在欧洲部分地区的发行也因其反法西斯立场而受到了阻碍。华纳兄弟影片公司的相关档案详细展示了电影人如何利用作品充当"非官方外交"工具,通过影像传递政治立场并推动国际舆论的交流。

在第二次世界大战期间,好莱坞与盟国电影机构的合作进一步凸显了电影人在跨国交流中扮演的关键角色。例如,好莱坞与英国新闻处电影部(British Information Services-Film Division)、加拿大战时信息委员会(Canadian Wartime Information Board)等机构的协作,不仅促成了联合国家影片的制作,还标志着盟国间电影创作的深度合作。这种跨国合作不限于电影拍摄和制作本身,还涉及导演、编剧、摄影师和剪辑师等各类专业人才的流动。[1] 英国的导演和技术人员积极参与好莱坞的电影制作,为作品注入了英国电影独特的叙事风格和技术手段。与此同时,好莱坞也向盟国提供了先进的拍摄设备和制作技巧。这种人员流动不仅提升了影片质量,还推动了电影技术的迅速发展,特别是在拍摄、剪辑、后期制作和特效技术领域。更重要的是,电影人不仅在技术层面展开了合作,还在创意和艺术表达上实现了深度交流。在联合国家影片的制作过程中,不同国家的电影人共同讨论并设计叙事内容,探索如何在多元文化背景下塑造具有普遍吸引力和宣传效果的故事。这种创意交汇既促进了电影文化的融合,也使影片更能满足各国观众的需求。电影人之间的互动让这些影片不仅成为战时的宣传工具,更成为跨文化交流的载体,展现了多国共同抗敌的团结与合作精神。

玛格丽特·赫里克图书馆馆藏的个人档案中还保存了大量关于电影人跨国合作、国际电影节及电影展览的记录。这些档案揭示了电影人在非官方外交中的独特角色,他们通过电影和文化交流促进了国家间的理解与合作。第二次世界大战后,随着国际环境的变化,奥黛丽·赫本和阿尔弗雷德·希区柯克等人不仅在银幕上展示了独特风采,还通过艺术和社会活动跨越国界,为增进国际理解和文化交流作出了重要贡献。奥黛丽·赫本的

---

[1] A Partial List of War Agencies and Associations, July 15, 1943, File 68 United Nations-Films, Academy War Film Library files, 1938-1950, The Margaret Herrick Library, Los Angeles, CA.

电影形象与慈善工作塑造了她在全球的象征性地位。赫本的电影记录与慈善活动资料详细展现了她如何在银幕内外成为跨文化理解的象征。她的电影在全球范围内广受欢迎，观众通过其优雅、富有人文关怀的银幕形象，对美国和西方文化产生了积极的情感认同。正如唐纳德·斯波托（Donald Spoto）在赫本的传记中所言，赫本不仅以电影角色而闻名，更因其作为联合国儿童基金会亲善大使深入贫困地区，为跨文化理解与和平作出贡献而为人所知。玛格丽特·赫里克图书馆的档案记录了她的社会活动如何超越传统电影产业，成为连接不同文化的桥梁。[①] 阿尔弗雷德·希区柯克凭借其独特的电影风格和对人性的深刻探索在全球观众中享有持久的影响力。玛格丽特·赫里克图书馆保存的档案，包括希区柯克所创作影片的剧本草稿、拍摄笔记和国际发行通信，揭示了其作品在不同文化背景中的传播与影响。正如弗朗索瓦·特吕弗（François Truffaut）所指出的，希区柯克通过对悬疑主题的精妙掌控和独特的视觉表现，使其电影成为美国电影艺术的象征，同时也激发了全球观众对美国文化的兴趣和理解。[②] 相关馆藏资料进一步展示了希区柯克的作品在各国通过审查与宣传后被接受的情况，凸显了美国电影如何通过艺术感染力增强文化吸引力，并间接促进了美国软实力的建设。

（三）电影审查制度的政治背景

电影审查制度及其影响揭示了美国政府在不同时期对电影内容的控制及背后的政治动机。[③] 玛格丽特·赫里克图书馆保存了大量电影审查文件，包括审查标准、审查记录及被审查电影的原始版本，为研究者提供了宝贵的第一手资料。美国电影协会的档案全面记录了电影审查制度的发展，不仅反映了美国社会规范的变化，还揭示了政府对外形象的塑造策略。通过

---

① 参见：Donald Spoto, *Enchantment: The Life of Audrey Hepburn* (New York: Three Rivers Press, 2006)。

② 参见弗朗索瓦·特吕弗：《希区柯克与特吕弗对话录》，郑克鲁译，上海人民出版社，2007，序言，第1—3页。

③ 参见：Francis G. Couvares (ed.), *Movie Censorship and American Culture* (Washington and London: Smithsonian Institution Press, 1996)。

分析这些文件，研究者可以了解美国政府如何通过控制电影内容，确保这些作品在全球传播时符合国家利益。

美国电影审查制度的历史可以追溯到电影产业发展的早期阶段，尤其是20世纪30年代的《海斯法典》（Hays Code）。作为一种自我审查机制，这一法典对电影内容设定了严格的道德和社会标准，涵盖性别、暴力、宗教等多个方面，体现了当时社会对道德和文化价值观的高度重视。这种制度试图通过规范电影内容以塑造公众对美国社会的理想化认知。

电影审查在战争时期尤为政治化。约翰·E. 奥康纳（John E. O'Connor）的研究指出，在第二次世界大战期间，美国政府通过严格的审查和内容控制，将电影作为一种宣传工具，向公众传递符合国家战略需求的信息。[1] 经典电影《卡萨布兰卡》（Casablanca）的情节与台词经过精心调整，充分体现了美国的意识形态，成功塑造了美国在战争中的正义形象。

在冷战时期，电影审查制度进一步加强，成为维持文化产品意识形态一致性的工具。尼古拉斯·J. 卡尔（Nicholas J. Cull）的研究表明，美国政府与好莱坞合作，制作了大量符合意识形态要求的电影，以对抗苏联的宣传攻势。[2] 这种审查制度不仅帮助塑造了冷战中美国的正面形象，还使电影成为意识形态传播的有效工具。约瑟夫·I. 布林（Joseph I. Breen）的研究进一步指出，美国通过限制涉及敏感政治问题的电影内容，确保这些作品能够在国际上以正面形象传播。布林认为，这种审查机制展现了电影在外交政策中的"文化功能"，有效帮助美国在国际舞台上维护积极形象。[3]

电影审查制度不仅服务于国内文化规范，也被用来塑造美国在国际上的文化影响力。特别是在冷战时期，电影成为美国软实力的重要组成部分。美国电影协会及其相关机构通过对电影内容的严格审查，确保输出到其他

---

[1] 参见：John E. O'Connor and Martin A. Jackson (eds.), *American History/American Film: Interpreting the Hollywood Image* (New York: Continuum, 1988)。

[2] Nicholas J. Cull, *The Cold War and the United States Information Agency* (New York: Routledge, 2008), p. 110.

[3] Joseph I. Breen, *Hollywood's Censor: Joseph I. Breen and the Production Code Administration* (New York: Columbia University Press, 2007)。

国家的电影符合美国的外交政策和文化价值观。例如，许多电影被用于传播自由与民主的意识形态，反苏联宣传则成为电影审查中的核心内容之一。这种审查机制不仅响应国内社会规范的需要，还考虑到外部政治环境的变化，尤其是在战争和冷战背景下。

玛格丽特·赫里克图书馆的审查记录为研究者提供了重要支持。这些档案包括未公开的电影审查原始资料，如剧本、影片片段、审查官意见及修改后的版本。这些文件能够帮助研究者了解审查委员会如何在不同时期对电影内容进行调整，尤其是在涉及敏感政治、社会和文化议题时。通过这些记录，研究者可以看出电影审查制度不仅是对美国国内社会规范的反映，更是美国政府在全球范围内塑造国家形象和推进文化外交的重要策略。

三、电影档案在对外关系史研究中的独特价值和使用中的局限性

在对外关系史研究中，传统外交史往往依赖官方政府档案，如外交信函、政策文件和会议记录等。这些档案为研究者提供了国家决策和外交活动的正式记录。然而，电影档案在多个方面展现出其独特的学术价值。下文将探讨电影档案在对外关系史研究中的重要性，并与传统外交档案进行对比，以揭示其独特贡献。

首先，电影档案是文化情绪与意识形态的综合呈现。传统外交档案通常侧重政策和外交活动的理性记录，缺乏对社会文化氛围和公众情绪的细致描绘。相比之下，电影档案以丰富的叙事和视觉表达直观呈现社会情绪与意识形态。例如，战时宣传片不仅能够传递国家核心价值观，还能够反映民众对战争或外交政策的情感反应，从而更有力地影响国际舆论与社会态度。与传统档案的冷静语言不同，电影档案通过情感共鸣展示国家形象在社会中的接受度与情绪反响。这种多层次视角是传统外交档案难以提供的。

其次，电影档案是跨国文化交流与非官方外交的独特记录。传统外交档案多局限于正式的政府间互动，而电影档案则记录了通过电影实现的跨

国文化交流和非官方外交活动。例如，电影人与艺术家通过跨国合作、国际电影节及联合制作，促进了国家间的文化互动和公众认知的提升。第二次世界大战期间，好莱坞与盟国的合作项目展示了电影如何成为连接不同国家的桥梁，传递共同的价值观与建立信任关系。电影档案不仅填补了传统外交档案在这一方面的空白，也凸显了电影人和创作者在国际文化关系中的重要作用。

最后，电影档案是对社会动态和民意的直观反映。相比于政策性的官方外交记录，电影档案通过影像生动展现了各阶层的社会动态与公众舆论。许多电影对特定国家或事件的叙述蕴含真实的情绪反应，反映了国家间的相互观感及民间态度的变化。例如，冷战时期的部分电影揭示了公众对国家政策的情绪波动，甚至直接影响了国家形象与国际认知。电影档案在记录社会层面对外交政策的态度时提供了传统外交档案所无法企及的真实性与直观性。通过电影档案的多重视角，研究者能够在文化表达、社会动态和非官方外交方面获得丰富的研究素材，从而弥补传统外交档案的不足。这种文化与情感交织的资料不仅拓宽了对外关系史的研究视野，还能帮助学者更深入地理解国家间的复杂互动及民意对外交的影响。

尽管电影档案在对外关系史研究中具有重要价值，但其使用过程中也存在一定的局限性，主要表现在以下几个方面。

（一）获取便利性

例如，许多电影档案馆不允许访客拍照或者直接复制档案内容，而只能通过人工抄写或录入的方式进行资料整理。这不仅大大增加了研究的时间成本和工作强度，也容易因抄写过程中的疏漏或解读偏差而导致信息的遗漏或误读。特别是在研究电影档案所需的视觉资料（如剧照、分镜图或宣传海报）时，这种限制对研究者的影响尤为显著，因为这些资料的复杂细节往往难以完全通过文字记录复现。相比之下，传统外交档案的获取与利用政策在许多情况下更加灵活和便利。许多国家的外交档案馆允许研究者对已解密的文件进行拍照或扫描，并提供数字化访问平台，使研究者能够快捷地获取资料，同时保持原文的完整性和准确性。这种便利性不仅减轻了研究者的工作负担，还提高了数据分析的效率和精确度。这种政策差异直接影响了研究的开展与成果质量。在电影档案的研究中，由于获取资料的难度增加，研究者往往需要耗费更多时间和精力进行档案整理，导致研究进度受到限制。

（二）档案的完整性与系统性

电影档案的收集和整理往往呈现出零散的特点，这一问题在包括玛格丽特·赫里克图书馆在内的专业档案馆中也时有体现。尽管这些机构拥有丰富的电影相关资料，但由于历史原因、档案转移过程中的管理不善或物理损坏，许多重要资料可能缺失或未被完整保存。例如，剧本初稿、制作记录、导演手记和未剪辑的影像素材等关键性资料可能无法形成系统化的集合。这种资料不全的现象使研究者在试图还原电影的制作背景、叙事意图或文化影响时面临信息断层的挑战，从而对研究的深度和广度产生负面影响。更为重要的是，电影档案的整理和分类工作在某些情况下缺乏系统性。部分档案可能因分类方法不科学或缺乏统一标准而变得难以检索，研究者不得不花费大量时间筛选和梳理相关信息。这种状况加剧了电影档案研究的难度，尤其是在需要构建跨文本或多维度的研究框架时，档案的碎片化特性可能使整体分析难以开展。

（三）主观性与解读的多样性

电影档案的研究因其主观性和解读的多样性而具有独特的复杂性。作为艺术作品，电影不可避免地承载着创作者的主观意图，这种主观性不仅体现在叙事内容和视觉表现上，也贯穿于观众和评论界的解读过程中。尤其是影评，这种二次文本的评价往往因评论者的文化背景、个人偏好和时代语境的不同而呈现出高度差异化。例如，一部电影可能因其艺术性而获得广泛认可，同时也可能因其意识形态倾向而受到质疑。这种评价的多样性决定了电影影响力的综合评判不能停留于单一的视角，而必须立足于多方观点的交叉分析。通过考察电影的初始评价与历史语境下的再解读，研究者可以厘清其在社会文化层面和外交史研究中的多重作用，进而避免单一视角带来的片面性。

四、结语

  玛格丽特·赫里克图书馆的电影档案不仅是电影研究的重要资源,更是深入理解美国对外关系史的宝贵史料。这些档案记录了美国电影产业的发展历程,反映了国家在不同历史阶段的政治、文化和社会变迁,展现了电影作为文化外交工具的多重角色。尤其是在冷战时期,美国电影通过银幕传播国家价值观和意识形态,成为塑造国际舆论的重要力量。电影在美国对外关系史研究中的价值和意义不可小觑。它不仅提供了对外政策的文化背景,还揭示了国家如何利用电影塑造自身形象、影响他国观众的认知与态度。这种文化传播的方式为理解美国在全球范围内的影响力提供了新的视角。

  展望未来,随着数字化技术的不断进步,电影档案的开放获取将为研究者提供更为丰富的研究材料,推动对美国对外关系史的深入探索。通过跨学科的研究方法,结合历史、政治学和文化研究等领域的视角,研究者有望揭示电影在国际关系中的复杂作用和深远影响。进一步挖掘这些档案的潜力,将为理解现代国际事务和文化交流提供重要的历史借鉴,促进对全球化背景下国家间互动的新思考。

德纳姆关于远东布尔什维主义的备忘录（1920年4月）

夏小雨　岳秀坤*译

[译者按] 杰弗里·C. 德纳姆（Geoffrey C. Denham, 1883—1956）是英国情报官员，1902年他进入印度警察局工作，是孟加拉情报部门的主要创立者之一。1918年3月起，他担任印度刑事情报局（DCI）的临时副总监。1919年，德纳姆到上海，对外身份是英国上海领事馆副领事，实际担任印度刑事情报局驻上海代表，监控印度革命者在国内外的活动，同时参与上海情报处（Shanghai Intelligence Bureau, 1916—1920年在上海设立）的工作。1920年，他应召返回英国，参与爱尔兰的情报工作。1920年12月，英国秘密情报局（SIS）与印度事务部（India Office）达成协议，任命德纳姆为东亚地区情报组织负责人，负责管理英国在日本、中国、西伯利亚和南亚的所有工作。因为经费削减、机构裁员及与外交部门的冲突等原因，1923年2月，德纳姆结束了在东亚的情报工作，转赴马来亚，担任海峡殖民地警察总监。两年后，德纳姆离开情报界，从事商业活动，在爪哇经营种植园。第二次世界大战期间，德纳姆再度应召，先后在东南亚和北美从事情报工作。

1919—1923年，德纳姆在上海工作期间，针对共产主义运动

---

* 夏小雨，首都师范大学历史学院硕士研究生；岳秀坤，首都师范大学历史学院副教授。

在远东的影响,先后提交了数份综合分析报告。1920 年 4 月,德纳姆编写的"关于远东布尔什维主义的备忘录"是其中第一份长篇报告。本中译文依据英国驻北京公使馆转呈英国外交部的文件译出,档案原文为:"Memorandum Respecting Bolshevism in the Far East," Denham Report, 7 April 1920, FO 371/5341, F2551/1110/10。译文中的注释均为译者所加。

克来佛先生致寇松伯爵①

(1920 年 10 月 22 日接收)

(第 557 号,机密)
北京,1920 年 8 月 13 日

阁下:

　　关于蓝浦生②先生 4 月 9 日发出的第 232 号公函所涉内容,我有幸随函转递一份由德纳姆先生编写的、有关远东布尔什维主义的重要备忘录的副本。他本人已将副本转发给印度政府和海峡殖民地的司令官。

　　谨此提及,朱尔典③爵士 1919 年 4 月 26 日发出的第 173 号公函、1920 年 1 月 17 日发出的第 26 号公函,也是关于布尔什维主义主题的相关文件。

　　德纳姆先生奉印度政府紧急指示,于上个月 6 日离开上海前往英国。

---

① 罗伯特·亨利·克来佛(Robert Henry Clive, 1877-1948),时任英国驻北京公使馆参赞 (1920—1923)。乔治·纳撒尼尔·寇松(George Nathaniel Curzon, 1859-1925),第一代凯德尔斯顿寇松伯爵(1st Earl Curzon of Kedleston),曾任印度总督(1899—1905),时任英国外交大臣(1919—1924)。

② 迈尔斯·韦德伯恩·蓝浦生(Miles Wedderburn Lampson, 1880-1964),时任英国驻华公使馆一等秘书,后任英国驻华公使(1926—1933)。

③ 约翰·朱尔典(John Jordan, 1852-1925),1876 年来华,时任英国驻华公使(1906—1920)。

谨启

R. H. 克来佛

附件一 德纳姆先生关于远东布尔什维主义的备忘录

关于远东的布尔什维主义，包括它的传播及其危险，新闻媒体和机密的政府报告都已经写了很多内容。不过，在我们作进一步的讨论之前，还是有必要先清楚地界定布尔什维主义（就这篇札记而言）是什么，以及与布尔什维主义性质近似的其他表现是什么，后者因其与布尔什维主义关系密切，纳入这篇札记并无不妥。

本文使用"布尔什维克"和"布尔什维主义"这两个词时，首先，是指那些已知确实是布尔什维克特工的人，或是与真正的布尔什维主义有联系的人，也就是说，我们目前公认的在俄国成为主导力量的那种布尔什维主义。其次，"布尔什维主义"一词的使用，将仅限于目前在俄国进行的布尔什维主义理论的实践。

但是，这并不一定意味着，要把某些个人或团体排除在这篇札记考察的范围之外。他们的倾向使人可以合理地相信，即便目前他们还不是俄国意义上的纯粹布尔什维克，他们至少正在朝着这个方向迅速地迈进。

不可否认，布尔什维主义与各式各样的现代社会主义有着非常密切的联系，正是这种联系常常导致人们在布尔什维克和伪布尔什维克之间产生一定程度的混淆。

在过去的十年或十五年里，中国出现了许多社会主义的思想流派，从自由主义、自由民主思想到极端主义，不一而足。最近这些各种形式的社会主义表现非常活跃，中国从一种古老的政府形式转变为共和国，几乎不可能不伴随这样的征兆和迹象。在某些情况下，著名的"十人团"[①] 已经被称为布尔什维克社团，这是另一种形式的社会主义组织，在广州和中国南

---

① "十人团"（ten-men groups），即"救国十人团"，是五四时期出现的民众爱国组织，从北京开始传播至全国，活跃于1919年5月至1920年上半年。参考小野信尔：《救国十人团运动研究》，中央编译出版社，1994。

方最为常见。这种说法是夸大其词的,因为这些社团无疑是比布尔什维克更早产生的,并且完全源于当地的特殊环境。然而,在这篇札记中如果不提到它们,将是一个严重的疏漏,因为它们在精神上与布尔什维主义非常相似。如果中国出现真正的布尔什维克运动,这些社团的成员将很可能成为追随红旗(Red Flag)的第一批支持者。

尽管近年来这些"十人团"和其他中国社会主义社团在通信和宣传方面十分活跃,但它们的努力收效并不明显。因此,布尔什维主义必然会对这些社团及其成员产生强烈吸引力,因为它无疑已被视为社会主义世界中更强大的兄弟,凭借其力量和权力,有能力实现中国先进社会主义者和改革追求者的愿望。

布尔什维主义的理论本身可能会——而且在某些情况下无疑会——对那些在这个世界上几乎没有什么可失去的人具有极大的吸引力。但其理论对中国普通民众的吸引力并不强,因为总体而言,若不考虑那些富有的政府官员和商界巨贾的话,中国的财富(就其存在的程度而言)分配得相对均匀。

真正的危险在于,一种情绪正在更为进步、更为明智的中国人中间逐渐滋长,亦即他们认为目前腐败的军阀政府需要被彻底清除。没有必要在此重复过去几年中这种情绪的多种表现形式,这些表现已经通过对现政府的强烈抗议显现出来。众多的学生联合会、街道联合组织及抵制日货组织的成立,都表明在某些阶层的中国人中,对现状存在极度的不满。

所有这些动荡和迹象表明,中国——确切来说,中国某些非常重要的阶级——将非常乐于接受国家的变革。在这样的情势下,人们很难不相信布尔什维主义在许多地方会受到热烈欢迎。此外,正如稍后将指出的那样,实际上它已经被中国某些派别当作受欢迎的客人接纳了。

如上所述,中国人所欣赏的并不是布尔什维主义的理论,而是其"破坏"的精神。中国人已经看到,布尔什维主义如何迅速而彻底地使俄国瓦解,以及其教义的力量,或者更确切地说是其倡导者的活力,在很短的时间内完全推翻了一个被认为是强大而有力的政府。

对于那些希望在中国看到新秩序的中国人来说,通过布尔什维主义的宣传和实践，造成类似的瓦解效果，将是可以欣然接受的。

简而言之，许多正在追求新秩序的中国人将布尔什维主义视为通往目标的一条捷径，而布尔什维主义来到中国可能带来的真实后果，目前还不在他们的考虑之中。推翻当前腐败的军阀政府的迫切渴望，压倒了一切对代价的考量。正如每一个受压迫的民族所感受到的那样，政府的演变是一个缓慢而痛苦的过程。

当一个社会缺乏与生俱来的宪政治理天赋，也没有经过几个世纪的经验积累去发展出这样的能力时，往往会有某个阶层产生强烈的愿望，他们自负地认为自己在这些治国问题上拥有特别的理解，因此试图通过一些更快捷、更简单的方式实现他们的目标。

不仅在中国，在许多其他东方民族中，布尔什维主义自然会被视为一种"灵丹妙药"。因为布尔什维克宣传者热情地宣扬种族平等的学说和民族自决的原则，因此每一个被压迫或半被压迫的民族都觉得自己拥有一个强大而有力的同情者。正是这一思想对穆斯林，特别是对在土耳其和中亚的穆斯林，以及朝鲜人，具有强大的吸引力，更不用说波斯人和荷属东印度群岛的居民了。在绝大多数情况下，这种吸引力始终存在，因为布尔什维克政权与那些渴望其援助的国家在地理上是毗邻的。因此，期望中国完全免于布尔什维克的影响是不现实的；条件已具备，而俄国作为亚洲邻国这一事实，使有效阻止布尔什维克的活跃宣传成为不可能。最近在东西伯利亚和海参崴发生的事件，直接影响了中国的舆论，也促成了布尔什维主义的成功，而俄国难民和曾居住在西伯利亚的华人源源不断地涌入，也让中国人第一次直观地认识到布尔什维主义的力量（至少是它的影响力，尽管对其价值的理解可能还有所欠缺）。此外，朝鲜与中国之间的紧密联系必然也会在中国引发强烈的亲布尔什维主义情绪。面对日本的控制，朝鲜人一直在不断地进行斗争，尽管这种斗争显得有些软弱，但他们愿意完全接受布尔什维主义的所有原则，只要能获得用以反对日本的帮助。中国自然对任何反日的事物都怀有强烈的同情，尤其是最近由于山东事件，这种情绪大大增强了。布尔什维克与日本人在东西伯利亚和朝鲜的冲突越激烈，中国对布尔什维克的同情就会越强烈。

德纳姆关于远东布尔什维主义的备忘录（1920年4月）

布尔什维克的政策确实还对东方世界产生了另一种广泛的吸引力，那就是它的反帝国主义信条。布尔什维克所说的反帝国主义，显然是指他们反对任何拥有本国实际疆界以外领土的国家，尽管就他们自己而言，这种边界可能会随意扩张。然而，在宣传工作中，反帝国主义与反资本主义是相辅相成的，布尔什维克宣称帝国主义和资本主义密不可分。无论如何，这种呼声极具吸引力，因为所有东方民族都将其解读为布尔什维克非常愿意帮助他们摆脱欧洲人的统治。在印度、朝鲜及荷兰殖民地，反对外国控制的呼声此起彼伏。尽管中国本身很难被称为由欧洲控制或者说是欧洲的殖民地，但她无疑也感受到了欧洲统治所施加的束缚。这种情绪近年来在泛亚主义的理论中有所表露，泛亚主义确实取得了一定的进展。不排除这样的可能性：除了日本，那些对欧洲人在亚洲的殖民统治心怀不满的国家和人民，会积极响应布尔什维克政府的进展。因此，我们必须警惕布尔什维主义与泛亚主义的结合。虽然泛亚主义的倡导者未必真正理解布尔什维主义的理论，但如果他们相信布尔什维克会与他们站在同一阵线上反对欧洲帝国主义国家，那么他们可能毫不犹豫地结成一个并不神圣的同盟。

在东亚的许多地区，除那些看起来已经为布尔什维主义种子的播撒做好准备的肥沃土壤之外，还有另一个非常危险的来源，可能会导致中国和朝鲜吸收布尔什维主义的"毒素"，那就是它们自己的国民。这些国民曾经在俄国和西伯利亚加入了布尔什维克阵营。

众所周知，在俄国，尤其可能是在西伯利亚，有大量的中国人在为布尔什维克工作……我们还知道，有大量朝鲜人与布尔什维克合作，而这些人与华人一起，随着布尔什维主义的传播，可能会组成一支强大的先锋队，为布尔什维克进入中国及亚洲其他地区搭桥铺路。

尽管在这份札记中表达了一些令人忧虑的预感，但值得庆幸的是，到目前为止，布尔什维主义在中国实际上并未取得太大的进展。不过，在过去几个月中，它的进展已经超过了前两年的总和，并且正显示出一种非常危险的扩张迹象。

关于布尔什维克和布尔什维主义最初进入中国，特别是进入上海的情况，我们掌握的信息非常有限。但考虑到当时普遍认为布尔什维主义会在很短时间内自然消亡，以及当时西伯利亚尚未屈服于布尔什维克的攻势，这种信息的匮乏也不足为奇。

直到1918年初，才有关于布尔什维克的使者可能出现在上海和中国其他地区的确切消息。最初，人们自然认为布尔什维克的特工是与德国人密切合作的，因此他们更多地被视为德国间谍，而非一种新信仰的传播者——这种新信仰在未来几年内将被证明是对全世界的一种威胁。一些布尔什维克嫌疑分子抵达和离开上海的情况，我们留有记录，而且海参崴与上海之间的密切联系足以让我们确信，布尔什维克分子曾经在这一年中造访过上海。我们有充分理由相信，在1918年，往返于上海和海参崴之间航线上的俄国轮船上的许多船员都受到了布尔什维克精神的感染。

1918年4月，一位名为维列斯恰克（Verestchak）的布尔什维克特使在哈尔滨被俄国当局逮捕。据称此人与一位名为马卡罗夫（Makarof）的俄国工程师有关联，而据说列宁政府曾派遣马卡罗夫前往中国从事宣传工作。同年5月，另一位名为波波夫（Popof）的布尔什维克特使在上海匿名为《密勒氏评论报》（*Millard's Review*）投稿。他随后离开上海前往哈尔滨，此后就失去了踪迹。

这里没有必要列出所有访问过上海的布尔什维克嫌疑人的姓名。只提及其中比较重要的几个人，完整名单见附录（A）。①

直到这一年的年底，我们才获得关于上海本地是否存在任何真实的布尔什维克活动的消息，即使如此，这些信息也并不十分确切。然而，人们注意到，上海的某些俄国人中存在着许多激烈的反英和亲布尔什维克的言论，并且有许多人对英国在亚洲的统治表示不满。可以相当有把握地推断，在俄国人的圈子里，反英态度越激烈，就越有可能表明布尔什维主义已经赢得了一些支持者。1918年9月，有确切的报告称，在上海的俄国人正试图组建一个布尔什维克组织，但是我们并没有发现任何此类组织成立的痕迹。

1919年，在上海和中国其他地区可以明显看到布尔什维克宣传活动的

---

① 档案中未收录附录（A）。

加强。布尔什维主义文献开始传播进中国。1919年5月，经营上海福州路大东书局（Tung Tah bookstore）和广东路亚东图书馆（Oriental Book Co.）的两名中国人，① 因销售无政府主义和布尔什维主义文献而被拘捕。这些书店的店主随后被处以罚款，而在上海作为批发代理的一名广东人② 则被判处六个月监禁。从被查获书籍中的广告可以看出，这些书籍的销售代理网络已经延伸到各个学校，从北京大学到汕头附近的乐英学校（Lo Ying College）都有其踪迹。

不仅在中国，日本也出现了布尔什维主义文献流传的迹象。1919年7月，日本驻上海邮政当局截获了一份用日语书写的布尔什维主义的宣传小册子。中国当局这时开始对布尔什维克的威胁感到担忧，并显然进行了一些成功的调查。因为据称，松江和上海的督军③ 最近收到情报，称从上海流出的布尔什维克文献已在天津、北京、湖北、安徽和广东等多个地方被查获。一名北京大学的教师因参与编写布尔什维主义文献而被逮捕，但他的命运尚未确知。当然，在这一年里，无论是来自海参崴还是上海本地的报告都表明，布尔什维克的使者正在上海和中国其他地区活动，并且已经建立了一个布尔什维克组织。然而，仍然没有确凿的信息来支持这些说法。上海的不安情绪极其明显，这主要源于对北京政府行动的不满，以及当地一些煽动者为争取中国人在上海工部局中的代表权而进行的鼓动。这种不安情绪进一步加剧，是因为"山东问题"引发了中国国内强烈的反日情绪。不仅在中国，这种动荡还表现在远东其他地区，如海峡殖民地及荷属东印度，在那里有大量的华人社区。

有人声称，这些骚乱是由布尔什维主义引起的，并且有人提出，中国

---

① 此处，Tung Tah bookstore 为德纳姆误写，根据1919年6月上海工部局警务处的报告，拼作 Ta Tung Book Store，地址在福州路119B号，应为大东书局。Oriental Book Co.，即亚东图书馆。据同时期的《上海商业名录》（商务印书馆，1920年），大东书局地址为英租界福州路119号，亚东图书馆在英租界广东路84号、85号。

② 此人即郑佩刚。1919年1月，民声社、群社、实社和平社四个无政府组织合并为进化社，在上海创办《进化报》（实为月刊），托书店公开出售，出版至第三期被禁。进化社主要成员有郑佩刚、尉克水、杨志道、黄凌霜、区声白、陈延年。

③ 此处应指淞沪护军使兼浙江督军卢永祥。

人组建的一些社团，如"真社"（The Truth Society）、"新社会"（The New Society）和"十人团"是布尔什维克组织。① 然而，没有任何确凿的证据支持这一说法。尽管如此，但正如之前提到的，这些社团无疑是布尔什维克事业非常理想的招募基地。欧美归国留学生在上海和中国其他大城市的出现，使情况变得更加复杂。这些年轻人，尤其是在美国受过教育的，往往带着对自由与民主非常混乱的理解回到祖国，而这种理解主要表现为对现有权威和政府的不满。这又是一块适合布尔什维主义生长的沃土。

1919年下半年，英文和中文报纸都反映出布尔什维主义在中国引起的关注。欧洲报纸开始刊登大量关于布尔什维主义的文章，内容涉及其理论与实践；同时，一些中文报纸也开始发表带有明显布尔什维克倾向的文章。

在这一年里，有一些消息显示，朝鲜革命党正在积极努力建立与布尔什维克的关系，并寻求布尔什维克对他们抗日斗争的支持。许多重要的朝鲜革命党领袖与不满现状的中国人保持着密切联系，这些中国人要么是孙中山派系的成员，要么是来自广州的华南人士。

1919年10月，有报告提到两名住在上海法租界的中国布尔什维克分子。其中值得注意的是，其中一人与著名的拉什·贝哈里·鲍斯（Rash Behari Bose）关系密切，这很好地说明了布尔什维主义是如何将各种不满现状的人团结在一起的。此人的名字是 Ho Hyau Lieu②，经调查发现他是孙中山的常客。另一位是李人杰（Lee Jen Jehy）③，他曾在日本求学。据报告称，李人杰是个颇为神秘的人物，虽然与多个不同派别都保持着友好关系，但他最主要的关系人似乎是孙中山。

中国人自身也意识到了布尔什维克宣传及其在上海（特别是法租界）的同情者所带来的危险。根据《京津泰晤士报》1919年10月21日的报道，上海第十师步兵旅旅长王将军接到北京指示，指出布尔什维主义文献正在

---

① The Truth Society 即"真社"，又称"真学会"，1919年11—12月在天津出版四期《新生命》，主要组织者为姜般若，时任南开学校校监。真社成员在广州、漳州及南洋均有活动。The New Society 意译"新社会"，所指为何种组织尚未确定。

② 此人身份未知。

③ 李人杰，即李汉俊（1890—1927）。

上海租界和华界公开贩卖。其中提到的书籍包括《民声》（即"人民之声"）、《无政府党》（即"虚无党"）、《平民》（即"商业"）及《衣食住》（即"穿衣、吃饭与居住"）①……

随着我们对信息的进一步明确，中国布尔什维克在上海的活动逐渐集中在孙中山博士这个人身上。多份报告表明，孙中山对布尔什维主义表现出了兴趣，并有布尔什维克的使者拜访他。然而，直到今年，我们才真正获取关于孙中山的活动及其与布尔什维主义存在密切关联的确凿证据。

此外，在今年，上海的俄国异见分子开始公开表达他们的不满，并开始沿着布尔什维克的路线进行鼓动宣传。根据我们掌握的情报，关于布尔什维主义在中国的传播，在此有必要将这个简要总结分为两个渠道来加以讨论：

第一，它在中国人中间及在中国境内的传播进展。

第二，它在上海的俄国人中间的传播进展。

尽管这两个分支之间无疑存在联系，但目前将中国人和俄国人在中国的布尔什维主义表现分开讨论更为方便，特别是到目前为止，中俄两国的布尔什维主义追随者之间还没有公开的联络。然而，正如这些记录将会显示的那样，毫无疑问，不同的布尔什维主义支持者之间确实存在某种程度的秘密联系。

（一）布尔什维主义在中国人中间及在中国境内的传播进展

尽管在1918年和1919年曾收到许多关于布尔什维克计划在上海召开会议及成立布尔什维克组织的报告，但直到最近才收到确切的信息予以证实。在1920年2月，我们收到一些值得注意的情报，显示有一些已知持有激进社会主义思想的中国人最终确定在上海开展布尔什维克宣传活动，并成立一个正式的布尔什维克社团。为此，他们在上海永安饭店的餐厅举行了一次非正式的晚宴，出席者包括以下人士：

---

① 原文为：Ming-Sheng or "The People's Voice," Wu-Chen-Fu-Tang or "The Nihilistic Party," the Ping-Min or "The Commerce," and I-Shih-Chu or "Clothing, Food and Residence"。

1. 李光洙（K. S. Lee）①，朝鲜革命者团体的一位领导人。

2. 朱卓文（Jue Gwoen）②，出生于广东，但据信已入籍美国。此人过去20年来一直与孙中山合作，并对印度事务非常感兴趣。他是拉什·贝哈里·鲍斯的朋友，二人于1916年在东京相识；同时，他也是塔拉克·纳特·达斯（Tarak Nath Das）的朋友。他曾资助过达斯，并在达斯最终离开中国时用孙中山提供的资金为其购买了轮船票。朱卓文曾用中文出版过一本关于英国在印度暴政的书。他曾在一次谈话中表示："广东的特工曾经在加尔各答活动过，也许我们的一些人现在仍然与美国的加达尔党（Ghadr）成员保持联系。"

3. I. C. Lien Tsun③，家住南京路340A号，留学美国数年，孙中山的坚定支持者。

4. 杰克·李泽洛维奇（Jack Lizerovitch），怡和洋行俄国雇员。这名年轻人大约三年前来到上海，此前因其极端观点而备受关注。据说他与其他俄国布尔什维克及英国的无政府主义者有直接联系。他从父母那里获取英国的消息。据说他的父母居住在伦敦牛津街210号。

5. M. Chow④，曾经是俄亥俄大学的学生。

6. 梅光培（Moy）⑤，孙中山的私人助理。

7. 李人杰（见上文）。

朱卓文在会议上发表了简短的讲话，他表示，一些真正关心中国的人建议他们成立一个社团，而这正是他们计划要做的事情。同时，还建议创

---

① K. S. Lee，似指李光洙（1892—1950），时任上海大韩民国临时政府机关报纸《独立新闻》负责人。

② Jue Gwoen，即朱卓文（1875—1935），早年旅居美国旧金山，1910年加入同盟会，与梅光培长期在孙中山左右工作。五四运动中，任上海国民大会领导人之一。1925年涉嫌廖仲恺遇刺案被通缉。1935年，因计划推翻军阀陈济棠在广东的统治而被杀。

③ I. C. Lien Tsun，此人身份未知。

④ M. Chow，此人身份未知。

⑤ Moy，即梅光培（1884—1944），幼年赴美，1909年在芝加哥结识孙中山，后加入同盟会，长期追随孙中山。1930年任全国禁烟总局局长。抗战时任国民政府军事委员会中将参议。1944年病逝于香港。

办一本杂志,用于传播布尔什维主义并报道苏维埃俄国的新闻。这两项提议经过讨论后最终获得通过。为了支付杂志费用,会员每月会费定为10元。这份杂志将被命名为《劳动者》(*The Worker*),仅用中文出版,印刷3000份。从演讲中提到的内容可以明显看出,出席这次会议的人与某些俄国布尔什维克(可能在俄国或是在美国)有联系。

朝鲜代表表示,布尔什维克在朝鲜很受欢迎,并且他们曾承诺帮助朝鲜对抗日本。

M. Chow,在美国生活了18年,是一位受过良好教育的人,他说在大英帝国被摧毁之前,世界不可能有和平。"他们是骗子。中国被英国当作殖民地来对待。年轻的中国人对他们充满仇恨,却把这种仇恨隐藏了起来。由英国强盗组成的工部局是我们最大的敌人。为什么他们不允许中国人参与市政管理?你们会看到,上海年轻的中国人正在为他们准备一个大大的'惊喜'。我们支持美国人,不是因为喜欢他们,而是因为他们某一天会在对抗英国人时对我们有用。中国的每个年轻人都知道这一点。印度必须获得自由,因为它是英国实力的支柱,如果印度获得自由,英国就会沦为四流国家。英国人唆使锡克警察对付我们,我们的一些朋友已经写好了一份材料,他们打算私下散发,揭示中国人是如何被锡克警察虐待、欺骗和刺伤的。" M. Chow 显然对英国极其仇视,并且夸耀说还有成千上万像他一样的人。

从参加这次会议的人的政治倾向来看,很明显布尔什维主义在孙中山的追随者中受到了热烈欢迎。这是意料之中的事,因为我们最近收到的情报清楚地显示,孙中山对布尔什维主义怀有浓厚的兴趣,而且已经开始秘密地支持布尔什维克的事业。

在他的密友圈子里,孙中山已经开始公开表示对布尔什维主义的钦佩,并声称他的党派已经承认了布尔什维主义的俄国,而且他已经间接地与俄国的布尔什维克建立了联系。在关于孙中山与布尔什维主义关系的众多报告中,以下内容最值得关注:

1. 四川省省长已经同意了孙中山关于承认"苏维埃俄国"的某些提议,并要求孙中山为他聘请德国工程师,这些工程师可能被作为与布尔什维克联系的中间人……

四川要求引进德国工程师一事，似乎很可能是上述计划的一部分。

2. 孙中山即将在上海创办一份英文报纸，有雄厚的资金支持。该报的立场将是反日、亲布尔什维克的。

3. 伦登（Lunden）① 经常拜访孙中山，最近还进行了一次长谈，讨论"如何传播布尔什维主义"。此人是居住在上海的一名俄国布尔什维克。

4. 来自符拉迪沃斯托克（海参崴）的布尔什维克使者拜访了孙中山，本地一些亲布尔什维克的俄国人也前来拜访。毫无疑问，孙中山与布尔什维克的关系是一个重要问题……虽然孙中山已经与南方党派决裂，但他仍然与中国社会主义的大本营广东保持着经常性联系。据说几天前，他的亲信朱卓文带着一份关于布尔什维主义的重要密函前往广州。有充分理由相信，孙中山对布尔什维主义的兴趣与日俱增，他的许多追随者不仅支持布尔什维克，甚至走得更远。至于在永安饭店的晚宴上成立的那个社团将会取得什么进展还有待观察，但他们至少在文字工作上表现出了活力，他们的杂志《劳动者》据说已经付印，不久就会发行。

在上海的朝鲜人群体也与布尔什维主义有着密切联系。朝鲜领袖人物最近表示，他们收到了在俄国与布尔什维克一起工作的朝鲜同胞的信息，称如果他们用朝鲜语传播布尔什维克宣传，红军准备为他们提供援助。在上海法租界秘密印刷了两份朝鲜杂志，里面包含大量布尔什维主义内容；据说这些文章的材料是由杰克·李泽洛维奇提供的。

人们已经注意到了一个潜在的危险：在上海最近成立的许多反日社团、学生组织和工会可能倾向于布尔什维主义。这些社团在理念上具有极强的社会主义色彩，并得到包括孙中山及其追随者在内的不满现状者的支持。这种担忧并非毫无根据。据报道，一个名为"太平洋学社"（Pacific Ocean Society）的反日社团正迅速向布尔什维主义靠拢，而Society of Chinese Machinists② 对布尔什维主义表现出超乎寻常的兴趣。伦敦《每日先驱报》

---

① 下文提到此人名为 D. A. Lunden，俄裔犹太人，据说是英国伦敦国王学院的毕业生，1919年从海参崴抵达上海。

② 五四运动后，上海成立了多个工界团体组织，Society of Chinese Machinists 具体所指未详。

和纽约《呼声报》在中国年轻人中广受赞誉也意味深长。① 然而，布尔什维主义的影响并非仅限于上海，因为哪里有孙中山的朋友和支持者，哪里就有布尔什维主义传播的可能性。

据称，在孙中山的密友陈炯明将军的悉心扶植下，布尔什维主义已经在福建取得了一些进展。最近，上海流传着一些照片，显示陈炯明将军与其他工人一起以普通劳工的身份工作，这大概是为了展示将军的民主精神。如果福州某学校的校长陈秋霖（Ching Chie Ling）② 的工作取得进展，那么布尔什维主义可能也会在福建的知识分子阶层中传播。据说此人是布尔什维克分子，并主编《闽星》（Ming Sheng）③。最近查阅的一份《闽星》显示，该报对布尔什维主义表现出了超乎寻常的兴趣。值得注意的是，《闽星》是王将军（见上文）提到的小册子之一。另外，据报道，在遥远的北方哈尔滨，最近逮捕了两名被指控为布尔什维克特工服务的中国工人。最近在中东铁路发生的许多问题，很可能都可以追溯到哈尔滨的布尔什维克宣传活动。

除了上述布尔什维克在华活动的具体事例，还有许多记录在案的报告。尽管这些报告的可靠性没有得到有力支持，但也没有理由去怀疑它们，不过考虑到这些报告性质模糊，目前过分重视它们是不明智的。这类报告包括从报纸获得的信息，或基于印象形成的记录，或者是一些没有能力核实信息来源的人所听到的传言。这些报告涉及的内容包括与自称是布尔什维克特工的人会面，或了解中国有一个秘密的布尔什维克部长，以及布尔什维主义据说已经在中国军队（特别是第五师）中取得了进展。

这类信息具有双重价值：既可能起到警示作用，同时也显示了布尔什维主义在中国引起的广泛关注。

---

① 伦敦《每日先驱报》（Daily Herald），在英国工党和工会联合会支持下于1912年创立，以支持工人阶级、工会运动和社会主义思想而闻名。纽约《呼声报》（Call），1908年创立于纽约，是美国早期社会主义运动的重要宣传工具之一。

② Ching Chie Ling，应指陈秋霖（1893—1925），他此时在陈炯明支持下与梁冰弦、刘石心等人在漳州开办"新闽学书局"，从事宣传工作。此后陈秋霖脱离陈炯明，转向拥护孙中山。1925年与廖仲恺同车遇刺。

③ 《闽星》有两种，一是1919年12月1日创办的半周刊，二是1920年1月1日创办的日报。陈秋霖是主持编务者。

但是布尔什维主义在中国寻求追随者并非仅通过地下方式，最近就有报刊公开报道了两起布尔什维克与中国人直接联系的案例。

第一个案例是以布尔什维克政府致中国政府的一封官方信函的形式出现的，其译文于3月31日刊登在《上海俄文生活报》（*Shanghai Life*）上。译文如下：

> 1917年，俄国苏维埃政府向所有国家宣告，我们坚持这样一种原则：任何国家都无权拥有殖民地、享有特权或从其他国家收取贡赋。我们特别提出将俄国在中国的所有特权归还，并废除两国之间存在的所有不平等条约。当我们提出这一建议时，协约国掐住了北京政府的喉咙，大肆贿赂北京的官僚和中国的报界，从而造成我们的慷慨提议被拒绝。协约国自己却夺取了南满铁路，并向我们的国家派遣了军队。协约国的这一行为从未向中国人民作出任何解释。现在，我们第二次努力唤醒中国人民的觉悟。我们准备归还南满铁路及我们在中国持有的所有采矿特权，同时我们已经拒绝继续接受庚子赔款的进一步支付。然而，我们了解到，协约国仍然强迫中国政府每年支付相关赔款，而这些资金现在被用来维持所谓的俄国"大使"和"领事"在中国和日本的活动。这些人并不是俄国的公仆，而是协约国的仆从。中国早就应该将他们作为小偷和骗子驱逐出境。只有中国人自己才有权在中国建立司法机构。
>
> 由于我们受国内事务所困，之前未能及早提出上述建议。现在我们和我们的红军一起向你们提出这个建议。如果中国人民想要摆脱巴黎和会所强加的地位——这一地位将使你们沦落到与朝鲜和印度相同的境地——那么你们唯一能期望得到的帮助，就是来自俄国的工人阶级和红军。俄国苏维埃政府希望立即与中国政府建立直接的官方关系。

据了解，中国政府尚未作出任何答复。

第二个案例是"俄国远东学生会"致上海学生联合会的一封信。这封信措辞相当激烈,抨击协约国对西伯利亚的干预,并表示如今革命军队势如破竹,俄国很快就会统一。信中呼吁中国学生(同时也在呼吁日本学生)向政府施压,要求从西伯利亚撤军,并向那些"反抗外人遏止同胞的声音"而战斗到底的中国学生伸出"友谊的手"。信的结尾是"全世界革命火焰万岁——即将到来的携手共建的自由新生活万岁"。

对此呼吁,上海学生联合会以一封友好的回信作出回应,其中有这样一句话引人注目:"你们大家所争求的理想生活,现在已渐渐地迫使世界许多地方的人不能不赞叹。"①

(二)布尔什维主义在上海的俄国人中的传播进展

如前所述,据报告,1918—1919年有大量俄国嫌疑分子到访上海,同时收到的多份报告显示上海俄侨社区中某些成员具有布尔什维主义倾向。然而,直到1920年初,那些不满现状的俄国人才开始公开表达意见,这很可能仅是东西伯利亚反布尔什维克势力崩溃的结果。在讨论具体事例之前,值得在此指出,那些与各阶层俄国人有密切接触的人们形成了这样一个普遍印象:几乎每个俄国人——即使是那些属于旧政权的人——在内心深处都反对协约国的干预,因此当布尔什维克面对外国势力时,他们或多或少都会同情布尔什维克。这些俄国人认为,即使是布尔什维克统治下的俄国,也好过在外国支持下分裂成不同派系的俄国。这些人中的乐观者声称相信,从长远来看,布尔什维主义最终会演变成某种体面且稳定的政府形式。也许确实如此,但是这些从自私角度看待局势的人,自然忽视了布尔什维主义占主导地位时对世界其他地区造成的危险。

1920年2月8日,在上海举行了一次会议,那些同情俄国新政权的俄国人聚集在一起,讨论以下问题:

1. 西伯利亚当前的危急局势。

---

① 《上海俄文生活报》1920年3月31日发表海参崴俄国远东学生联合会致上海学生联合会的呼吁信。《民国日报》1920年3月24日登载了这份俄国来函的中译文及上海学生联合会的复函。

2. 俄国人应当如何对待仍在远东地区的旧政权的俄国"领事"。

3. 选举一个委员会来代表上海的俄侨社区。

这次会议表面上并非布尔什维克的会议，但从通过的决议和发表的演讲来看，与会的大多数俄国人明显持亲布尔什维克的立场。会议谴责了目前在远东的俄国"外交"和"领事"官员，认为应该迫使他们交出据信由他们掌控的政府资金。发言者中包括一位名叫伦登的俄裔犹太人，他去年从海参崴抵达上海。此人出生于俄国中部，不过上海的俄国"领事馆"拒绝承认他的身份。他在伦敦生活多年，据说是伦敦国王学院的毕业生。在伦敦期间，他在大学里组建了一个英俄协会，在1917年革命爆发时他前往彼得格勒。此前有报告称伦登一直在中国人中传播布尔什维主义思想，关于他的记录可见上文。会议期间成立了一个临时委员会，其中一名成员表示，孙中山、上海总商会的汤节之（F. T. Tong）① 博士，以及世界学生联合会和学生会的几位中国知名人士，将会加入他们，共同抗议日本在西伯利亚的行动。据称，乔治·索克思（George Sokolsky）② 正在担任俄国人和中国人之间的中间人。关于索克思有许多报道，因为一段时间以来，据信他一直在为布尔什维克工作。他曾任英文《沪报》（*Shanghai Gazette*）的工作人员，并编辑了该报的俄文版块，但不久后他就被解雇了，据信是因为他的极端观点及在其负责的版面上刊登了亲布尔什维克的内容。2月15日，俄国人举行了另一次会议，目的是讨论成立一个委员会，接管在中国的俄国"领事馆"和俄亚银行分行的管理权。D. A. 伦登再次发表演讲，M. 波利亚克（M. Poljak）也作了发言。会议由金斯顿博士（Dr. Ginston）主持。这次会议没有作出任何明确决定，并决议在2月22日举行第二次会议。然而，这次会议最终未能举行，因为在此期间当地政府进行了干预，通过警方要求煽动者在会议举行前提交他们计划发表的演讲稿。不过，3月13日，在中华基督教青年会（Y. M. C. A.）举办了一场音乐会，庆祝俄国革命周年纪念日。M. 斯莫伦斯克（M. Smolensk）主持会议并发表演讲，称由于当

---

① F. T. Tong，即汤节之，时为上海总商会会董，1920年与索克思等人创办《商报》，于次年1月1日发刊。

② George Sokolsky，即索克思（1893—1962），1918—1932年在中国工作，活跃于报界、政界。

地政府的反对，他们不得不放弃计划中的政治性内容，并且他们拒绝接受工部局要求他们遵守的"有辱人格的条件"。伦登出席并发表了演讲，M. 谢麦施科（M. Semeschof）介绍了波塔波夫将军（General Popatof），说他是第一个在近卫军团升起红旗的人。波塔波夫将军最近在日本，但因为他的革命倾向，被日本政府督促离开了那里。他目前住在法租界，访客不断，这些人里面包括俄国人、朝鲜人和广东籍的中国人（据信是孙中山党派的成员）。波利亚克先生介绍了几位朝鲜临时政府（即上海的朝鲜革命团体）的成员。这些朝鲜人受到热烈欢呼，并在台上与委员会成员一同就座。

在调查上海的布尔什维主义活动时，一位名叫瓦迪姆·斯托帕尼（Vadim Stopany）①的俄国人引起了当地政府的注意，他住在上海百老汇大厦（Broadway Terrace）71号。对他的调查揭示了一些有趣的信息。这位俄国人与一位名叫陆式楷（Lu Shieh-Chieh）的中国人在四川北路Y1640号开办了一所免费的世界语学校。当局秘密约谈了陆式楷，陆表示他和他的同事是在为布尔什维主义的利益工作，而郑佩刚（G. Kun，又名Sung Pal Koong）②则负责管理位于广州的总部。关于郑佩刚的这条线索引出了一个非常有趣的调查方向，因为在1919年，郑佩刚在上海的批发代理人就因销售无政府主义和布尔什维主义文献而被定罪（见上文）。这个代理人的名字是B. Kun。在伦敦西北区奥瑟尔顿街127号（127, Ossulton Street, London, N. W.）出版的无政府主义报纸《自由报》（*Freedom*）10月号上发表了一则同情性的短文，提到了B. Kun的艰难处境。这篇文章是为《进化报》（*Evolucio*）而写的，《进化报》是一份世界语杂志，过去就是在被查获布尔什维主义文献的同一个印刷厂出版的。《进化报》后来迁往广州，根据《自由报》上的说法，它

---

① 斯托帕尼于1919年经海参崴到上海，任《上海俄文生活报》印刷公司的簿记员兼该报新闻记者，1921年3月自杀。参见李丹阳、刘建一：《一个"安那其布尔什维克"的悲剧——斯托帕尼在上海》，《百年潮》2003年第3期。

② 此处原文为："G. Kun, alias Sung Pal Koong"。在上海情报处1920年2月19日的每周摘要中，Pal拼写为Pai，即Sung Pai Koong，页边注出中文为"郑佩刚"。参见FO 228/3214。

的第四期将在以下地址出版:"Sinpak, 33, Saichak, Fat-shan, Canton"。①

这份世界语杂志与世界语学校之间的联系由此得到了各方面的证实,因此,在远东地区,无论如何都有必要警惕通过世界语进行的布尔什维主义宣传活动。上海查获布尔什维主义的宣传册时,发现了一个新加坡的地址,在那里可以获取这些出版物,这进一步证实危险的华人社团与此有联系。郑佩刚曾于1918年在新加坡活动,因此很可能当时他与当地的华人社团有着密切联系。最近的调查显示,这些社团具有极端的无政府主义和布尔什维主义性质。

然而,斯托帕尼并不仅仅致力于文学宣传。1920年2月29日,他在上海向四五十名航运和码头仓库工人作了一场关于共产主义的演讲。这场演讲是用世界语进行的,由陆式楷翻译成中文。斯托帕尼讲了一些关于资本主义和共产主义的老生常谈的内容,最后还督促听众们学习世界语。演讲结束后,斯托帕尼向航运和码头工人工会②的发起人之一张福堂(Tsang Foh Daung)赠送了一面红旗,旗角处缝有一块白色方布,其上缀有一颗绿星。

虽然到目前为止,上海当地俄国人的煽动活动尚未大规模开展,但有充分理由相信,除非对形势采取非常强硬的处置,否则这种活动将会随着时间推移而增加。俄国布尔什维克与中国布尔什维克之间的联系每天都在加强,并且无疑不久后就会公开化。最新收到的报告中提到,一名布尔什维克使者于4月5日从海参崴抵达上海。他的到来为上海俄文报纸的主要撰稿人巴兰诺夫斯基(Bernofky)和杰克·李泽洛维奇所知。后者(李泽洛维奇)是极其重要的人物,因为与中国亲布尔什维克者的密切联系,正是通过此人和伦登而实现的。在李泽洛维奇的朋友中,有一位我们所熟知的中

---

① 上海公共租界工部局警务处特别部档案(Shanghai Municipal Police Files, 1894-1945),收录文件"3262 whereabouts of G. Kun alias Zung Bai Koong",节录了《自由报》上该文的一段,此处广州地址中的Saichak应拼写为Saichuk。

② 原文为Shipping and Godown Workers' Union,即上海船务栈房工界联合会。

国人曹亚伯（Abel Tsao）①，此人曾在1917年于上海法租界庇护过著名的印度革命者戈帕尔·辛格（Gopal Singh）。李泽洛维奇急于聘请曹亚伯将布尔什维主义宣传材料翻译成中文，尽管曹声称太忙无法从事这项工作，但有充分理由相信这两人正在共同为布尔什维主义效力。

到目前为止，这份札记主要讨论了布尔什维主义在中国的情况，这必然是重点，因为当前所掌握的大部分信息都与布尔什维主义在中国的传播进展有关。毫无疑问，某些信息表明布尔什维主义在日本也取得了一些进展。例如，有详细的报告指出，部分曾驻扎在西伯利亚的日本军队成员已经受到了布尔什维主义思想的影响。此外，之前提到的日文版布尔什维主义宣传小册子的发行表明，布尔什维克非常清楚在日本进行宣传工作的可能性。

一名印度人最近从日本返回印度，他提供了一些关于布尔什维主义在日本发展的明确信息。他提到了几名俄国布尔什维克的名字，并提及了著名的日本穆斯林波多野（Hatano）②，此人显然已完全接受了布尔什维克专门为穆斯林设计的宣传策略。众所周知，目前日本局势动荡不安，社会主义以各种形式迅速发展，这种趋势令政府深感忧虑。很有可能，类似于中国的情况，布尔什维主义会被那些不满现状的日本人视为一种"救世主"。有记录表明，日本社会主义运动的领袖之一冈本（Okamoto）③最近曾在上海拜访孙中山，他和一些日本年轻人希望把布尔什维主义和无政府主义的书籍带回日本。然而，这种思想在日本究竟传播到了什么程度，在进一步调查之前，尚无法确定。

---

① Abel Tsao，即曹亚伯（1875—1937），1905年在日本加入同盟会，1910年毕业于牛津大学。二次革命后继续追随孙中山，1916年和1918年代表孙中山赴德国联络合作。五四运动前夕，曹亚伯等人在上海发起成立中华工业协会。冯自由、曹亚伯先后任该协会理事长，之后由留日归国学生黄介民接替，实际主持会务。

② Hatano，即哈桑·波多野养作（Hasan Hatano Uho, 1882-1937），日文名"波多野養作"，号"鸟峰"（乌峰）。

③ Okamoto，似指冈本理治，孙中山的日本友人梅屋庄吉的女婿，时在大连的"南满洲铁道株式会社"工作，1920年2月20日曾拜访孙中山。参见桑兵主编《孙中山史事编年》第7卷，中华书局，2017，第3552—3553页。

此外，已收到但尚未证实的报告显示，在荷属东印度，布尔什维主义很可能获得追随者，甚至可能已经在这方面取得了成功。对于不满者和失意者来说，布尔什维主义似乎具有不可抗拒的吸引力。最近中国人指控荷兰政府在荷属东印度虐待华人的投诉，其根源可能就在于布尔什维主义的学说。在3月13日的《文汇报》（*Shanghai Mercury*）上，有中文报纸《苏门答腊报》（*Sumatra Po*）的两名编辑在棉兰被逮捕的消息。报道还称，发现了一些涉案文件，显示一场大规模的布尔什维主义宣传运动即将展开。

来自各个方向的信息表明，只要有社会动荡的地方，布尔什维主义就会受到追捧。由于迄今尚未进行全面调查，目前还无法估计它已经取得的进展。毫无疑问，布尔什维主义正在传播，而且由于它主张种族平等和民族自决，其对东方人特别具有吸引力。从布尔什维主义学说中普遍包含的强烈反英情绪来看，它显然对大英帝国在亚洲的利益构成了切实的威胁。

如果承认布尔什维主义在亚洲确实是一个真正的威胁，那么现在已经到了采取积极行动来遏制其扩散的时候了。中国政府的软弱无力使防范工作变得极其困难，而布尔什维主义的宣传非常隐秘。因此，如果政府不时刻保持警惕，并且在各处严密监视，就很难将其查明和定位。

目前最重要的事情之一是，弄清楚有多少中国人和朝鲜人正在为布尔什维克政府服务，并在布尔什维克军队中活动。如果孙中山的估计有任何真实性，那么形势确实非常严峻。但无论如何，了解这一问题的真相至关重要。中国政府应该能够派遣秘密特工前往俄国，以查明这方面的真相。事实上，如果能成立一个反布尔什维主义局，负责监控所有的布尔什维主义活动，那将是一个不错的举措。至于中国政府是否有能力指导和组织这样一个部门，这很难说，但推测在外国的协助下，可能会实现这一目标。

在上海当地，解决这一问题本不应如此困难。工部局必然会认识到即将到来的危险，并且应该指派一支特别的警察队伍，专门负责这一工作。将这类特殊调查随意交给普通人是收效甚微的，因为这种特殊调查需要专业知识和专注的态度。有必要同时配备外国和中国的调查员及特工，并将整个调查工作集中在一位高级官员的统一指挥之下。随着时间的推移，这位官员将逐步对相关事务有非常深入的了解。

德纳姆关于远东布尔什维主义的备忘录（1920年4月）

在中国进行反布尔什维主义的宣传能否起到作用，这一点似乎很值得怀疑。普通中国人对本国以外的事务非常无知，以至于通过这种宣传来影响他们实际上是不可能的。

护照问题至关重要，对于所有从西伯利亚进入中国的人，无论是俄国人还是中国人，都应该进行最严格的审查。由于上海和中国其他地方被俄国难民视为避难所，所以要阻止他们进入似乎很困难。但是，如果允许大量俄国人进入中国，就几乎不可能阻止布尔什维克的使者和亲布尔什维克的人员入境。

邮政服务在侦查和阻止布尔什维主义宣传方面可能会起到一定的作用。从中国官方的报告来看，目前似乎已经在做这类工作。如果可能的话，对孙中山这样的人及上海其他重要密谋者的邮件进行调查，应该能获得大量信息。到目前为止，在华外国当局似乎并未对布尔什维主义给予足够重视，尽管中国政府本身对其发展势头表现出某种程度的警惕。上海法租界聚集了大多数对布尔什维主义感兴趣的中国不良分子，但目前尚不清楚法国警方在多大程度上在监视这些人。鉴于巴黎最近宣布的关于布尔什维主义的政策，上海的法国警方应有责任采取一切预防措施，并对他们怀疑的布尔什维克分子进行彻底调查。

危险是显而易见的；但这个问题似乎很难解决，除非外国势力和中国政府采取强有力的联合行动。

G. C. 德纳姆（G. C. Denham）
1920年4月7日

书 评
Book Reviews

评 A. G. 霍普金斯《美利坚帝国：一部全球史》

涂 铭*

"美国例外论"与美帝国主义是关于美国及其历史的研究中两个经久不衰的命题。作为一种社会观念或意识形态，"美国例外论"常见于美国公共舆论与学术讨论之中。它认为美国在道德与制度上优于他国，且不受一般性历史规律的约束。美帝国主义及美帝国史是美国对外关系研究中的重要领域。在美国是否是一个"帝国"等问题上，学界至今分歧不绝。[①] A. G. 霍普金斯所撰的《美利坚帝国：一部全球史》（以下简称《美利坚帝国》）[②]，在全球史视野下重新审视了美国历史，回应了上述两个经典命题。其一，美国深受"全球化"力量的影响，并不"例外"；其二，美国遵循了与欧洲诸帝国类似的发展轨迹，是毋庸置疑的殖民帝国。

该书的创作与霍普金斯的学术积累、知识背景紧密相连。该书在方法、观念与视角上的独到之处，包括全球化的宏观分析框架、对帝国作用的强调、对殖民地视角的补足，均可从作者此前的著作《世界史中的全球化》《英帝国主义，1688—2015》《西非经济史》等中窥见端倪。霍普金斯生于

---

* 涂铭，南京大学历史学院硕士研究生。

① 相关讨论参见夏亚峰：《美国是"帝国"吗？——对美国政界学界相关争论的辨析》，《世界历史》2017 年第 2 期。

② A. G. 霍普金斯：《美利坚帝国：一部全球史》，薛雍乐译，民主与建设出版社，2021。原著为 2018 年出版，参见：A. G. Hopkins, *American Empire: A Global History* (Princeton & Oxford: Princeton University Press, 2018)。

英国,乃剑桥大学英联邦史"史末资荣休教授"(Emeritus Smuts Professor of Commonwealth History),学术专长为非洲史、英帝国史和全球化研究。霍普金斯"双重域外人"的身份或能使其自外向内地审视美国历史,在批判地吸收现有美国史研究成果的同时尽可能地避免"美国例外论"的潜在影响。

一、"去例外化":全球史背景下美国历史的重新书写

《美利坚帝国》旨在"去例外化"(de-exceptionalise)美国历史,挑战传统史学中的"美国例外论"书写。以民族国家为中心的历史书写,在塑造民族身份与凝聚国家认同的同时"过分强调本国历史经验和制度的特殊性"。① "美国例外论"深受"民族史学""边疆学派""共识学派"的滋养。自20世纪60—70年代以来,美国学界持续地对此进行反思。随着全球化进程加深,学界也出现了力图超越民族国家叙事框架的尝试,"全球史"成为这股浪潮下的新兴视角和方法之一。2000年,受美国历史学家组织(OAH)委托,由托马斯·本德(Thomas Bender)主笔的《拉比埃特拉报告》(*La Pietra Report*)发表,影响巨大。该报告探讨了全球化时代与美国历史书写之间的关系,强调将美国历史嵌入世界历史的广阔画布之中加以理解,进而规避"美国例外论的肤浅论断"。②

作为一个起于2003年的课题,《美利坚帝国》是以全球史方法研究美国史与批判"美国例外论"这一潮流下的引领者之一。美帝国史学者丹尼尔·伊默瓦尔(Daniel Immerwahr)称,该书"之伟大在于不落俗套……将美国史作为全球史的一部分加以新释"。③

《美利坚帝国》如何在全球史背景下重新书写美国历史?"全球化"是贯穿全书的关键概念。作者在经济一体化的既有内涵上,为"全球化"增

---

① 王立新:《在国家之外发现历史:美国史研究的国际化与跨国史的兴起》,《历史研究》2014年第1期,第146页。

② Thomas Bender, "The La Pietra Report: A Report to the Profession," September 1, 2000, https://www.oah.org/2000/09/01/the-lapietra-report-a-report-to-the-profession/,访问日期:2024年10月10日。

③ Daniel Immerwahr, "Introduction," *H-Diplo Roundtable Review*, Vol. XX, No. 33 (Apr. 2019), p.2.

添了政治变化、人口流动与文化传播等内容。经济因素被视作"全球化"的主要动力，国家（帝国）是促进社会、经济和政治力量跨国流动的主要推动者。全球化进程被划分为三个阶段，每阶段与某种特定形式的国家类型相对应：17—18 世纪，由欧洲"财政－军事国家"（fiscal-military state）主导的"早期全球化"；19 世纪末—20 世纪初，由西方民族－工业国家主导的"现代全球化"；自 20 世纪中后期以来，帝国退却后基于区域联系的"后殖民全球化"。

基于这一分期，该书提出了三个核心问题：在早期全球化阶段，即从殖民地到大国的历程中，美国如何受到同时代帝国及世界的影响？在现代全球化阶段，美国何以成为一个与欧洲诸帝国类似的殖民帝国？在从现代全球化向后殖民全球化转向的阶段，美国如何统治海外领土，又何以走向瓦解？全书由正文十五章、序章与尾声构成，被划分为三个主要部分，逐一回答了上述三个问题。

第一部分"非殖民化与依赖性：1756—1865"，即第 2—5 章描述的是美国力图摆脱对英国依赖的非殖民化过程。此进程自七年战争始，至美国内战毕。首先，在全球史叙事下，霍普金斯将美国革命肇因的传统解释——英美税收之争——与英国改革前的政体存续问题及统治阶级关于英帝国扩张的分歧联系起来。他认为，英国"财政－军事国家"的核心危机提供了推力，将革命先决条件变为触发因素，使北美殖民地从反叛转为独立。其次，在非殖民化视角下，作者重新描绘了 19 世纪上半叶的美国史，宣称英国对美国发挥着持续性的跨大西洋影响。他指出，美国的非殖民化不以独立建国为终点，建国后美国在政治、经济、意识形态领域均"依赖"英国。大陆扩张、1812 年战争和内战被纳入非殖民化的叙事之中，这些事件被视为美国为获得有效独立而进行的长期努力及战略举措。

第二部分"现代性与帝国主义，1865—1914"，即第 6—9 章讲述了内战后的美国如何在"现代全球化"下实现有效独立，进而成为"不例外"的殖民帝国。全球史视角再助作者重构了从内战重建到镀金时代、进步时代，再到帝国扩张的传统叙事。19 世纪晚期，欧洲出现了从农业王朝国家向工业民族国家演化的趋势，标志着早期全球化向现代全球化的转型。为应对由此酿成的国内矛盾,欧洲诸国纷纷走上了帝国主义扩张道路。作者认为,美国"不例外地"参与其中。美国在内战后的工业化、国族构建是其转型努力的体现,日益尖锐的社会矛盾是其转型面临的挑战,而加入对外扩张序列则是其对挑战的应对。从结果上看,美国的帝国主义扩张既缓解了国内矛盾,又巩固了内战后国家的统一。通过对加勒比地区与太平洋地区岛屿殖民地的考察,作者补足了美帝国史研究的另一视角。这不仅揭示了各岛屿殖民地与美国大陆间的普遍纽带——农业出口,补充了美国决策的背景,还从岛民视角重新审视了美国在19世纪末的入侵行为,分析了种族偏见等何以深刻影响美国的殖民政策。

第三部分"帝国与国际失序,1914—1959",即第10—14章介绍了在现代全球化与后殖民全球化阶段,美国如何在混乱中维系帝国。此部分沿用了殖民地视角,以描述常被忽略的海外属地史。作者指出,美国在第一次世界大战后仍耽于帝国事业,采取了无异于欧洲诸国的帝国统治术,造成了其与各殖民地之间的种种矛盾。第二次世界大战的胜利掀起了"后殖民全球化"的浪潮。在非殖民化叙事中,霍普金斯边缘化了通常被重点关注的"冷战"因素,将战后权力、利益与价值观的转变视作最基本的背景。作者认为,随着帝国的支撑条件——工业品与原材料的殖民交换关系——在国际经济中失去主导地位,以及冷战争夺人心之需要、民权运动对殖民主义意识形态(如白人至上主义)的挑战与民族自决运动的兴起,这些因素共同推动了包括美利坚帝国在内的领土帝国的解体。取而代之的是,由新形式的跨行业、跨地区贸易和跨国公司连接起来的国家网络。

《美利坚帝国》对美国革命、美国海外扩张等问题提出了犀利之见解,处处可见对既有叙事的挑战。它通过探讨域外力量、全球性趋势与美国之间的相互作用,揭示了美国何以受制于"全球化"力量;不仅有力反驳了"美国例外论",而且提供了一个更加全面和多元的视角来理解美国历史及其全球角色。

二、"全球转向":美帝国史研究的范式创新

美帝国史研究是美国外交史的重要命题,历代学者均作过相关探讨。

全球史视角给予《美利坚帝国》的襄助,不仅在于对美国历史的再书写,还体现在推动美帝国史研究范式的迭新。或虑及"帝国"的消极意蕴,美国学者曾在历史研究中回避使用"帝国"概念,倾向于将美国的海外殖民界定为"扩张"。① 美国外交史中的进步主义学派(Progressive School)与民族主义史家(nationalist)最早承认了"美帝国"的存在,并从不同角度分析了帝国扩张的原因。

进步主义学派认为,工业资本主义孕育了帝国主义的经济动因。其代表者查尔斯·A. 比尔德(Charles A. Beard)指出,美国在世界市场上的利益导致了19世纪90年代后期的扩张。② 以朱利叶斯·W. 普拉特(Julius W. Pratt)和塞缪尔·F. 比米斯(Samuel F. Bemis)为代表的民族主义史家诘难这种类似经济决定论的观点。普拉特认为,诸如共和党继续掌权的政治诉求、白人至上观念的推动等因素,应在解释中占据更重要的地位。③ 尽管上述两者承认帝国之存在,但都将之视作美国史的特殊时刻。比米斯的"大偏离论"(Great Aberration)指出,于具有反殖民传统的美国而言,海外殖民是反常现象。④ 比尔德在20世纪40年代也修正己见,把帝国扩张看作外交政策的"断裂或背离"。⑤ 第二次世界大战后美国史学进入"共识"(consensus)时期。"正统派"(orthodoxy)是"共识史学"在外交史上的反映,"现实主义学派"是重要分支之一。现实主义学派继承了比米斯的观点,其代表者乔治·F. 凯南(George F. Kennan)称,美国的帝国时刻是对国家利益的偏离,乃被不切实际的"法制主义与道德冲动"(legalism and

---

① 关于"帝国主义"与"扩张"的语义差异,可参见刘义勇:《美国外交中的"扩张"与"帝国主义"话语》,《世界历史》2022年第2期。

② Charles A. Beard and William Beard, *The American Leviathan*: *The Republic in the Machine Age* (New York: Macmillan Company, 1930), pp. 733-734.

③ Julius W. Pratt, *Expansionists of 1898*: *The Acquisition of Hawaii and the Spanish Islands* (Baltimore: Johns Hopkins Press, 1936).

④ Samuel F. Bemis, *A Diplomatic History of the United States* (New York: Henry Holt and Company, 1950).

⑤ 曲升:《查尔斯·比尔德的美国外交史学述论》,《世界历史》2015年第2期,第126页。

moral impulses)所误导。① 20世纪60年代,"新左派"史学兴于因种族、越战等问题而矛盾激化的美国社会,直击美国史学的"共识论"。其在外交史上表现为以威斯康星学派为代表的修正主义学派。该学派将帝国扩张视作一个延续、一贯的过程。威廉·A. 威廉姆斯(William A. Williams)把美国视为持续地追求经济扩张与海外市场的"非正式帝国"(informal empire)。沃尔特·拉费伯尔(Walter LaFeber)阐释称,帝国并非"突然的、一时冲动的",而是"美国致力于资本主义扩张的自然结果"。② 同时期也有一些分析提及了除政治、经济外的其他因素,如理查德·霍夫斯塔特(Richard Hofstadter)对"集体精神危机"下"非理性焦虑"的强调。③

20世纪80—90年代,在全球化浪潮、新社会史与新文化史等冲击,以及外交史学界内省的联合作用下,外交史研究出现了"文化转向""跨国转向"。在被称为"新帝国史"的研究中,非国家行为体、意识形态、性别等议题被更为重视。④ 如艾米丽·S. 罗森伯格(Emily S. Rosenberg)强调了"自由-发展主义"(liberal-developmentalism)意识形态的作用,克莉丝汀·L. 霍根森(Kristin L. Hoganson)指出性别观念与外交政策的互动关系,等等。⑤

---

① George F. Kennan, *American Diplomacy* (Chicago: University of Chicago Press, 2012).

② Walter LaFeber, *The New Empire: An Interpretation of American Expansion, 1860-1898* (Ithaca: Cornell University Press, 1963).

③ Ernest R. May, *American Imperialism: A Speculative Essay* (New York: Atheneum, 1968); Richard Hofstadter, *The Paranoid Style in American Politics and Other Essays* (Chicago: University of Chicago Press, 1979).

④ 国内外学者对此已有充分介绍,本文不再赘述,参见刘青:《试论新美利坚帝国史研究的兴起》,《世界历史》2011年第5期; Sarah Steinbock-Pratt, "New Frontiers beyond the Seas: The Culture of American Empire and Expansion at the Turn of the Twentieth Century," in *A Companion to U. S. Foreign Relations: Colonial Era to the Present*, ed. Christopher R. W. Dietrich (Hoboken: Wiley-Blackwell, 2020), pp. 233-251。

⑤ Emily S. Rosenberg, *Spreading the American Dream: American Economic and Cultural Expansion, 1890-1945* (New York: Hill and Wang, 1982); Kristin L. Hoganson, *Fighting for American Manhood: How Gender Politics Provoked the Spanish-American and Philippine-American Wars* (New Haven: Yale University Press, 1998).

进步主义、现实主义与修正主义在立场上以美国为中心，在视角上注重高端政治，在解释方式上注重政治权力、经济利益的作用。与上述范式有所互补的"文化转向""跨国转向"在视角上"自下而上"，关注对象倾向于跨国行为体与跨国现象，在解释方式上补足了意识形态、性别、阶级、种族等文化因素。然而，在涉及外交决策等问题上，跨国因素、文化因素虽可为综合性解释中的有益补充，却难以成为主导性、决定性因素。《美利坚帝国》在研究范式——立场、视角与解释方式上，均有别于上述学术进路。

霍普金斯实属帝国史"全球转向"的先驱之一，他早在1999年便展望了帝国史研究与"全球化"结合的诸多可能。① 自霍普金斯主编的《世界史中的全球化》于2002年问世以来，他便一直致力于将"全球化"进行概念化与历史化。著名历史学家于尔根·奥斯特哈默将20世纪帝国史研究最大限度的扩展归于霍普金斯的思路，即"从全球史视野研究帝国史"。② 这些源于英帝国史研究的经验在《美利坚帝国》得到了良好的适用，呈现出三大特征。

第一，将美帝国置于更广阔的全球史背景之中，并将其与全球性趋势相联系。不同于一些从美国出发的全球史研究，霍普金斯的思路是提倡将美国视为寰宇中平等的参与者——从全球或世界其他地区的视角出发，自外向内地审视美国。由此，在分析1898年"正式帝国"的形成与1945年帝国的解体时，霍普金斯将19世纪末的欧洲"新帝国主义"和20世纪的全球性非殖民化进程纳入解释之中。

第二，重视美帝国的海外殖民地及其与本土之间的互动和影响，以完善帝国史叙述。英帝国史会涉及非洲、印度等地，而美国殖民地在美帝国史的叙述中常被忽略。在很长一段时间内，美国学者或否认美帝国的存在，或将海外殖民视作"大偏离"而把帝国阶段界定在19世纪末20世纪初，

---

① A.G. Hopkins, "Back to the Future: From National History to Imperial History," *Past & Present*, No. 164 (Aug. 1999).

② 于尔根·奥斯特哈默：《20世纪的帝国史研究谱系》，载刘新成主编《全球史评论（第十辑）》，中国社会科学出版社，2016，第3页。

如威廉·A. 威廉姆斯称："美国史学的中心主题之一是对美帝国的否认。"①尽管修正主义学派认识到了美帝国的延续性，却因过于重视经济层面的"非正式帝国"而忽视了由美国直接统治的"正式帝国"。文化转向、跨国转向下的新帝国史研究开始强调美国对殖民地的治理及双向影响，如沃里克·安德森（Warwick Anderson）的《殖民病理学：美国热带医学、种族和菲律宾的卫生保健》②。但这些研究多关注美国对单个殖民地的治理，缺乏对"岛屿帝国"的整体性考察。《美利坚帝国》正是继1962年惠特尼·T. 帕金斯（Whitney T. Perkins）所著的《帝国的否认：美国及其属地》③后半个多世纪以来首次关于1898—1959年美国与殖民地互动关系的整体性研究。

第三，摒弃单线因果论而建立综合性的解释模式。有别于现实主义学派对政治权力、进步主义学派与修正主义学派对经济因素，以及"新帝国史"对文化等因素的强调，霍普金斯采用的是一种综合性的解释模式——将经济因素（物质流动与商贸网络）视作历史变革的主要推动力，把国家与政治精英视作主要行为体，将文化因素作为补充。比如，在分析1898年美国帝国主义扩张的原因时，霍普金斯重点强调了持有保护主义、稳健货币政策立场的共和党的重要角色，将经济与政治因素综合考量。

美国外交史研究的"全球转向"趋势早已有之。早在1997年美国对外关系史学家协会年会上，伊丽莎白·霍夫曼（Elizabeth Hoffman）就呼吁将美国外交史书写成"全球美国史"，主张重视世界何以改变美国。④ 2018年，美国外交史论坛（H-Diplo Forum）对"全球转向"下美国早期的对外

---

① William A. Williams, "The Frontier Thesis and American Foreign Policy," *Pacific Historical Review*, Vol. 24, No. 4（Nov. 1955）, p. 379.

② Warwick Anderson, *Colonial Pathologies: American Tropical Medicine, Race, and Hygiene in the Philippines*（Durham and London: Duke University Press, 2006）.

③ Whitney T. Perkins, *Denial of Empire: The United States and Its Dependencies*（Leyden: A. W. Sythoff, 1962）.

④ Elizabeth Cobbs Hoffman, "Diplomatic History and the Meaning of Life: Toward a Global American History," *Diplomatic History*, Vol. 21, No. 4（Oct. 1997）, pp. 499-518.

关系开展了专题讨论。① 就美帝国史领域而言,《美利坚帝国》则有首创之功。如夏亚峰等所述,该书是"第一部用全球史路径来书写美利坚帝国史的专著"。② 霍普金斯在其前作及《美利坚帝国》中的系列主张可谓推动了美帝国史研究的"全球转向",影响了一批美帝国史学人。其中既有伊默瓦尔等成名学者,也有一众史学新秀,如新获 2024 年马娜·F.博奈斯图书奖(The Myrna F. Bernath Book Award)的阿尔维塔·阿基博(Alvita Akiboh)。2016 年、2019 年,伊默瓦尔分别在对外关系史学家协会年会和《外交史》杂志上发声,提倡将各州与诸海外领土作为一个整体的"大美国"(the Greater United States)概念。③ 阿基博也在其书中谈道:"越来越多的学者试图将美殖民帝国视为整体或将帝国内的多个地方作为研究对象,我亦为其中一员。"④

三、"过满则亏?":学界对《美利坚帝国》的质疑与作者的回应

《美利坚帝国》在美国外交史、帝国史与全球史领域引起了相对广泛的讨论。《美国历史评论》《外交史》等刊物先后发表多篇书评,美国人文社科在线外交国际关系专栏(H-Diplo)为其举办专场圆桌书评会。罗杰·路易斯(Roger Louis)、大卫·阿米蒂奇(David Armitage)等知名的帝国史、全球史学者也在《华尔街日报》《泰晤士报文学增刊》等媒介上撰写推介文章。该书广受赞誉之处是其全球史视野,以及对美国 1898 年成为海外殖民帝国的整体性考察。学界对该书的质疑,则主要集中在事实细节、谋篇布

---

① Konstantin Dierks, "Americans Overseas in the Early American Republic," *Diplomatic History*, Vol. 42, No. 1 (Jan. 2018), pp. 17-35.

② 夏亚峰、王申蛟:《美国外交史研究百年:流派、方法与争论》,《世界历史》2024 年第 1 期,第 156 页。

③ Daniel Immerwahr, "The Greater United States: Territory and Empire in U.S. History," *Diplomatic History*, Vol. 40, No. 3 (Jun. 2016), pp. 373-391; Daniel Immerwahr, "Writing the History of the Greater United States: A Reply to Paul Kramer," *Diplomatic History*, Vol. 43, No. 2 (Apr. 2019), pp. 397-403.

④ Alvita Akiboh, *Imperial Material: National Symbols in the U.S. Colonial Empire* (Chicago and London: The University of Chicago Press, 2023), p. 11.

局与概念使用上。

该书是一部主题宏大、内容涉猎极广的鸿篇巨制,原著近1000页,而其详尽的尾注则占据了200多页。它所涵盖的历史跨度从1756年延伸至2011年。该书虽主要聚焦于美国历史,却不乏对全球背景的细致描述。面对如此庞杂的内容,以下问题显得尤为关键:如何确保各种细节性表述准确无误?使用何种论述结构以谋篇布局?采用何种关键性概念以统筹全文论述?学界对《美利坚帝国》的质疑也集中在这三个方面。

第一,书中的一些表述细节遭到质疑。例如,霍普金斯称1945年后的美国是霸权国家,而非"领土帝国",这被指忽视了波多黎各、关岛、美属维尔京群岛等地。他还声称美西战争标志着美国获得在国际层面采取果断行动的能力,此论被指忽略了1846年美墨战争、1853年美日黑船事件、1871年"辛未洋扰"等史实。诚如指出上述问题的霍根森所言,对于如此一本具有惊人广度、宏大主题的巨作而言,不必在此类表述性细节上过于吹毛求疵。真正值得关注与批评的是作者更为宏大的主张。①

第二,该书被批评篇幅过长、结构失衡与重点失当。巴黎政治学院的马里奥·佩罗(Mario Pero)认为该书论述略有旁逸斜出之嫌,"或比必要页数多出500多页"。他还认为该书频繁地将美国放在不同时空范畴内加以比较,极大影响了叙述的连贯性。霍根森批评该书对英国着墨太多,"就该书前三分之一而言",与其说是美帝国,不如说是"英国的美洲帝国"(Britain's American Empire)。乔治华盛顿大学的戴恩·肯尼迪(Dane Kennedy)也提出了类似看法。②

第三,该书对"帝国"的界定招致不少批评。霍普金斯为"帝国"赋予了三大属性:帝国中心地区与殖民地互相影响并存在不平等关系,"正式帝国"的领土特性,帝国提供行政管理、安全、法律等公共产品(《美利坚

---

① Kristin L. Hoganson, "Building the Empire State," *Diplomatic History*, Vol. 43, No. 4 (Sept. 2019), pp. 758-762.

② Mario Del Pero, "Review," *H-Diplo Roundtable Review*, Vol. XX, No. 33 (Apr. 2019), pp. 5-9; Kristin L. Hoganson, "Building the Empire State," pp. 758-762; Dane Kennedy, "Review," *H-Diplo Roundtable Review*, Vol. XX, No. 33 (Apr. 2019), pp. 14-16.

帝国》中文版第28—30页）。霍普金斯所指的"帝国"偏向于正式的"领土帝国"，即美国在1898—1945年所建立的海外殖民帝国。这种界定有别于美国学界现行的其他两种主流界定——19世纪经由大陆扩张而形成的"大陆帝国"，以及1945年后的"非正式帝国"。布兰登·米尔斯（Brandon Mills）批评称，霍普金斯的分析框架无法有效阐释美国19世纪"大陆帝国"的演变。霍根森则更为尖锐，认为作者"反对关于'大陆帝国'的学术研究，……不愿将1898年之前美帝国的漫长历史纳入他的理论框架"。①

霍普金斯在多个场合回应了上述质疑。在篇幅与结构上，他回应称，该书以全球视角观瞻美国史，故对其他地区与全球背景的大量描述是必要之举。至于英帝国在书中的突出地位，霍普金斯认为强调英帝国对美国的深远影响符合"去例外化"的要旨。关于忽视"大陆帝国"的批评，他承认美国大陆扩张的双重属性，一是作为国家建设进程一部分的领土扩张，二是"消灭、征服美洲原住民，毫无补偿地掠夺土地"的帝国主义。在此层面上，美国大陆扩张是帝国主义扩张中常见的"定居者殖民主义"（settler colonialism）。尽管如此，霍普金斯还是将美国大陆扩张的结果视作"民族国家的建立"，而非"大陆帝国"。他的理由是，美国大陆扩张的意图是"创建独立的、在联邦宪法中享有平等权的州"，而非不平等的属地。作者在"非正式帝国"的问题上辩称，相关概念混杂而难以界定，需关注的文献繁多而难以梳理，前人研究丰富而较难精进，故不作深入探讨。②

值得另提的是，霍普金斯在"去例外化"上有矫枉过正的可能，进而遮蔽了美帝国相较于其他帝国的个性。霍普金斯将大陆扩张视作民族国家建构，显然忽视了被吞并土地、剥夺生命的印第安人。对印第安人而言，美国大陆扩张是毋庸置疑的帝国行径，其结果是"大陆帝国"的建立。19

---

① Brandon Mills, "Review," *American Historical Review*, Vol. 124, No. 2 (Apr. 2019), pp. 713-714; Kristin L. Hoganson, "Building the Empire State," pp. 758-762.

② A. G. Hopkins, "Author's Response," *H-Diplo Roundtable Review*, Vol. XX, No. 33 (Apr. 2019), pp. 22-30; A. G. Hopkins, "The Best Books on American Imperialism," Five Books, 2018, https://fivebooks.com/best-books/american-imperialism-ag-hopkins/，访问日期：2024年10月10日。

世纪,"大陆帝国"是美帝国的自身特性,是不可忽视的重要研究领域。①此外,《美利坚帝国》在书中多处强调了英国的特殊性,存在例外化英国的可能,进而影响到对美帝国的诸多判断。其一,是在一定程度上夸大了英国对美国的影响;其二,是以英帝国的定义来界定美帝国所造成的"水土不服"。例如,霍普金斯将夏威夷纳入"岛屿帝国"框架,却忽视与其同年建州的阿拉斯加。质言之,全球史下的"去例外化"不应是对各国个性的抹杀,而应是在全球比较下客观认识各国在世界史中的普遍与特殊经历。

总体而言,《美利坚帝国》是一部雄心勃勃的作品。该书将美国史与全球史联系起来,挑战了传统的、以美国为中心的历史书写,有效实现了"去例外化"的目标;通过综合性解释模式与跨学科研究方法,在诸多问题的阐释上颇具新意;对美国海外殖民地的整体性考察,启发了后续诸多研究。此外,该书涉猎颇广,其注释不仅详略得当,还偶有间杂作者精练的学术评价,是一本可贵的参考性书目。《美利坚帝国》堪称一部美帝国史、帝国史与全球史研究者绕不开的典范性著作。

---

① 已有学者详细评介了关于19世纪美国"大陆帝国"的研究情况,参见许翔云:《美国学界19世纪美帝国研究述评》,《史学理论研究》2024年第4期。

评马克·舍克《向世界宣战：跨国暴力如何重塑全球秩序》

苏学影*

20世纪末以来，随着冷战的终结和全球化进程的加快，非国家行为体在质与量上的影响力都得到显著增强。由美国宾夕法尼亚州巴克内尔大学马克·舍克（Mark Shirk）所著的《向世界宣战：跨国暴力如何重塑全球秩序》（以下简称《向世界宣战》）① 以非国家行为体中的跨国暴力作为研究对象，探讨了暴力行动如何影响国家和全球秩序的变革。

马克·舍克的核心论点是：当跨国暴力的过程变得难以确认时，它们会推动国家转型（《向世界宣战》第12页，下同）。他选取了18世纪黄金时代的海盗、20世纪初的无政府主义浪潮及21世纪的"基地组织"三个案例进行论述和分析。舍克认为，当面临上述三种暴力威胁时，主权国家重新划定了概念上的安全界限，并出台了多种应对措施，包括制定新的管理方式、采取多样的监控手段、实施严格的社会管控。其导致的结果是这些应对模式逐渐改变了主权国家和全球的秩序。

一

马克·舍克在开篇介绍了自己的理论框架。他强调政治秩序的变革和

---

* 苏学影，首都师范大学历史学院博士研究生。

① Mark Shirk, *Making War on the World: How Transnational Violence Reshapes Global Order* (New York: Columbia University Press, 2022).

连续性，并借助实践理论来解释国家的变革。变革是连续性的驱动力，国家是由一系列"划定界限的实践"所构成的，这些实践不断地演变和调整，从而导致了不断变化的政治秩序（第15页）。他着重阐述了变革对国家和国际社会的影响力，同时还提出了两个重要的变革机制：破坏与重新刻画。当国家面临来自跨越国界的暴力时，就会带来破坏。重新刻画则是国家为应对破坏提出的创造性解决方案，这些解决方案促成了新的国家实践，而新的实践构建起新的国家与国际联系。破坏与重新刻画是一对相互关联的组合，破坏改变了国家的管理方式，迫使它们重新界定自己的安全界限，进而影响到国际社会的整体秩序。

该书主体部分共四章，后三章为案例研究。对于跨国暴力带来的实际变革，马克·舍克选取了三个具有代表性的案例展示这一过程，分别是18世纪初的加勒比海盗、20世纪初的无政府主义行动及21世纪初的"基地组织"。后三章每章分为三个部分：第一部分提供案例的内容和国家转型的历史背景；第二部分描述跨国暴力的过程及其如何破坏现有的国家实践；第三部分则对国家制定的解决方案及导致的后果进行阐述。通过这样的写作框架，反映国家在不同时期应对跨国暴力的实践和变革。

在第二章"海盗的黄金时代和大西洋世界的建立"中，作者论述了黄金时代的海盗对大西洋世界的形成及国家转型的影响。18世纪初期的海盗活动给大西洋贸易带来了严重威胁，海盗通过劫掠商船，阻碍奴隶贸易，导致殖民帝国经济损失巨大。海盗的猖獗迫使殖民帝国重新考虑其殖民治理和海上保护策略，以适应新的经济现实。最终，殖民帝国通过立法确立普遍管辖权，即允许任何国家审判海盗，将海盗视为全人类的敌人，并在殖民地设立海事法院，减少他们逃避法律制裁的机会。随着新策略的实施，海盗活动逐渐减少，其威胁大大降低。海盗活动的终结促进了大西洋贸易的恢复和增长，推动了殖民国家在大西洋地区的治理转型，为英帝国的建立奠定了基础。

到19世纪末20世纪初，无政府主义者开展"行动"宣传，通过一系列政治暗杀和暴力行动给国家带来挑战。这些暴力活动挑战了国家在公私领域的界限划分，以及国际与国内边界的控制能力，迫使国家重新思考监控策略。为了阻止暴力活动的出现，资本主义国家首先控制公共领域内的思想和言论，通过审判和公开处决震慑暴力分子；其次，通过改进引渡政策、建立护照制度和移民限制加强边境控制；最后，通过分化政策将无政府主义思想与具体行动宣传者隔离开来，吸纳无政府主义者参与政权管理。这些新的防控举措促使无政府主义者的暴力活动逐渐式微。这一方面促进了劳工运动的兴起和发展，开启了资本主义国家福利社会的序幕；另一方面间接推动了现代监控国家的形成，引发对国家专制与民主界限的讨论，并对20世纪的国际社会合作产生了深远影响。

21世纪初，"基地组织"成为恐怖主义的主要来源之一，其极端的政治主张和跨国暴力活动不仅造成大量人员伤亡，还引发了社会公众的普遍恐慌。主权国家不得不考虑新的应对措施，无人机和数据监控应运而生。这两项创新性尝试不仅削弱了"基地组织"的实力，同时也改变了以往的管控方式。主权国家从最开始通过关闭边界阻止恐怖人员的进入，转为通过大数据实施监控。对于那些存在威胁的人员而言，跨越边界就意味着进入监控系统。这使暴力监控突破地理空间的限制，可以在世界任何地方实施跟踪。

国家安全不再局限于传统疆域，而是扩展到任何可能对国家构成威胁的区域。公民身份不再基于国籍，而是被纳入大数据流，使国家可以通过分析个人行踪评估其潜在的威胁。作者认为，"基地组织"的活动和反恐行动导致了国家边界的重塑，并对国家权力和公民自由产生了深远影响。"9·11"事件之后，美国发展出无人机定点清除和数据监控等反恐手段。美国国家安全局开展大规模的数据收集项目，监控和追踪潜在的恐怖分子。这导致美国在技术升级和外交政策方面的转变。技术上的提升为精准打击暴力活动提供了保障，美国也清楚认识到反恐行动需要国际社会的合作，美国从单边主义开始接受多边主义。

舍克在结语部分探讨了国家如何通过"破坏"和"重新刻画"机制应对跨国暴力所带来的挑战，展示了国家重塑自身安全界限的能力。通过对三个案例的研究，作者展示了跨国暴力如何引发国家危机，迫使国家在传统的防御政策失败后提出创新性的解决方案，从而重新刻画安全边界，实现国家与国际社会的重塑。这些变化表明国家并非静态，而是处在不同时空的变化的动态实体。作者认为，国家变革是一个连续性的过程，常常从边缘地带开始，通过国家乃至整个国际社会的合作实现。这一过程不仅揭示了国家政治受跨国暴力的影响，也表明全球秩序会受到国家变革的驱动。

二

《向世界宣战》突破了传统国际关系学术研究过于关注宏观事件的局限，不再以战争、和平、经济等宏大主题作为研究对象，而是将微观事件作为国家和国际变革的重要驱动力。从作者自身的学术背景来看，该书隶属于政治学领域的著作。但舍克在写作过程中综合应用了政治学、历史学等多个学科的知识，提供了跨学科的思考方法。除此之外，作者在史料应用上利用了英国国家档案馆、英国殖民历史文件、法国巴黎警察记录、美国政府文件及其他出版物，涵盖了多国多种文献资料，使全书具有扎实的史料基础，为读者理解不同时期的暴力活动如何促进国家变革提供了清晰的图景。作者对不同时代、不同地区出现的暴力活动的关注也使该书具有跨国史的意义。

无论是 18 世纪的加勒比海盗、20 世纪的无政府主义行动，还是 21 世纪的"基地组织"，它们都赋予了该书一个崭新的视角，即对非国家行为体的关注。与传统外交史学家以民族国家为研究中心、关注其外交政策及战争与和平等"高端政治"问题不同，国际史学者开始将视角转移到非国家行为体等"低端政治"问题上。换句话说，与以往相比，国家在国际关系方面（甚至在国内政治方面）所占的份额或发挥的作用开始减小。[1] 非国家行为体产生的作用越来越大，其影响力已经跨越国界，成为一种不可忽视的实体力量。舍克所关注的跨国暴力仅是非国家行为体中的一个组成部分，像非政府组织这样的庞大群体，对国家和国际秩序更有着难以估量的作用。

---

[1] 入江昭：《20世纪的战争与和平》，李静阁、颜子龙、周永生译，世界知识出版社，2005，第 161 页。

非国家行为体与主权国家一道塑造了本国和国际体系的变革。舍克将不同时期的跨国暴力作为国家和国家秩序变革的重要动力,无论哪一种暴力活动,最终都促使国家为应对危机作出改变,进而影响到整个国际秩序。海盗活动影响了殖民帝国的管理方式,奠定了英帝国的海上霸权;无政府主义行动则改变了资本主义国家的分配模式,开启了福利型社会;"基地组织"推动了大数据监控,促使美国接受多边主义合作。通过上述三个案例,舍克展现了跨国暴力及与之相关的微观事件如何塑造国家与国际秩序的进程,为学界提供了研究国家变革的新思路,同时也是微观史研究的典范。

此外,该书的论证也存在可商榷之处。例如,在第二章中,海盗活动无疑对英帝国的统治秩序起到了重要的推动作用,但奴隶贸易的增长、殖民经济模式的转变等都是不可忽视的因素,也都对殖民统治秩序的变化产生了影响;无政府主义行动和"基地组织"的活动确实给国家带来了挑战,但工业化和全球化的发展无疑是更关键的推动力。这反过来也启发研究者必须找准那些在历史进程中起到至关重要作用的因素。就像王立新所说,历史的细节不会重复,重复出现的是长期起作用的深层结构和内在动力,历史学家的职责不仅在于描述细节,还在于揭示这些深层结构和内在动力。[①] 跨国暴力确实会对国家甚至国际变革产生影响,但它在多大程度上会带来改变是一个值得思考的问题,而且如何评估跨国暴力的作用显然也是一个难题。

《向世界宣战》是一部跨学科的著作,也为我们带来思考:如何将其他学科与历史学"嫁接"在一起?政治学者偏重于用事实验证自己的理论假设,关注的是机制问题,历史学家更在意过去的事实,阐释背后的影响因素。但两者似乎越来越朝着两条平行的路线迈进,彼此使用的话语及写作路径之间的差距也在逐渐扩大。笔者浅显地认为,对历史学者而言,除了多读深思、批判性阅读,还是需要基于原始档案,凝聚问题意识,同时借助理论之眼,才能更好地理解史料,读出史料中包含的意义,把握史料与问题之间的关联。

---

① 王立新:《从外交史到国际史:改革开放40年来的国际关系史研究》,《世界历史》2018年第4期,第26页。

评大卫·普莱斯《冷战骗局：亚洲基金会与美国中央情报局》

弯昱天*

在 20 世纪后期冷战史的研究发生"文化转向"之后，从文化视角考察冷战史成为学术界的一股潮流，美国人类学家大卫·普莱斯的著作《冷战骗局：亚洲基金会与美国中央情报局》（以下简称《冷战骗局》）[①] 便是文化冷战研究的一部新作。该书重点考察了 20 世纪 50—60 年代，美国中央情报局（以下简称"中情局"）帮助伪装成私人组织的亚洲基金会（the Asia Foundation），利用学术会议、报纸宣传、电影宣传等多种方式在亚洲进行亲美宣传的过程，也为读者展示了文化冷战研究的重要方法与议题。

1967 年 2 月，美国《壁垒》（*Ramparts*）杂志上面的一篇文章揭露了美国中情局对全国学生联合会（National Students Association）长达十多年的资助，同时指出中情局的首要资助者身份。该篇文章犹如一枚深水炸弹，在当时的美国公众中产生了强烈的反响。1967 年 3 月，《纽约时报》也揭露了中情局对亚洲基金会的秘密资助，虽然并未能指出援助的具体规模，但也进一步激发了更多人对于中情局隐蔽行动的关注。之后对中情局隐蔽行动的持续关注与 20 世纪后期冷战史研究的文化转向相结合，推动了很多关注美国中情局文化渗透问题著述的出版，如桑德斯的《文化冷战与中央

---

* 弯昱天，首都师范大学历史学院 2023 级硕士研究生。

[①] David H. Price, *Cold War Deceptions*: *The Asia Foundation and the CIA*（Seattle: University of Washington Press, 2024）.

情报局》①等。此后，随着美国《信息自由法案》的落实和中情局隐蔽行动的部分档案得到解密，从更加细致的角度考察美国中情局的隐蔽行动成为可能。

大卫·普莱斯敏锐地抓住了档案解密的机会，将人类学知识与传统政治史的研究方法相结合，从中情局的决策及其在亚洲的知识生产活动的角度考察了中情局借助亚洲基金会"私人民间组织"的幌子，从文化、政策等多方面影响亚洲新兴独立国家的具体措施。在这个过程中，骗局是双重的：一方面，一些美国学者只是出于自身的热情，在并不知情的情况下参加了中情局组织的民族志、田野调查等项目，间接为中情局的冷战决策提供了大量资料；另一方面，不少新兴的亚洲国家在民族独立之后将美国视为"榜样"，而中情局则趁机推广电影项目、学生交换项目、学术会议项目等，从思想等方面间接欺骗这些亚洲国家，在暗中影响这些国家的发展道路选择。对中情局知识生产与骗局制造的关注有助于我们更好地理解冷战爆发后美国对亚洲新兴国家的政策，同时也为我们提供了审视中情局隐蔽行动的新视角。此外，该书在分析中情局与亚洲基金会共同制造的冷战骗局时，亦启发读者对美国在亚洲的宣传进行更多角度的综合考察，从而形成更加客观的认识。

一

在《冷战骗局》的前两章，作者主要描述了亚洲基金会及其前身"自由亚洲委员会"（the Committee for Free Asia）的起源。自由亚洲委员会的建立与中情局直接相关，而中情局的设立又与美国第二次世界大战期间在国家安全领域的实践有着密切关系。第二次世界大战期间美国设立了战略情报局（Office of Strategic Services），其主要任务就是搜集相关国家的具体情报。战后，战略情报局由于与联邦调查局在国内职能上的冲突及它本身可能对民主制度所产生的冲击而被解散。但是，随着形势变化，设立一个类

---

① 弗朗西丝·斯托纳·桑德斯：《文化冷战与中央情报局》，曹大鹏译，国际文化出版公司，2020。

似于战略情报局的部门很快成为关键。1947年6月28日美国《国家安全法》通过之后，中情局也于同年9月18日设立。1948年6月的美国国家安全委员会文件通过了授权成立领导隐蔽行动的政府机构的决定，随后政策协调办公室（Office of Policy Coordination）于1948年8月1日成立，其主要任务就是配合中情局执行隐蔽行动，并于1951年推动了自由亚洲委员会在旧金山的成立。自由亚洲委员会成立之后，便以推动"亲美反共"为宗旨。之后随着艾森豪威尔的上台，为适应美国宣传策略的调整，罗伯特·布鲁姆（Robert Blum）上任之后，自由亚洲委员会被改组为亚洲基金会。作者在前两章中主要指出，冷战的爆发和美国全球责任的扩展促成了中情局等美国情报部门的设立。此外，很多战时在美国军队和情报部门工作过的知识分子，如埃德加·派克（Edgar Pike）等对"美国世纪"观念充满信心的美国传统白人精英，积极配合美国政府的冷战策略，推动美国在世界范围内增加影响力，为自由亚洲委员会及亚洲基金会的成立提供了基础。美国政府对冷战性质的界定推动了中情局等情报部门的设立，参与过情报工作的美国知识分子群体则推动了美国情报部门对骗局的制造，最终亚洲基金会的成立则将学术与美国的冷战策略紧密地联系在了一起。

第三章到第九章，作者通过亚洲基金会档案、中情局解密档案和一些相关协会的档案、出版物等多种史料，阐述了中情局利用软实力在亚洲制造骗局的过程。例如，冷战期间美国在东南亚推行了田野调查等活动，其以增进对东南亚少数族裔的了解为名义，实际上是帮助中情局从事情报收集活动，从而为中情局介入在地事务提供便利。其中，1961年，由奥地利人类学家汉斯·曼多夫（Hans Manndorff）领衔，亚洲基金会在泰国开展了人类学调查项目，并于1962年对泰国偏远地区的部落及其鸦片贸易问题进行了深入观察。之后，亚洲基金会于1963年提出在清迈设立部落研究中心的倡议，旨在向世界提供偏远部落治理与研究的样板，并为推进泛亚地区的部落研究提供参考。冷战期间对偏远部落的人类学调查，本身实际上是美国更加广阔的全球战略的一部分，而在调查背后间接塑造亚洲国家对美国的依赖才是更深层次的目的。在分析中情局制造骗局的过程时，作者尤其强调在官学合作体制下，中情局在冷战话语下利用学者进行政治上的

"冒险游戏",这些学者则在中情局限定的学术氛围内进行被设定的研究,同时这些学者还认为这些研究是可以自由发挥的。学者的日常民族志研究成为中情局秘密骗局的幌子,而中情局利用学者的思想,帮助学者制造"自我发挥的研究"的假象,则进一步强化了中情局冷战骗局的回声效应,增强了中情局亲美宣传的效果。

第十章到第十三章,普莱斯描绘了中情局的骗局破灭的过程,并详细总结了全书,提出自己对中情局冷战骗局的看法。早在20世纪50年代,亚洲基金会在一些国家进行文化宣传时就曾被一些国家怀疑背后有中情局的支持。例如,印度政府对于亚洲基金会的活动就一直保有怀疑。1956年亚洲基金会主席布鲁姆虽然去了印度,但是也并未能够推进新的交流项目地。同年,在费城举行的第五届国际人类学与民族学大会(International Congress of Anthropological and Ethnological Sciences)上,印度代表团团长B. S. 古哈(B. S. Guha)在得知会议发言人切斯特·罗伯茨(Chester Roberts)被与会学者怀疑可能与美国官方有联系之后,拒绝与罗伯茨交流。同时,美国国内对于亚洲基金会的背景也产生了怀疑。1966年,《纽约时报》最早对中情局与亚洲基金会的关系产生了怀疑,同时开始着手调查。1967年,索尔·斯特恩(Sol Stern)在《壁垒》杂志上报道了全国学生联合会与中情局之间的资金来往,之后很多美国媒体都开始报道中情局与一些特定组织之间的资金关系。面对公关危机,中情局内部主管授权负责隐蔽行动的"303委员会"开始想办法与亚洲基金会脱钩。同时,约翰逊政府在得知此事后也相继成立了卡岑巴赫(Katzenbach)委员会、腊斯克委员会来处理相关问题,并且与其他基金会合作想办法,最后达成共识,仿照英国文化教育协会(British Council)改组亚洲基金会,将其改组为受联邦政府支持和授权但很大程度上由私人直接运营的组织。同时,中情局内部在经过讨论以后中止了对亚洲基金会的直接支持,仅由"303委员会"从美国国务院派驻官员来继续保持中情局与基金会的间接联系。作者通过前面的研究总结出了中情局在亚洲制造骗局的过程,其很大程度上就是中情局将自由亚洲委员会从一个僵化的宣传机构转变为一个看似正常的教育慈善机构——亚洲基金会的过程。在转变过程中,中情局还通过图书出版、广播报纸、学术会议等多种形式在亚洲塑造有影响力的亲美团体，从而实现中情局及美国的战略利益。此外，作者还特别指出了虽然中情局制造的骗局在1967年伴随着舆论的曝光而走向破灭，亚洲基金会也成为"孤儿"，但是中情局本身利用各类基金会塑造其全球霸权的战略并没有终结，只是在执行方面被别的机构所取代。作者在该书中运用了知识生产这一角度来分析美国情报机构的骗局，角度新颖，同时相关论述建立在多种史料之上，强调多个主体之间的互动，以多视角展现了骗局制造的全景。围绕冷战骗局，中情局的宣传策略、知识生产与亚洲相关国家和群体的反应成为该书的主线。中情局的骗局在1967年之后是否仍然有影响？作者普莱斯在最后一章进行了回应：中情局在亚洲制造的冷战骗局在乐观主义的范式解释之下随着其退出亚洲基金会资金链而破灭，因此对骗局的继续担忧是过度的焦虑；但是实际上，虽然中情局退出了，亚洲基金会仍然由美国政府的其他机构继续支持，这个机构背后塑造美国霸权的原始意图并没有随着金主的改变而改变。事实上，美国继续利用中情局之前的方式影响全球南方国家的观念与道路选择，从而间接维护自身的利益。

二

《冷战骗局》探讨美国中情局利用亚洲基金会在亚洲制造冷战骗局的过程，从知识生产的角度来分析中情局的隐蔽行动，尤其从美国学者的研究与中情局的互动角度来研究美国冷战时期的政策。第二次世界大战以后，美国的社会科学体系继承了战时的"曼哈顿范式"，注重研究的普遍性、规律性及服务现实的作用。同时，伴随着美国官方对冷战性质的界定，"与行为科学有关的美国知识生产内嵌于冷战国家体系中，很多行为科学家都参与了美国对外的心理战"，[①] 而美国的行为科学也包含了社会学、人类学等多种研究人类行为的学科。这些学者在冷战的背景下将自己的学术理想与

---

① 张杨：《以理性的名义：行为科学与冷战前期美国的知识生产》，《世界历史评论》2021年第2期，第113—115页。

美国的冷战现实需要紧密结合在一起，在亚洲推广美国的学术范式，从而影响亚洲新兴国家的道路选择；或者通过学术研究、实地考察搜集在地的社会信息，为美国决策层提供智力支持与现实依据。这在该书的很多案例中都有所体现。尤其是迈克尔·摩尔曼等人在20世纪60年代初在泰国进行的山地部落研究，作者通过美国人类学家的调查报告、清迈部落研究中心的设立等，指出冷战时期美国的人类学研究生产出来的文化知识最终走向了军事用途，还指出美国学者的知识系统与本国军事化的冷战经济有着直接联系。

作为人类学家，普莱斯从对中情局隐蔽行动的现实关怀角度出发，不仅分析了中情局塑造谎言的过程，还分析了中情局隐蔽行动背后真正的政治动机，表现出较为强烈的现实关怀与责任感。第一章在讲述自由亚洲委员会的创立过程时，作者开始就提及由于中情局的掩盖和新殖民主义的盛行，后"9·11"时代的美国学者对于中情局隐蔽行动的理解出现了偏差，并指出了当下美国关于中情局群体性历史记忆的消失这一问题。第十三章的总结部分，对于1967年之后亚洲基金会的分析，普莱斯指出了乐观主义范式与霸权主义范式在这个问题上的不同看法，尤其强调霸权主义范式中的霸权建构，即无论亚洲基金会的金主如何调整、宣传策略如何变化，其服务于美国霸权与利益的基本盘都不会发生改变。普莱斯还指出，冷战期间中情局在亚洲进行的软实力行动，其实质是中情局无节制的暴力和霸权的一部分，真实目的也是限制亚洲新兴国家的发展道路，使其与美国站在一起。普莱斯反驳了给中情局软实力行动洗白的一些学者，认为他们的主张实际上忽视了中情局对后殖民时代寻求独立和公正的运动所产生的破坏，尤其是虽然中情局对亚洲基金会的资助中止了，但是美国企图影响全球南方国家从而为己服务的意图仍然存在。

当然，该书也有一定的不足之处。例如，作者把论述的重点放在了中情局利用软实力项目制造骗局的方法上，尤其分析了美国学者和学术会议在骗局中发挥的作用，但是对于美国学者与中情局之间的官学合作关系缺乏深入探讨。实际上，早在第二次世界大战期间，美国的战略情报局就建立了完善的学者与官方机构的合作机制，这种合作机制一直延续到了1953

年美国新闻署的成立。同时，分析中情局的冷战骗局时也可以探讨背后美国的历史文化因素。美国自建国之初就有"山巅之城"的自我信念，而在第二次世界大战后，伴随着美国实力的扩张与自由国际主义的勃兴，"山巅之城"式的自我信念进一步演变为美国的冷战意识。"美国政治文化中的使命感意识、对全球责任的承担、民族伟大的渴望以及反共观念的形成共同塑造了美国的冷战共识。"① 此外，作者在分析中情局在亚洲制造的冷战骗局时，对于作为"接受者"的亚洲国家的考察仍然有待加强。这是因为进入 20 世纪 90 年代之后，学界在分析美国的宣传问题时更加强调"不仅要关注美国本身是如何传播的，还要充分注意传播过程以及接受方的反应"。② 该著作对于中情局通过亚洲基金会等多种途径传播美国学术思想、影响亚洲国家方面进行了较为详细的观察，但是对于在地知识分子的具体反应仍然缺乏深入探讨。亚洲不少的知识分子在接受美国宣传的学术思想时是有所保留的，日本的丸山真男对于美国现代化理论的反思、印度学者对于东方学和美国现代化理论的检讨都是例证。过度单向关注中情局的宣传方面会走向单向宣传的极端，同时会低估亚洲国家及其学者在这个过程中所发挥的作用与抵抗力。

与同样关注文化冷战的桑德斯相比，普莱斯的研究更加关注亚洲国家，关注美国宣传政策对于全球南方国家的长期性影响。以往关于美国文化宣传的研究总体更多集中于欧洲，对亚洲的文化宣传的研究仍有拓展空间。因此，作者从知识生产的角度解构中情局在亚洲的骗局，对于我们系统了解中情局在亚洲的隐蔽文化宣传行动具有重要意义。

---

① 张扬：《二十世纪中叶美国冷战社会动员与思想灌输活动探析》，《历史研究》2014 年第 3 期，第 153—154 页。

② 翟韬：《对外宣传与"文化帝国"：试析美国文化冷战研究的国际史和跨国史转向》，载张蕴岭主编《东亚评论（第 40 辑）》，世界知识出版社，2024，第 160 页。

评陈冠任《美国在东亚的冷战海图：主权、地方利益与国际安全》

朱浩然[*]

冷战时期的国际关系大致可以分为全球、地区和双边三个层次。第一个层次与两大阵营对抗的全球战略格局相关，第三个层次包括某两国关系中的政治、经济、文化、社会、军事等各领域问题，这两个层次是传统国际关系史研究的重点。第二个层次在兼具其他两个层次特征的同时，又牵涉域外国家与域内国家、域内国家之间的复杂互动。此外，冷战在不同地区有不同表现，同一区域在不同时期的两极对抗格局中地位不同，富有变化与起伏的历史特性使地区层次的国际关系史研究成为冷战史的新兴领域。具体到东亚地区，作为全球范围内最早爆发冷战的区域之一，冷战时期的东亚，尤其是美国对东亚冷战的参与，长期是各国学者重点关注的研究领域。除朝鲜战争、越南战争等局部战争受到广泛关注外，学者们在美国与日韩等地区盟友的关系、美国对东南亚地区的干涉等问题上亦有众多成果。[①] 这些研究东亚冷战的成果基本上都以陆地上的争夺为中心。

---

[*] 朱浩然，北京大学历史学系硕士研究生，研究方向为美国外交史、冷战国际史。

[①] 例如：Akira Iriye, *Across the Pacific: An Inner History of American-East Asian Relations* (New York: Harcourt, Brace & World, Inc., 1967); Akira Iriye, *The Cold War in Asia: A Historical Introduction* (Englewood Cliffs: Prentice-Hall, Inc., 1974); Yonosuke Nagai and Akira Iriye (eds.), *The Origins of the Cold War in Asia* (New York: University of Columbia University Press; Tokyo: University of Tokyo Press, 1977); Michael Schaller, *The American Occupation of Japan: The Origins of the Cold War in Asia* (New York and Oxford: Oxford University Press, 1985); Steven Hugh Lee, *Outpost of Empire: Korea, Vietnam, and the Origins of the Cold War in Asia, 1949-1954* (Montreal: McGill-Queen's University Press, 1995); Tsuyoshi Hasegawa (ed.), *The Cold War in East Asia, 1945-1991* (Stanford: Stanford University Press, 2011); Xiaobing Li, *The Cold War in the East Asia* (London and New York: Routledge, 2018); Paul J. Heer, *Mr. X and the Pacific George F. Kennan and American Policy in East Asia* (Ithaca and London: Cornell University Press, 2018)。

然而，"中研院"近代史研究所陈冠任（Chen Kuan-Jen）的新作《美国在东亚的冷战海图：主权、地方利益与国际安全》（以下简称《美国在东亚的冷战海图》）①打破了既有研究的惯性，将视角从陆地转移到海洋，强调了海洋在美国东亚冷战战略中的重要性。近些年来，海洋逐渐成为历史学者们的一个重要研究对象，他们采用跨国史的研究方法，在地中海区域的研究方面取得了诸多成果。②但是西太平洋地区未能得到应有的关注。《美国在东亚的冷战海图》指出，东亚的海上霸权从中国转移至日本，然后转移到美国的同盟体系，它是一个历代帝国在有意无意中塑造的边缘空间（《美国在东亚的冷战海图》第7页，下同）。此外，不能单纯认为，第二次世界大战后美国是凭借强大的军事力量取得了东亚海域的统治地位，冷战背景下东亚海域的政治格局直接由此形成。东亚是一个地理上的整体，诸多历史事件反映出来的主权、地方利益与美国国家和国际安全问题塑造了冷战时期东亚动态的政治格局（第4页）。

一、结构与内容

《美国在东亚的冷战海图》一书正文共十章。前六章可视为第一部分，该部分论述了海洋如何随着东亚政治和军事格局的变化而变化；后四章可视为第二部分，该部分分析了东亚的地方主权与地方利益在塑造美国战后海洋政策和国际安全战略方面所发挥的作用。前者可以概述为冷战之于海洋，即冷战给东亚海域的力量对比、行政区划及海洋上的行为主体带来了怎样的变化；后者可以概述为海洋之于冷战，即作为地理空间的海洋和海洋的自然因素如何影响各国——主要是美国——的冷战政策与国际行动。该书的两个部分相互联系，将共同探讨两个问题：其一，美国是如何通过

---

① Chen Kuan-Jen, *Charting America's Cold War Waters in East Asia: Sovereignty, Local Interests, and International Security* (Cambridge: Cambridge University Press, 2024).

② 详细内容可参见夏继果：《20世纪80年代中期以来的地中海史研究》，载刘新成、刘文明主编《全球史评论（第26辑）》，中国社会科学出版社，2024年。

评陈冠任《美国在东亚的冷战海图：主权、地方利益与国际安全》

海洋空间管理其在东亚的"轴辐"（hub-and-spokes）同盟体系①的；其二，在中美关系正常化之前，美国是如何、为何及何时改变了对海洋的看法的。

该书在导言部分自中国主导的东亚朝贡体系谈起。19世纪末，因日本的崛起，朝贡体系崩溃，日本成为东亚的海上霸主。20世纪初，随着美国力量日益增强，日美在太平洋展开了争霸。至第二次世界大战结束后，日本被彻底击败，西太平洋地区出现权力真空，美国"入主"东亚似乎理所应当。既往的冷战史叙述认为，由于杜鲁门政府奉行欧洲优先的政策，直至1950年朝鲜战争爆发，冷战才蔓延至亚洲。但是，该书在第一章和第二章中对这一叙述提出了不同意见。将视角切换至海洋，可以发现冷战的迹象在战后不久就出现在了东亚海域。第一，战争结束初期，美国便着手在东亚寻找当地合作伙伴。第二，美国海军第七舰队被指定为美国在东亚投射影响力的工具，职责范围从西南太平洋延伸至中国周边，并执行了后续系列行动。第三，具体到美国在东亚的几个盟友：美国占领日本后，日本在西太平洋沿岸的地缘战略港口为美国所用；美国占领菲律宾后，与之达成军事合作协议；美国还延续战时扶植南京国民政府的政策，协助国民党运兵接收解放区，并为其建立海军提供援助。就在同一时期，美国感知到了来自苏联的威胁。苏联虽无法挑战美国的海上主导地位，但它有能力干扰美国对海洋的控制（第55页）。此外，通过《中苏友好同盟条约》，苏联控制了大连与旅顺港，加强了与美国在西太平洋的对峙。因此，美国海军采取了前沿部署的防御姿态（forward-deployed posture of defence）——又被称作"基于大陆的前进性政策"（mainland-based advance policy）——即将美国海军力量部署在苏联周边有战略价值的港口，从而在政治上和军事上阻止苏联在西太平洋扩大其影响力。作为该战略的重要一环，美国海军第七舰队将总部设在了青岛。

该书的第三章与第四章介绍了美国政府决策者自1947年起在太平洋实

---

① "轴辐"同盟体系是指第二次世界大战结束后，美国在东亚地区建立起以双边主义为基础的安全同盟体系，其一直是美国亚太战略调整和政策推进的核心支柱。详见包广将：《多节点结构：东亚国际秩序的转型与"轴辐体系"的困境》，《国际政治研究》2021年第2期。

行的统一指挥计划,以及杜鲁门政府内部关于战后东亚海军部署及其总体国家安全目标的辩论。虽然西太平洋地区的冷战对抗自战后初期便已开始,但杜鲁门政府模棱两可的对华政策模糊了美国的东亚海域战略。此外,美国西南太平洋地区总司令(Commander-in-Chief, Southwest Pacific Area, CINCSWPA)道格拉斯·麦克阿瑟(Douglas MacArthur)与美国太平洋地区总司令(Commander-in-Chief, Pacific Ocean Areas, CINCPOA)切斯特·威廉·尼米兹(Chester William Nimitz)之间对太平洋地区领导权的争夺并没有随着第二次世界大战的结束而结束,而是一直持续到战后,这影响了军事组织的重组。军方为在二者中取得平衡,设置了由陆军上将担任总司令的西太平洋司令部和由海军上将担任总司令的中太平洋司令部。然而,在统一指挥计划中,为了防止苏联误解美国意图、卷入中国内战,中国并未被纳入任何一个司令部的负责区域。随着南京国民政府覆没,美军不得不从青岛、上海等地撤出,"基于大陆的前进性政策"被迫终结。

该书在第五章与第六章考察了南京国民政府覆灭后美国在20世纪50年代海上战略部署的变化。朝鲜战争爆发后,杜鲁门迅速同意军事介入中国内战,美国海军第七舰队驶入台湾海峡,声称"台湾海峡中立化",以保护台湾地区的国民党残余势力。同时,朝鲜战争促使美国重新思考海军在海上空间的地缘战略价值:美国海军在战争初期延缓了朝鲜人民军的进攻步伐,还在后续的战役中提供了后勤支持。美国海军证明了其在维护美国在东亚的利益方面的重要性,美国逐渐转向了"以海洋为导向的战略政策"(a sea-oriented strategic policy),即收缩陆军部署,依据关键战略岛屿,凭借强大的海空军力量,灵活、快速地应对西太平洋方向上的挑战。1951年,太平洋司令部从远东司令部手上接管了大部分海上责任区,并将台湾地区纳入太平洋司令部的责任区。艾森豪威尔于1953年就任总统后"放蒋出笼",撤销台湾海峡的"中立化",采取了鲜明的"保护台湾"的姿态。他制定了"新面貌"战略(New Look Strategy),加速转向以海洋为导向的战略。艾森豪威尔政府进一步加强海军建设,并在1957年改革了太平洋地区的组织结构,将远东司令部并入太平洋司令部,太平洋司令部下设韩国、日本、菲律宾等多个下属司令部,核心决策也由海军负责。1954年第一次

评陈冠任《美国在东亚的冷战海图：主权、地方利益与国际安全》

台湾海峡危机爆发后，美国与台湾当局签署了所谓的"共同防御条约"，以示对其支持。以上种种措施使美国得以进一步控制其在西太平洋的"轴辐"同盟体系，遏制社会主义阵营。

该书认为，如果在考察海洋时仅将视角停留在海军活动上，将不利于我们对东亚海域有一个全景式的认识。我们还应研究经济与法律等方面，以增进我们对冷战时期美国对东亚的海洋政策及美国与其东亚海上同盟的互动的理解。在第七章与第八章中，作者考察了美国与苏联围绕领海范围的划定所展开的一系列博弈。由于惯例和全球航行的需要，美国主张领海界限应为3海里；在海洋上采取防御姿态的苏联为了限制美国海军的行动，主张领海界限应为12海里。两方先后在1955—1956年的日内瓦国际法委员会会议、1958年与1960年的联合国海洋法会议上展开了多次讨论与表决。出于对渔业资源等利益的追求，即使美国的东亚盟友——窃据中国在联合国合法席位的台湾当局及韩国与日本——在安全上有求于美国，它们在领海划界的国际法问题上也有自己的立场，而非一味支持美国。此外，其他地区的国家亦对捕鱼权有需求，故1960年联合国海洋法会议仍未就领海界限问题达成共识。20世纪60年代后期，随着美苏关系缓和，美苏就领海划界问题也达成了妥协。中华人民共和国重返联合国后，其与第三世界国家一道，在1974—1982年的第三次联合国海洋法会议上再一次挫败了美苏建立国际公认海洋法的企图。

在第九章与第十章，该书用非军事的视角探讨了美国在开发自然资源等问题上的东亚海域政策，并讨论了美国在其东亚战略中的多重角色。战后以来，西太平洋地区一直存在海洋权益争端。日本与台湾当局时常因捕鱼产生摩擦，但其与台湾当局谈判解决渔业纠纷的努力始终未能成功，因此其选择转向与中国协商，希望达成渔业协议，而美国为这一行为亮了绿灯。该书认为，由此可以看出，在海洋上的冷战并不是一个群体对峙的故事，而是一个灵活、充满可能的故事。随着美国东亚盟友自治意识的日益增长，美国逐渐减少了其对盟友的干涉（第262、264页）。除渔业外，石油亦是重要的海洋自然资源。20世纪60年代，在发现大量海下石油资源后，日本、韩国与台湾当局纷纷主张自己在东海的权利。经过协商，三方决定成立合作联络委员会，以讨论共同勘探项目等问题。但随着中华人民共和国国力不断增强及中美关系正常化不断推进，美国政府担忧在东海的石油开发会与中国产生冲突。该书认为，在20世纪60年代后，美国将海洋视为可能引发与中国产生冲突的地理空间，因此开始将东亚海域视作一个使美国能够与中国保持距离的缓冲区，而不再将其看作遏制的地缘战略屏障（第17页）。

二、贡献与缺憾

纵观全书，该书从海洋的角度探究了冷战时期美国与其东亚盟友和对手之间以往被较少关注的历史。该书揭示了海洋空间如何帮助美国在东亚保持军事和经济主导地位，海洋不仅是国家间物资运输的通道，也是权力投射的工具，还是利益争夺的场域。美苏与东亚国家之间在军事、主权和地方利益上的竞争与合作将冷战时期的东亚变成了一片动荡的海域。当这一历史脉络与陆地上的故事交织在一起时，一部既属于东亚又属于世界的国际史（international history）便展现在了我们面前。上述历史脉络通常被传统的军事、意识形态、政治制度和经济市场等方面的问题所遮蔽。正如作者在后记中所说的："海洋表面可能是平静的，但在它下面流动的是汹涌的离岸流。"（第291页）

具体而言，该书在对以下三个问题的研究上具有创新性。第一，该书提出了"基于大陆的前进性政策"与"以海洋为导向的战略政策"两个概念，用以概括20世纪40—50年代美国的东亚海域战略，并结合国际局势、地区局势与国内局势对战略的提出与转变的动因进行了分析。第二，该书考察了美军海军与陆军对太平洋地区领导权的争夺如何影响了战后美国的东亚海域战略，以及美军如何通过军事组织设置来体现美国东亚海域战略的。第三，该书探讨了冷战前中期美国的东亚盟友是如何在领海划界、资源利用等问题上表现出自主性的，进而分析了美国的冷战盟友如何影响美国的东亚战略，构建出一幅动态的东亚冷战图景。

该书并未点到为止地写到20世纪70年代便告结束，它还分析了"美国

评陈冠任《美国在东亚的冷战海图：主权、地方利益与国际安全》

在东亚的冷战海图"对当今世界的影响，为当下的中美关系提供了重要的历史背景。具体而言，冷战的阴霾至今仍在东亚地区挥之不去（第299页）。在最后，作者指出，美国战后在东亚海域的外交政策不仅是由以华盛顿为核心的决策者塑造的，还是通过美国与其当地盟友之间的互动塑造的。这种互动使无论是在冷战时期还是在后冷战时期，亚太地区的国际安全都得以维持（第300页）。这与当今美国在东亚不断强化军事存在，尤其是在台海问题、南海问题上的做法形成了直接的历史延续性。

该书的研究极具创新性，其基础便是丰富的材料与既往的研究。作者使用了"国史馆""中研院"等台湾地区所藏档案和中国大陆地区出版的历史档案，美国官方档案、日本官方档案与英国官方档案，蒋介石、顾维钧、王世杰、迪安·艾奇逊（Dean Acheson）、麦克阿瑟、艾森豪威尔等重要政治人物的日记与回忆录，以及丰富的报纸材料与网络资源。作者还参考了大量中文、英文与日文的二手资料。材料的丰富性使该书可以使用多种视角看待美国对东亚海域战略的制定，更全面地展现出各国如何参与到东亚海域的互动，体现出了该书研究的跨国史取向。

必须要指出的是，该书仍然存在一些缺憾。首先，虽然该书深度分析了海洋空间的战略作用，但对冷战期间东亚区域内经济、文化等其他非军事领域的互动探讨相对较少。冷战不仅是军事与地缘政治的斗争，它也是伴随着经济贸易、文化交流等多层次的国际互动。然而，对这些问题的探讨在书中没有得到充分体现。其次，该书对美国在东亚的盟友，特别是日本和韩国的角色，虽然有所涉及，但分析相对简略。作为冷战期间美国在东亚的重要盟友，日本和韩国对美国主导的东亚同盟体系的作用和影响应当得到更深入的探讨。最后，书中的一些观点，例如，关于美国对东亚海域战略的设计与掌控可能存在过度夸大的嫌疑。虽然美国确实在冷战期间特别是在冷战前期通过海军力量维持了对东亚局势的影响力，但社会主义国家也在不同程度上回击了美国的遏制战略。中国在冷战后期对南海的掌控力不断加强及苏联在东亚海域的持续介入，都表明美国并不能全面掌握东亚海域。

评达伦·纽布里《冷战时期的摄影外交：美国新闻署与非洲》

邹晓天*

  2015 年，在美国奥巴马政府的第二任期内，英国布莱顿大学教授达伦·纽布里（Darren Newbury）开始了《冷战时期的摄影外交：美国新闻署与非洲》（以下简称《冷战时期的摄影外交》）[①] 一书的写作。随着非洲裔美国公民乔治·弗洛伊德（George Floyd）在美国明尼苏达州明尼阿波利斯市街头遭到警察暴力执法致死，"黑人的命也重要"（Black Lives Matter）运动在美国各地的大街小巷和世界的其他地方被推向了高潮。位于华盛顿的战略与国际研究中心（CSIS）评估到，非洲作家、记者和活动家对于当时境况的反应像极了 63 年前美国新闻署（United States Information Agency, USIA, 1953—1999 年美国国家的对外宣传机构，以下简称"美新署"）对"小石城事件"的反应。在这样的背景下，纽布里更加坚定了要将研究的视野追溯回冷战。虽然他在结语中也坦言自己"几乎无法预料到随着研究的展开，这些照片档案会以何种方式与事件产生共鸣"（《冷战时期的摄影外交》第 237 页，下同），但正是过去与现在的交织，使该书具有多重价值和意义。

---

 * 邹晓天，首都师范大学历史学院硕士研究生。
 ① 该书最终于 2024 年出版，参见：Darren Newbury, *Cold War Photographic Diplomacy: The U. S. Information Agency and Africa* (Pennsylvania: Pennsylvania State University Press, 2024)。

评达伦·纽布里《冷战时期的摄影外交:美国新闻署与非洲》

一

摄影作为一种记录和表达的方式,有着漫长的发展历程。从1839年法国人路易·雅克·曼德·达盖尔（Louis Jacques Mand Daguerre）发明第一台可商业化相机到现在,摄影经历了无数次技术革新,逐渐成为一门艺术。摄影除了可以定格美好瞬间、传递情绪,还有着更多用途。它可以发挥不同的作用和影响,甚至可以塑造一个国家的形象。

早在摄影术发明之时,西方学者对摄影史的研究就已经开始,早期的摄影史基本是摄影技术史。19世纪末20世纪初,摄影作为一门艺术开始广泛进入大众的视野,各大博物馆开始进行摄影收藏和展示,摄影艺术史就此登上历史舞台,出现了以博蒙特·纽霍尔为代表的流派,他们试图把摄影功能与美学相结合,让所有类型的摄影图像都被纳入艺术史的写作中。20世纪70—80年代,摄影史在西方已经作为独立学科存在,摄影史研究已经比较成熟。但是,一些批评者认为一些深层次问题仍未得到解决。这一时期西方摄影史领域出现了一支新的流派,他们在思想上较为激进,对原有的摄影史撰写模式提出了质疑,认为有必要重新解释摄影史和认识摄影史的历史价值。在对形式主义摄影史写作模式的批判中,他们反对不加区分地将摄影均视为艺术。这些学者可以被归为"新艺术史"流派,其中以约翰·塔格的理论最具代表性。塔格认为,摄影没有一个固定的身份,因而摄影不具有单一的文化意义,任何一张摄影作品的意义和价值都完全取决于自身与其他更大的权力和社会实践的关系。[①] 进入20世纪90年代后,学界再次对摄影本身的独立性提出了质疑。依据摄影与社会史、文化史、科学史、哲学、人类学、地区研究之间的关系,学界对摄影作品重新进行分类,将摄影作品视为其他学术研究的材料。摄影史发展到今天,跨学科已经成为无法避开的话题,摄影史与历史学产生交织也不再是什么稀奇的事

---

① 应爱萍：《西方摄影史学的嬗变与新摄影史》,《美苑》2013年第2期,第69页。

情。"帝国主义、殖民主义和奴隶制定性了西方与非西方文化的关系",[①] 处在这种关系下的视觉生产往往是西方话语建构的产物。一些学者运用后殖民理论展开摄影史研究,努力揭示西方在东方主义的想象与建构下创造的神话。[②] 通过对摄影这种人类实践的表征进行研究已经成为一种新的学术动向,它试图打破传统的史学束缚,以获得新的历史知识和历史认识。运用摄影材料的历史研究既发展了摄影史,也丰富了历史学。

二

纽布里在书中根据摄影与不同主题的联系将自己的研究内容分为了六个部分,并不以时间为绝对尺度,而是关注美新署与民主、民权、非殖民化和现代化等主题或概念相关联的工作。第一章主要考察了摄影作为宣传手段的由来及其与种族问题的关系。第二次世界大战后,摄影成为世界新秩序的重要元素。20世纪40年代后期,摄影开始成为国际反种族主义教育的一部分。1946年联合国教科文组织的成立,更是使摄影开始为国际事务服务。种族是冷战想象的核心,冷战初期美国就意识到了种族问题给外宣工作可能带来的影响,于是成立了专门的工作组来处理出现的问题,这为日后摄影外交打下了基调。由此,美国政府的通信与情报官员主要将摄影作为正面表达进步与未来愿景的手段。第二章主要考察了美国在非洲进行的视觉项目的演进。受麦卡锡主义影响,信息机构也在美国国内遭受攻击,但摄影"幸存"了下来,并从1953年由新独立的机构美新署负责进行摄影外交工作。起初美国的宣传主要在北非,并没有深入非洲大陆,还要保持谨慎,不触犯殖民地的宗主国。此后,非洲人民越来越被视为重要的受众,美国通过制作一些援建非洲的电影胶片输出自己"仁慈"的形象。随着非洲新独立的国家越来越多,美国更多地插手非洲事务,试图在几乎所有非洲国家都设立美国新闻处(以下简称"美新处"),以发挥摄影外交的教育

---

① 顾铮:《作为新学科的摄影史:历史、现状与反思》,《文艺研究》2010年第8期,第10页。
② 同上,第10—11页。

作用，避免"共产主义威胁"。第三章追溯了非殖民化浪潮下美新署摄影计划的演变。美国依托联合国的援助，在联合国框架下开展自己的摄影外交。伴随非殖民化浪潮，通过照片展现新兴国家的政要与美国间的良好关系也成为摄影外交的焦点。但是，美国国内的种族歧视问题又迫使摄影同时为改善人们对美国种族问题的印象服务。第四章考察了民权运动兴起后对摄影外交的影响。美国国内的种族歧视和种族隔离状况在国际上被传播，美新署不得不制作照片以显示美国对种族主义和种族隔离的反对，但接二连三的种族事件和报道让该机构应接不暇。到1963年夏，民权运动已经彻底成为美新署的工作主题之一，该机构通过拍摄照片和制作影片以展示黑人和白人共同反对种族主义。到1968年，民权和种族话题逐步退后，在美新署的宣传工作中不再占核心地位。第五章主要考察的是美国是如何通过摄影让后殖民时代的非洲居民通过美国设想的方式来认识美国。美新署充分发挥摄影外交的教育作用，除面向精英政要外，还针对非洲的青年学生群体进行了宣传。展示旅美游客和留学生的愉快情绪及其与当地人相处的融洽氛围是宣传美国与非洲和谐友谊的重要方式。另外，美新署还大力宣传非洲学生在社会主义阵营国家留学时的负面新闻，以此凸显美国的"善良"。第六章主要探讨了美新署拍摄的照片在后殖民非洲城市的公共媒体空间中的存在。美新署通过在公共媒体空间中宣扬西方现代化的优越，以及重点对受教育者和政治精英进行宣传，从而在思想层面对非洲进行意识形态同化。非洲各地的美新处设立了展览橱窗，展示美国生活方式。当然，这些照片和宣传并没有完全按照美国想象中的方式被非洲民众所理解。

三

《冷战时期的摄影外交》具有以下四个方面的特点。首先，作为一本冷战史的专著，该书具有明显的东西方对立视角。苏美所各自代表的东西方阵营在冷战中进行全面对抗，美国更是将摄影作为公共外交的重要手段之一，在非洲进行宣传以在视觉上争夺影响力，从而和苏联进行意识形态对抗，这也是文化冷战的开展。文化冷战在广义上的含义，包括政府有意采用文化手段实现冷战政治目的的所有活动。① 运用摄影向非洲大陆渗透，在思想和意识层面与苏联进行对抗，则无疑是文化冷战的手段。通过具体考察美国通过摄影塑造非洲新兴独立国家现代化思维的过程，纽布里指出美国将自己的政治信条和现代文化通过摄影投射在非洲大陆上，使非洲大陆出现了一种"美国人看着非洲人以美国方式看自己"的有趣现象（第31页）。位于非洲各地的美新处还设置了橱窗来专门进行展示，不仅使更多人可以看到美国的现代性，也使美国的形象在逐渐迈向现代化的非洲城市中心中占有一席之地。这些有趣的现象从侧面说明了美苏两国在冷战中向第三世界扩张的特点，即双方都把在经济上超过对方、建立更美好的社会、推广自己的"生活方式"及价值观和制度模式作为最终战胜对方的深层决定性因素。双方都穷尽办法，争取更多的追随者，运用摄影、广播等文化宣传手段争取更多国家、人民在文化上和思想上认同自己。在欧洲和亚洲的冷战格局趋于稳定后，第三世界在整体上对美苏双方的意义在于政治方面而不是军事方面扩大自己的影响力。这实质上是两种"现代化"和发展模式之争。②

其次，文化冷战视角的运用则为该书赋予了"超越冷战史"的学术意义。在公共外交史学领域，美国科罗拉多矿业大学历史学教授肯尼斯·奥斯古德（Kenneth Osgood）较早把"非正式帝国"的观念引入美国对外宣传史研究中，专门论述了美国政府如何通过遍布世界的美新处系统构建全球宣传网络，指出了美国通过对外宣传活动对他国实行的思想、文化、意识形态的操纵和控制。③ 在美国外交史学经历了"范式失落"的转型之后，美国冷战宣传史研究在不断发展进步中展现出了新的趋势。这种趋势具体体现在研究者把对外宣传作为文化现象来研究，拓展空间范围，把视线扩大到第三世界，并在空间范围上延伸，即不仅只是关注冷战初期的外宣内容，

---

① 翟韬：《"文化转向"与美国冷战宣传史研究的兴起与嬗变》，《世界历史》2018年第3期，第129页。

② 文安立：《全球冷战》，牛可等译，世界图书出版社，2014，第21页。详情参考《全球冷战》第一章和第二章，文安立在这两章中分别对美苏两国干涉第三世界的进程作了考察。

③ 翟韬：《"文化转向"与美国冷战宣传史研究的兴起与嬗变》，第140页。

而且把冷战宣传置于更长的历史时期内考察。① 纽布里在写作时面对冷战史研究发展新趋势逐渐明朗的现状，将摄影史引入冷战史研究，从而为该书奠定了从文化冷战视角出发的基调，并进一步丰富了文化冷战研究。他没有将目光固定在冷战两大阵营的正面对抗上，而是将视线投向非洲大陆，聚焦于美新署在这里利用照片、电影进行的宣传；也没有局限于冷战初期美国的宣传政策，而是关注了长时间内随着国际和国内环境变化而引起的美新署宣传政策的调整，如 20 世纪 60 年代美国国内民权运动高涨，导致美新署将重心放在了通过照片对外塑造美国种族融合的形象上。

再次，该书也兼具"南北视角"（非殖民化视角）。第二次世界大战结束后，全球范围内掀起了非殖民化浪潮，前殖民地和第三世界国家纷纷开始行动，努力摆脱宗主国的控制和自己在世界经济与政治中的依附地位。冷战爆发后，苏联宣布支持民族自决运动，美国对此的反应是极力阻挠各地的民族独立运动。美国用"东西透镜"（冷战视角）观察"南北问题"，在进行反苏反共的活动中把各殖民地民族独立运动和共产主义威胁直接画上了等号，认为民族独立运动是由冷战因素和苏联的支持造成的。这些行为使美国实际上成为战后殖民主义的总代理人，无形中成了英法殖民者的后继者，并以该身份与第三世界打交道，这标志着美国与非殖民化运动分道扬镳。苏联依靠社会主义意识形态和革命民族主义的号召力，积极介入和试图领导第三世界的非殖民化进程。美国则是积极干预第三世界革命，通过经济援助防止革命，以此来对抗苏联。因此，非洲国家将苏联视作反殖民和反种族主义的代表，并感激苏联作出的贡献（第 68 页）。美国在非洲进行了一段时间的宣传后也发现它的目标人群看待世界的方式与自身是不同的，非洲民众观察世界更多是出于"南北视角"而不是"东西透镜"。对此美国的策略是支持联合国的援助项目，以此来支撑自己的外交政策（第 76 页）。美新署持续通过摄影塑造其为联合国提供援助的良好形象，宣扬美国在联合国对第三世界的援助项目中扮演的积极角色，在国内外展现非洲领导人与美国领导人亲切交流的照片，以告诉世人美国为战后世界和

---

① 翟韬：《超越冷战史：美国冷战宣传研究新趋势》，《历史研究》2018 年第 5 期，第 167 页。

平与发展作出的贡献。有这样一张照片是很好的例子,它展示了在埃及发生霍乱时,世界卫生组织所需要的疫苗、血浆和医疗物资被成箱地装进美国运输机的机舱,在照片下再配上文字说明:"今天,当世界卫生组织提出疫苗需求时,来自美国的血浆和其他医疗物资被迅速送往需要的地方"(第75页)。这样的照片在视觉上塑造了美国善良与慷慨的形象。

最后,纽布里在该书中也着重考察了摄影与种族问题和民权的联系。在南非和美国国内种族问题日益严重的背景下,非洲外交官甚至无法在美国正常生活,严重阻碍美国对外政策的实施。非洲媒体还对美国国内的种族事件进行报道,使美国的形象进一步受损。面对这一情况,美新署开始着力宣传表现种族融合、民权进步的内容。对此,纽布里指出,摄影应该被理解为追求政治和外交目标的一种手段(第93页)。他在考察档案的过程中发现很多照片都是经过精心编排而诞生的,如很多展示种族和谐的场面,为的就是回击外界的批评,并在视觉上制造一种黑人与白人和谐共处的印象。当照片里科特迪瓦国民议会主席菲利普·亚塞(Philippe Yacé)和美方人员一起,坐在加州的雪佛兰工厂生产线新装配的"黑斑羚"轿车里,手握着方向盘,脸上洋溢着微笑(第94页),不难设想这是在传达美非和谐交流、非洲人体会到资本主义先进性的意思。在1963年夏的华盛顿大游行中,美新署投入了大量人力拍摄照片和制作影片,展示黑人和白人抗议者站在一起、黑人领袖发表演说的场面,该机构明白这些成果对于美国向世界宣传其国内民权的进步具有很大价值。美新署还着重宣传非洲人在美国幸福生活、非洲留学生得到善待的照片。当人们看到黑皮肤黑头发的尼日利亚留学生和白皮肤金头发的美国学生共同在威斯康星大学校园中的林肯雕像下愉快交谈(第183页),看到非洲留学生在明尼苏达的寄宿家庭里和白人的孩子一起对弈国际象棋(第195页),很难不被这样轻松、愉快、和谐的氛围所感染,而暂时忘记黑人受到的不公。

四

照片的历史价值在何处？这是从摄影介入历史文献资料以来的首要问题。① 在历史学家的普遍认识中，历史照片具有阐述史实的功能，李剑鸣就指出，"研究现代史，可以从声像记录中获取更直观的信息"，这"有助于研究者了解真实的历史场景"，并"可以提供感性而直观的史料"。② 但即便如此，大部分历史学家还是更愿意把摄影作品作为插图而不是史料，一大原因是解释照片和其背后的含义不是一件容易的事情。作为影像文本的叙述主体，只有拍摄者自己才能对所拍摄的照片作出最权威、最根本的解析。任何脱离拍摄者所处的环境的解读都是片面的、不完整的。③ 历史学家要做的工作是深入照片的背后，层层剥开表象去探究照片所包含的意义，并且应综合多方面材料进行整合分析，尽量还原客观真相。纽布里出色的地方在于，他很好地完成了这几点要求，既将照片资料的运用提升到了比往常研究中更加举足轻重的地位，又很好地结合了与其相关的文字档案进行多方面考察。从工业化时代发展到今天，摄影逐渐失去了独立的形态，呈现方式趋向于多介质、多媒体化。现如今我们接触到的基本都是和复合媒介融合在一起的照片。摄影已经演化为大众传媒的一部分，它的真正含义只有在传播过程中才可以把握。由于影像的基本属性，它对事实的解释不可能做到完整，是遵循着一种"二级传播"的模式。在这个模式当中，媒介和受众处于一种不平等的地位，影像作为媒介的发言人，所作出的行为是对事实的选择性呈现。④ 因此，媒介化的影像无法作为准确反映客观历史的资料。在获取相关的影像资料时，应该考虑到其背后的传播效应，并利用这种特性探寻隐藏在其背后的内容。纽布里同样注意到了这些，他在书的

---

① 杨昊：《历史语境下的影像意义转换——以沃克·埃文斯的摄影作品为例》，《艺术百家》2010年第7期，第34页。

② 李剑鸣：《历史学家的修养和技艺》，上海三联书店，2007，第244页。

③ 杨昊：《历史语境下的影像意义转换——以沃克·埃文斯的摄影作品为例》，第35页。

④ 同上，第40页。

第一章中就直接说明了自己的研究要"将注意力延伸到图像背后,回到它们被创造出来的环境中,并进一步探寻它们的流通"(第 26 页)。通过运用摄影视角的方法论,他将摄影与"软实力"和公共外交在概念上建立起了联系,这也正是他的研究所重视的关键。对于我们来说,生活在大众传媒如此发达的今天,真正的现代人不应甘于沦为传媒的利用者,而要努力成为传媒的使用者。①

当然,从史料编排的角度来看,该书的写作主要基于美新署的相关档案,因此该书的研究不可避免地主要从美方视角出发,对于非洲本土居民从事摄影活动并替代美方的宣传活动的意愿无法进行深入讨论。如果要对非洲摄影的问题进行更深入的研究,应该将非洲摆在主体位置上,将美新署的档案视为非洲摄影档案的一部分。尽管受一些客观条件限制,如作者自己所言,该书牺牲了研究的深度以换取研究的广度,但该书有潜力去激发更多人对摄影外交的兴趣,在以后将相关的研究推进得更加深入,从而使该书成为一本摄影史和文化冷战史的佳作。在冷战结束 30 余年后的今天,种族问题仍然是美国国内最尖锐的问题之一。在弗洛伊德葬礼的当天,美国有线电视新闻网(CNN)的电视镜头转播了不同种族的抗议者站在一起的画面,以在视觉上强化种族融合,这又何尝不是对几十年前的场景的再现?如此,冷战摄影的视角让当下的境遇在历史中有了共鸣,让历史在当下重新焕发出新的容貌。

---

① 杨昊:《历史语境下的影像意义转换——以沃克·埃文斯的摄影作品为例》,第 40 页。

稿 约

《近现代国际关系史研究》是由首都师范大学历史学院国际关系史研究中心出版的学术辑刊,是国内唯一一份以刊登国际关系史专题性研究文章为主的学术刊物。本刊由中心主任、首都师范大学荣誉资深教授、国家级教学名师徐蓝教授担任主编,并邀请专家学者担任学术顾问、组成学术委员会,对刊物的发展定位等工作给予指导和咨询。本刊2006年创刊,最初由人民出版社出版,从第4辑开始,改在世界知识出版社出版。每年2辑,一般在6月和12月出版。本刊与中国知网"中国学术辑刊全文数据库"(www.cnki.net)、国家哲学社会科学文献中心(www.ncpssd.cn)合作,电子版全文可供学界下载和利用。

本刊旨在为从事国际关系史研究的学者提供一个相互交流的平台,常设栏目有论文、评论、档案文献、书评。近年来先后组织了二战史研究、中外关系研究、美国外交研究、宣传与公共外交史、法国与冷战等特别专题,及时反映国际学术发展动态和国内国际关系史研究特色。此外,本刊也兼顾人才培养的需要,适当精选在读研究生及本科生的优秀论文。

欢迎学界同行赐稿,相关信息如下:

1. 本刊的特色是注重原始档案。论文的主体部分,应以原始档案作为主要论据。尤其欢迎使用多种语言、多方档案的深度研究,篇幅可以放宽。

2. "评论"栏目刊登反映学界最新动态的专题研究综述,亦欢迎针对某一种或多种新著的深度研讨和对话。

3. "档案文献"栏目刊登有关档案学、档案介绍与档案动态的文章,以及专题性档案的翻译、汇编。

4. "书评",刊登针对国内外近年新作的学术评介。字数以五六千字为宜。

5. 文献引证注释的书写规范，请参见附录的详细要求。

6. 来稿应包括中英文标题、中文摘要、中文关键词。

7. 本刊实行匿名评审制度。编辑部将组织同行专家对来稿进行评审，并将评审结果尽快通知作者。录用并出版的作品将略致薄酬，并赠样书两册。

8. 刊发后稿件版权归《近现代国际关系史研究》辑刊所有。

9. 来稿请投《近现代国际关系史研究》编辑部，邮箱：guojiguanxijk@163.com。

首都师范大学历史学院
国际关系史研究中心

附：

《近现代国际关系史研究》引证注释规范

一、书籍

1. 中文

（1）专著

示例：

徐蓝：《英国与中日战争》，首都师范大学出版社，2010。

（2）编著

示例：

王绳祖等主编《国际关系史》第12卷，世界知识出版社，1995。

（3）译著

示例：

H. 卡尔：《两次世界大战之间的国际关系（1919—1939）》，徐蓝译，商务印书馆，2009。

（4）析出文献

示例：

李世安：《第一次世界大战在人类历史长河中的地位》，载齐世荣主编《一战百年："第一次世界大战爆发一百周年"学术研讨会论文集》，世界知识出版社，2016，第11—21页。

2. 外文

（1）专著

示例：

J. P. Taylor, *The Struggle for Mastery in Europe, 1848-1918* (New York: Oxford University Press, 1980).

(2) 编著

示例:

Arnold Toynbee (ed.), *Survey of International Affairs, 1939-1946: Hitler's Europe* (New York: Oxford University Press, 1954).

(3) 译著

示例:

Franz Kurowski, *Deadlock before Moscow: Army Group Center, 1942-43*, trans. Joseph G. Walsh, West Chester (Atglen: Schiffer Publishing, 1992).

(4) 析出文献

示例:

Robert Gilpin, "Peloponnesian War and Cold War," in *Hegemonic Rivalry: From Thucydides to the Nuclear Age*, eds. Richard Ned Lebow and Barry S. Strauss (Boulder: Westview Press, 1991), pp. 31-49.

二、论文

1. 中文

(1) 期刊

示例:

胡德坤:《中国抗战与日本西进战略的破产》,《世界历史》2009年第4期。

(2) 报纸

示例:

江建国:《二战:不能"历史化"的过去》,《人民日报》2005年4月29日,第7版。

(3) 未刊论文

示例:

任东来:《对国际体制和国际制度的理解和翻译》,全球化与亚太区域化国际研讨会论文,天津,2000年6月,第9页。

朱大伟:《第二次世界大战与战后世界发展模式转换》,博士学位论文,武汉大学，2010。

2. **外文**

（1）期刊

示例：

David A. Messenger, "The Course of Military History in the United States since World War Ⅱ," *The Journal of Military History* 20, No. 4 (November 2011), pp. 455-478.

（2）报纸

示例：

Joseph S. Nye Jr., "Work with China, Don't Contain It," *The New York Times*, January 25, 2013.

（3）未刊论文

示例：

Philip Liste, "International Relations Norms Research and the Legacies of Critical Legal Theory" (paper presented at the 11th Pan-European Conference on International Relations, Barcelona, Spain, September, 2017).

Aaron Lobel, "Anticipating the Collapse? Political Judgment and the Debate over CIA Assessments of the Soviet Union, 1975-1991" (Ph. D. dissertation, Harvard University, 2001).

三、档案文献

1. **中文**

示例：

《斯大林与毛泽东会谈记录》，1949年12月16日，俄总统档案馆，全宗45，目录1，案宗239，第9—17页。

2. **外文**

示例：

U. S. Department of State, *Foreign Relations of the United States*, 1932, Vol. Ⅲ, The Far East (Washington, D. C.: Government Printing Office, 1948), p. 8.

四、电子资源

来源于互联网的电子资源，除注明作者、题目、发表日期等信息外，还应注明完整网址。

1. 中文

示例：

习近平：《在纪念中国人民抗日战争暨世界反法西斯战争胜利 70 周年招待会上的讲话》，新华网，2015 年 9 月 3 日，http：//www.xinhuanet.com/politics/2015-09/03/c_1116458457.htm。

2. 外文

示例：

Stephen Badsey, "The Western Front and the Birth of Total War," BBC, March 8, 2011, http：//www.bbc.co.uk/history/worldwars/wwone/total_war_01.shtml.

五、其他

1. 再次引证时的项目简化

第一次引用应注明全名与出版项，再次引用可以简化为"作者、著作（可只保留主标题）、页码"。

示例：

悉德尼·布拉德肖·费伊：《第一次世界大战的起源：大国博弈之殇》，于熙俭译，文化发展出版社，2019。

悉德尼·布拉德肖·费伊：《第一次世界大战的起源》，第 28 页。

2. 间接引文的标注

间接引文通常以"参见"或"详见"等引领词引导，反映出与正文行文的呼应，标注时应注出具体参考引证的起止页码或章节。标注项目、顺序与格式同直接引文。

示例：

参见理查德·内德·勒博：《国家为何而战？过去与未来的战争动机》，陈定定等译，上海人民出版社，2014，第 28 页。